GWREIDDIAU

GWREIDDIAU

MEDWYN WILLIAMS

gyda Mari Emlyn

Gomer

Mae Medwyn fel Meidas yn fedrus,
Yn meddu ar ddwylaw hudolus,
Archdyfwr y ffrwythau a'r llysiau,
A'i dŷ dan ei sang o fedalau.

Medwyn – brenin ar blannu bylbiau,
Pencampwr di-ail y sioe flodau,
Un gwylaidd er enwog ei sôn,
Clodforwn y garddwr o Fôn.

Ann Caerwyn

Cyhoeddwyd yn 2013 gan Wasg Gomer, Llandysul, Ceredigion SA44 4JL
www.gomer.co.uk

ISBN 978-1-84851-422-5

Cyhoeddir gyda chymorth ariannol Cyngor Llyfrau Cymru.

Argraffwyd a rhwymwyd yng Nghymru gan Wasg Gomer, Llandysul, Ceredigion.

Dyluniwyd gan Rebecca Ingleby Davies
Ffotograffiaeth gan Dewi Glyn Jones

CYFLWYNIAD

Pan gefais lythyr gan Wasg Gomer yn gofyn a oedd diddordeb gennyf mewn ysgrifennu llyfr am fy mywyd yn gyffredinol yn ogystal â'r byd garddio, allai'r gwahoddiad ddim fod wedi dod ar amser gwell. Roeddwn wedi bod yn trin a throi'r syniadau yn fy meddwl ers peth amser ac felly doedd dim amheuaeth beth fyddai'r ateb.

Cyfrol yw hon sy'n olrhain fy hanes i yn yr ardd, o ble dois i a beth oedd yr hadyn blannwyd ynof i fel garddwr. Rhaid dweud yn y fan hon, heb fy rhieni fyswn i ddim wedi cyflawni hanner cymaint ag y gwnes i. Diolch bod Mam wedi perswadio Nhad i ddod draw acw bron pob pnawn dydd Sul ar ôl y capel i fy helpu ym mhob agwedd o arddio. Mae'n siŵr y buasai wedi hoffi cael nap bach weithiau ar ôl yr oedfa a'r cinio cynnar arferol roedd Mam yn ei baratoi, ond dod draw fyddai bob tro. Anamal iawn fyddai Nhad yn yfed diferyn o'r ddiod feddwol, ond ar ôl pob pnawn o waith yn y tŷ gwydr, yn enwedig yn y gaeaf, mi fyddai wrth ei fodd yn cael paned o de efo fi wedyn a cropar bach o wisgi ynddo, heb i Mam wybod wrth gwrs!

Yn y gyfrol fe gewch gynghorion ar dyfu llysiau yn ogystal â darlun o'r flwyddyn arddio ar ei hyd. Mwynhewch y cynnyrch o'r ardd hefyd drwy gyfrwng y ffotograffau arbennig, gan obeithio y cewch chi flas ar y gyfrol.

Medwyn Williams MBE, AHRHS, FNVS
Llanfair-pwll, Mai 2013

CYNNWYS

1 | YR HADYN

MYFYRDOD

Ble mae'r dechreuad? Beth ddaeth gyntaf tybed, yr hadyn ynte'r planhigyn? Yr iâr ynte'r wy? Cwestiwn dwfn. Cwestiwn nad oes posib ei ateb yn foddhaol. Heb hadyn does dim planhigyn, heb blanhigyn does dim hadyn! Dyna i chi gur pen! I mi, mae'r dechreuad o ran y garddio yn digwydd yn y gaeaf, ar ddiwrnod Dolig. Dyna'r diwrnod yn draddodiadol y byddai Nhad, a finnau'n dynn wrth ei sodlau, yn plannu hadau'r nionod yn y tŷ gwydr. Roedd y ffaith bod un hadyn bach du, dim mwy na gronyn bychan llychlyd, yn gallu tyfu i fod yn blanhigyn digon mawr i'w alw'n 'chi', yn rhyfeddod i mi. Ychydig a wyddwn i'r adeg honno, wrth wylio fy Nhad yn hau'r hadau, y byddai'r nionyn a holl lysiau eraill yr ardd yn tyfu i fod yn gymaint rhan o'm bywyd i.

LLWYNYSGAW

I fynd yn ôl i'r dechrau un, neu o leiaf i'm dechrau i, treuliais fy ngaeaf cyntaf ym Mharadwys. Pentrefan ger Llangristiolus ar Ynys Môn yw Paradwys. Does gen i ddim cof o'm tymor cyntaf ar y ddaear gan mai cwta flwyddyn y buom yn y tyddyn bychan hwnnw a elwid yn Ty'n Lôn. Peth rhyfedd ydy'r cof yntê? Peth rhyfedd na fedr rhywun gofio'r blynyddoedd cyntaf o dyfu, blaguro a ffurfio cymeriad.

Rhoddodd fy rhieni'r enw Medwyn arnaf gan i mi gael fy ngeni ym mis Medi 1942. Yn ystod gaeaf y flwyddyn ganlynol fe symudon ni i dyddyn Llwynysgaw. Byddai Mam a Nhad wedi bod yn gyfarwydd â Llwynysgaw cyn symud yno gan mai yno roedd fy nhaid yn byw. Does gen i ddim cof o'm dwy nain. Bu farw fy nain ar ochr fy nhad, sef Grace Williams, yn bum deg a phum mlwydd oed o gancr, ychydig cyn Nadolig 1938. Mae hanes mam fy mam yn dristach fyth. Hanai Sarah Elin (ond byddai pawb yn ei galw'n Sally) o Fodedern. Priododd â Nhaid, Huw Jones, a hithau'n ddim ond un ar bymtheg oed. Bu farw'n dri deg a thair oed ar enedigaeth ei degfed plentyn. Roedd Eunice, fy mam, a'i hefaill, Nel, yn bymtheg oed pan fu farw eu mam.

Rydw i'n cofio'r ddau daid. Un llygad oedd gan Huw Jones wedi iddo daro i mewn i fachyn haearn. Gweithio ar y ceffylau oedd ei hanes a bu'n cystadlu ac ennill nifer o wobrau i Fferm Sarn, Llanfechell, yn Sioe Amaethyddol Frenhinol Cymru efo'r stalwyni. Ei waith adeg y sioeau oedd sicrhau bod y ceffylau'n edrych ar eu gorau a'r gwaith cywrain pluog yn sefyll yn unionsyth ar war y ceffyl a'r serenni pres yn disgleirio yn yr haul. Waeth i mi gydnabod rŵan mod i'n berson cystadleuol ar y naw ac mae'n debyg bod rhai o'r genynnau cystadleuol sydd ynof fi wedi dod ganddo fo. Mae gen i gof clir o dad fy nhad hefyd. Ei enw oedd Richard Williams, a fo oedd yn byw yn Llwynysgaw.

Bwthyn clwm oedd Llwynysgaw ar fin y ffordd i Langristiolus; dyna pam y byddai pob cath a gefais i'n blentyn yn mynd yn ysglyfaeth i gar neu lorri a ddeuai ar hyd y B4422. Perthynai'r bwthyn i ffarm Bodrwyn, ffarm lewyrchus dros ddau gan acer. Aeth Nhaid yn bedair ar ddeg oed i ddechrau gweithio yno i deulu'r Foulkes. Aeth yno yn ei drowsus cwta a chap bychan a chael mis o dreial. Fe'i cyflogwyd wedyn am bedair punt a chweugain am chwe mis cyn cael ei ailgyflogi am bum punt.

Roedd chwech yn gweithio ar y ffarm yr adeg honno. Nhaid oedd y gwas bach, yn bwydo'r ieir, hel wyau, godro, bwydo'r moch, rhoi llaeth i'r lloi, carthu ac unrhyw waith arall oedd angen ei wneud – fo oedd y gwas bach i bawb. Doedd dim ofn gweithio arno, er iddo gael y gwaith yn anodd ar brydiau mae'n siŵr, gan iddo gael ei eni a dim ond bawd ar ei law chwith. Collodd fys arall yn ddiweddarach wrth drin cryman. Byddai Nhaid yn sgut am ddal cwningod, gan fynd gyda'r nos efo lamp i'w dal. Anifeiliaid oedd ei bethau fo. Cafodd ei ddyrchafu'n gertmon yn ddiweddarach, yn trin y ceffylau a chanlyn y stalwyni o ffarm i ffarm. Fo fyddai efo'r ceffylau'n aredig hefyd tan ddaeth y tractor, ac wedyn bu'n rhaid dysgu gyrru hwnnw!

Yn synfyfyrio dros dir Paradwys draw am Eryri

Gweithio ar y fferm fuodd Nhaid am y rhan fwyaf o'i oes. Felly oedd y rhan fwyaf o bobl yr adeg honno, os nad oeddech chi'n ddigon clyfar neu'n ddigon ariannog i fynd i goleg. Doedd 'na fawr ddim byd arall. Cymerodd gardnar Bodrwyn fy nhaid o dan ei adain i'w gynorthwyo gyda'r ardd. Byddai'r hen fachgen yn dod yno unwaith yr wythnos i sicrhau bod fy nhaid yn gwneud y gwaith yn iawn. Roedd yno dŷ gwydr a'i llond hi o domatos, dwy goeden rawnwin a choeden eirin gwlanog. Byddai Nhaid yn eu watro a'u gwrteithio bob dydd. Bu Nhaid yn briod ddwywaith ac arferai frolio ei fod eisiau priodi bedair gwaith am fod angen pedair pedol, un ar bob troed!

Pan oedd fy nhad yn tynnu am ei bymtheg oed, a newydd golli ei fam, aeth i Langefni pen tymor i chwilio am waith. Y drefn yr adeg honno oedd i'r dynion sefyll mewn rhes gan ddisgwyl i'r meistri ddod yno i edrych arnynt o'u corun i'w sawdl i weld pa rai fyddai'r cryfaf. Tebyg iawn i fasnach caethweision, myn diawl! Peth i wneud i rywun deimlo'n israddol iawn swn i'n feddwl. Bachwyd fy nhad gan Mistar Foulkes, ac yn bymtheg oed, cafodd yntau, fel ei dad, waith ar ffarm Bodrwyn. Rhoddwyd hanner coron o ernes iddo fel gwarant. Chafodd o mo'i gyflog cyntaf tan iddo weithio yno am chwe mis. Yna fe dalwyd ei gyflog bychan iddo bob chwe mis wedi hynny. Âi'r rhan fwyaf o'r cyflog ar brynu pâr o esgidiau gwaith. Ffermio fuodd fy nhad y rhan fwyaf o'i oes i deulu'r Foulkes.

Teulu Bodrwyn oedd bia tyddyn Llwynysgaw. Fel gwas ffarm, roeddech chi'n cael y tŷ hefyd. Roedd fy nhaid yn heneiddio a dyma Foulkes yn dweud wrth fy nhad, 'Gei di'r tŷ 'ma rŵan a geith dy dad fynd o 'ma.' Ac felly buodd hi. Mor galed â hynny. Wrth edrych yn ôl rydw i'n ei weld o'n beth brwnt ofnadwy i'w wneud ac yn beth anodd i Nhad ac i Nhaid yn doedd? Wnaethon nhw erioed ffraeo ar gownt y peth. Dyna oedd y drefn. Roedd hi'n gythraul o beth i Nhaid feddwl ei fod o wedi mynd yn rhy hen i wneud dim byd. Ar y domen dail. Aeth fy nhaid o Lwynysgaw i Gapel Mawr i fyw at ei chwaer a fanno fuodd o wedyn hyd nes iddo fo ailbriodi.

A dyna sut y des i a'm rhieni i fyw i Lwynsygaw, drwy roi cic owt i Nhaid druan.

Lluniau plentyndod, ar y rhes uchaf: Nhad hefo criw yn gweithio ar y priffyrdd –
Nhad ydy'r trydydd o'r chwith â'i ddwylo tu cefn; Nhad yn yr ardd yn Llwynysgaw.
Rhes ganol: Nain - Sara Elin neu Sally - o Fodedern; Mam efo fy chwaer Sarah a
fi ar lain o dir drws nesa i Gapel Wesle Bodedern adeg y gwyliau; Mam a Sarah.
Rhes isaf: fi efo quiff *yn y gwallt; Nhad a Mam yn dathlu eu priodas arian*

ATGOFION CYNNAR

Wrth fwrw trem yn ôl, mae'n debyg mai fy atgof cyntaf erioed ydy rhywbeth ddigwyddodd pan oeddwn i'n dair oed. Roedd Sarah, fy chwaer, newydd ei geni a Mam wrthi'n ei bwydo o'r fron yng nghegin Llwynysgaw. Mae'n rhaid fy mod i'n greadur bach prysur hyd yn oed yr adeg hynny, achos mi gythrais at fy mam a'm chwaer fach newydd a llithro ar oel-cloth y gegin a thorri fy nghlun. Dyna un ffordd o dynnu sylw fy mam oddi ar y bwndel bach newydd, a oedd yn fy meddwl i wedi ffrwydro i'r wyneb o nunlle, fel yr hadau bach yn yr ardd. Aed â mi ar fy union i Ysbyty Stanley yng Nghaergybi. Yr adeg honno, roedd yr ysbyty dan ei sang o sowldiwrs yr RAF a phobl a anafwyd yn y rhyfel. Dydw i'n cofio fawr ddim am y nyrs ar y ward, dim ond ei henw – Sister Hosporo. Coblyn o enw rhyfedd i hogyn bach o Fôn, ond dwi'n ei gofio fo byth. Bûm yn yr ysbyty am bron i ddeufis a ddaeth Mam a Nhad ddim i ymweld â mi unwaith yn ystod y cyfnod hir hwnnw. Mae'n debyg i rywun gynghori fy mam i beidio â dod i'm gweld o gwbl rhag codi hiraeth arnaf. Mae'n siŵr bod hynny wedi bod yn anodd iddi hi, ond roedd gan y nyrsys, mae'n debyg, ofn i mi ddechrau crio a chau setlo pe gwelwn i fy mam yn dod drwy ddrws y ward. Ond fel yr unig blentyn ar y ward, roeddwn i wedi setlo'n champion. Roeddwn i'n cael fy nifetha'n rhacs. Yr un peth greodd argraff arnaf oedd y siocledi a gawn gan rai o'r sowldiwrs ffeind ar y ward. Cawn ddigonedd o siocled a hwnnw fel aur wrth gwrs yn ystod cyfnod y rhyfel.

Mae'n debyg fy mod i'n cofio rhywfaint o'r cyfnod cynnar hwnnw am i rywbeth y tu allan i'r cyffredin ddigwydd, rhywbeth gwahanol i'r arfer. Yn yr un modd mae rhywun yn cofio'n iawn ble roedden nhw ar adegau tyngedfennol fel marwolaeth J. F. Kennedy a thrasiedi ddirdynnol Aber-fan. Fy myd i, cyn torri fy nghlun, oedd Llwynysgaw. Roedd Ysbyty Stanley, Caergybi, fel pen-draw'r byd i mi bryd hynny.

Ymhen hir a hwyr, pan gefais ddod adre i Lwynysgaw, dwi'n cofio llygaid Mam yn agor fel soseri wrth weld y newid yn ei hogyn bach. Roedd fy ngwallt wedi tyfu'n hir, fel gwallt hogan. A'r peth arall dwi'n ei gofio ydy mynd i'r tŷ a gweld ystafelloedd Llwynysgaw fel bocsys bychan. Mor fach o'u cymharu â'r ward anferth a fu'n gartref i mi am ddeufis.

Eryri o Baradwys

DOES UNMAN YN DEBYG I GARTREF

Roedd fy magwraeth yn Llwynysgaw yn un tu hwnt o hapus. Roedden ni'n dlawd, a does gen i ddim cywilydd cyfaddef hynny. Ond roedden ni'n gyfoethog mewn llawer ystyr. Roedd cariad yn cofleidio waliau hynafol y tyddyn a'r teulu'n bwysig i ni. Aelod annwyl iawn o'r teulu oedd Anti Madge, sef Margaret Williams, chwaer Nhad. Cafodd fywyd caled. Bu farw ei mam o gancr a Madge ond yn bedair ar ddeg oed. Adeg y rhyfel, cyfarfu ag awyrennwr o America yng ngwersyll y Fali – roedd o'n gawr o ddyn, chwe throedfedd, saith modfedd. Syrthiodd Anti Madge mewn cariad a phriododd y ddau yn nhŷ gweinidog Capel Pendref, Bangor. Yng nghanol y gwasanaeth preifat hwnnw udodd y seiren rhyfel, ond penderfynodd y gweinidog barhau â'r gwasanaeth, er gwaethaf sŵn byddarol y seiren.

Yn fuan wedi'r briodas, aeth ei gŵr yn ôl i America efo'i uned, ac ymhen hir a hwyr, aeth Anti Madge i'w ganlyn. Yr unig ffordd o deithio iddi'r adeg honno oedd ar long. Gadawodd Anti Madge Sir Fôn o orsaf Bodorgan efo dim ond deg swllt ar hugain a hanner pwys o Merry Maids yn ei phoced. Hwyliodd o Southampton ar y llong Americanaidd, yr *SS Ericsson* ar 21 Mawrth 1946, gan ymuno â rhengoedd niferus *GI Brides* y cyfnod hwnnw. Mae'n debyg bod y llong yn llawn o ferched tebyg i Anti Madge ond bod llawer o'r merched eraill oedd yn cyd-deithio â hi'n feichiog. Wedi glanio yn Efrog Newydd, yn aml iawn doedd yna neb yn disgwyl am y merched druain a llawer ohonynt heb fodd i deithio yn ôl adref. Roedd y 'cariad' wedi diflannu, neu'n briod yn barod. Ond roedd Bob Wing yno'n disgwyl am Anti Madge a hithau'n rhyfeddu i'w weld mewn dillad bob dydd yn hytrach na'i lifrai milwrol. Roedd o'n Americanwr nodweddiadol o'r *East Coast*, mewn côt *big check* lachar. Welodd hi erioed neb o'r blaen mewn côt o'r fath, a'i theimladau cyntaf wrth ei weld oedd nid cariad neu falchder, ond cywilydd mawr. Roedd hi'n gwybod ym mêr ei hesgyrn, wrth ddod oddi ar y llong, iddi wneud camgymeriad mawr. Ond doedd dim troi yn ôl. Roedd hi wedi ei dadwreiddio os liciwch chi. Doedd ganddi ddim modd i ddychwelyd i Gymru. Ar ôl setlo lawr efo Yncl Bob, cawsant ddau o blant.

Gyda phlant yn America, roedd hi'n amhosib meddwl am gael dod yn ôl i Gymru er iddi freuddwydio bob nos am gael gwneud. Dioddefodd Anti Madge hiraeth enbyd am Gymru ac Ynys Môn. Does dim dwywaith

iddi gael cyfnodau drwg o iselder, a chymaint oedd ei hiraeth am Gymru, bu bron iddi ei luchio ei hun o ffenest ei llofft. Gwyddai nad oedd ganddi unrhyw obaith o wireddu ei breuddwyd o gael dychwelyd i Gymru. Doedd ddim gwahaniaeth pa mor isel yr âi, bu'n rhaid iddi wynebu'r ffaith na fedrai fforddio talu am y daith yn ôl. Er gwaethaf popeth, fe fwriodd ei hun i'r bywyd Americanaidd, a thrwy ddyfalbarhad a llafur caled, fe ddringodd rengoedd ei gyrfa gan ddod yn brif ddietegydd ysbyty Maine Medical.

Dros y deuddeng mlynedd nesaf ar ôl iddi adael Cymru, cynilodd ei harian yn ddarbodus er mwyn cael dod ar ymweliad, adref i Fôn. Argian! Mi roedd yna ddisgwyl mawr amdani gennon ni'r teulu yn Llwynysgaw! Daeth efo'i gŵr a'r ddwy ferch fach, Joan ac Anne. Rydw i'n siŵr iddyn nhw aros am rai wythnosau gan letya gyda'i brawd hynaf, Yncl Huw,

Llun drwy ffenest y lolfa – dau gerflun ar y patio, dyma warcheidwaid yr ardd yn Llanor

ym Malltraeth. Roedd Anti Madge wedi bod yn gwnïo ffrogiau i'r genod bach dros y gaeaf yn barod ar gyfer y daith fawr yn ôl i Ynys Môn. Roedd hi'n glanio acw ar ddydd Sul. Rydw i'n cofio codi'r bore Sul hwnnw a phawb ar bigau'r drain wedi cynhyrfu gymaint. Mae'n debyg mod i mewn ac allan o'r tŷ fel gafr ar daranau nes bron â gyrru Mam o'i chof. Mi fyddwn i'n clustfeinio am sŵn car gan redeg i'r drws bob tro y clywn unrhyw gyffro'r tu allan. Hir yw pob ymaros.

Ddaeth hi ddim a dwi'n cofio cael fy hel i'r gwely tua hanner awr wedi wyth ar nos Sul. Roeddwn i ar fin mynd i gysgu pan glywais dwrw a phawb yn gweiddi a chrio llond y lle. Dyma fi'n rhedeg lawr grisiau a dyna lle roedden nhw, y ddynes roeddwn i wedi clywed cymaint amdani a'r dyn anferthol yma wrth ei hochr hi. Tŷ bach, henffasiwn oedd Llwynysgaw a bu'n rhaid i Yncl Bob blygu bron yn ei gwman i ddod i mewn drwy'r drws. Pan anwyd fy mab flynyddoedd yn ddiweddarach, medrai Yncl Bob godi Alwyn a'i roi yn sownd i'r nenfwd efo'i law.

Wedi i Yncl Bob farw, deuai Anti Madge bob cyfle posib draw i Gymru a bu Gwenda fy ngwraig a minnau yn ôl ac ymlaen i America bob dwy flynedd ers y saithdegau. Dwi'n cofio Anti Madge, ar un o'i hymweliadau, yn crio. Roedd ei hiraeth am Gymru'n dal i fod yn llethol. Pan oedd hi yma ryw gyda'r nos roedd hi wedi gwylltio a dyma hi'n dweud yn ei rhwystredigaeth, 'Dwi'm isio mynd yn ôl.'

'Gewch chi aros yn fama os dach chi isio,' meddwn innau. 'Pam na wnewch chi aros chwe mis yn fama a chwe mis . . .?' Ond roedd ei phlant a'i hwyrion hi yn America, ac felly doedd dim posib iddi hi ddod yn ôl i Gymru i fyw. Sawl gwaith y ceisiom ei pherswadio, ond ei hateb oedd, 'Rhowch fi mewn potal a thaflwch fi i'r môr, 'na i fownsio wedyn o un ochr i'r llall.'

Bu farw Anti Madge yn wyth deg chwech oed. Roedd ei merch wedi mynd i ffwrdd i Florida. Dydd Gŵyl Dewi oedd hi, a'r eira'n drwch ar lawr ac roedd Anti Madge wedi bod yn clirio'r lôn i'r tŷ. Mae'n rhaid ei bod wedi disgyn yn yr eira gan iddi gael ei chanfod yno wedi marw o hypothermia. Dychrynodd Ann, ei merch, o sylweddoli bod ei mam wedi gwneud ei threfniadau claddu flynyddoedd ynghynt. Cafodd wireddu ei dymuniad o'r diwedd a chael dod yn ôl at ei gwreiddiau. Daeth fy nghyfnither, Ann, a'i gŵr David, â'i llwch adre ac fe'i claddwyd ym mynwent eglwys Trefdraeth. Ar ei charreg fedd rhoddwyd y geiriau a ddewisodd yn ofalus: Yn ôl yng Nghymru annwyl.

BWYD O'R ARDD

Aros yn Llwynysgaw wnaeth fy nhad, tan iddo yntau, fel ei dad o'i flaen, gael cic owt. Roedd gennym ni ardd fach dda yn Llwynysgaw. Gardd ysgafn. Pridd ysgafn ynddi hi. Gardd dda i dyfu llysiau. Dyn blodau a llysiau oedd Nhad, dim ffrwythau, ar wahân i ambell goeden gwsberis. Roedd y llysiau'n apelio'n fwy ato, fel ei dad o'i flaen. Roedd yna ddau brif reswm pam ei bod hi'n ardd dda ar gyfer llysiau. Yr adeg honno doedd yna ddim biniau na ffordd o ymadael â gwastraff, fel sydd heddiw. Byddai Mam yn lluchio sindars dros yr ardd, ac roedd hynny'n gwneud y draeniad yn dda. Wrth i'r sindars gael eu lluchio i'r ardd dros yr holl flynyddoedd, byddai hyn yn

Alwyn, y mab, a Bryn Jenkins yn chwilota am flodfresych

creu mandylledd yn y pridd. Buaswn i'n argymell hynny i arddwyr heddiw – lluchiwch y sindars ar ôl iddyn nhw losgi i'r pridd, does yna ddim byd o'i le arno fo. Gwnaeth i Nhad ac mae o wedi gwneud i minnau ar hyd y blynyddoedd hefyd. Mae angen ei fforchio i mewn a'i balu fo i mewn yn y gaeaf. Rhaid ei wasgaru'n denau a pheidio rhoi lympiau mawr yn y pridd. Glo cyffredin dwi'n sôn amdano fo, nid *anthracite*. Byddai Nhad hefyd yn llosgi coed ac mae coed wedi'u llosgi'n beth da iawn i'w roi i'r pridd.

Maen nhw'n sôn am ailgylchu heddiw ond roedden nhw'n ailgylchu pob dim ers talwm yn eu ffordd naturiol o fyw. Roedd y tŷ bach yng ngwaelod yr ardd ac mi fyddwn i a'm chwaer yn rhoi cic i'r drws bob tro er mwyn dychryn unrhyw lygod fyddai yno o'n blaen ni. Byddai'r bwced tŷ bach yn ei dro yn mynd i'r ardd hefyd! Roedd yn gweithio'n wych. Dwi'n siŵr y buasai rhai pobl fyddai'n dod acw ac yn cael llysiau gan fy nhad ac yn brolio bod yna flas da arnyn nhw yn gwaredu tasen nhw'n gwybod beth oedd wedi mynd i'r tir. Efallai na fasen nhw wedi bwyta'r llysiau mor harti wedyn!

Byddai Mam yn gwneud papur tŷ bach efo *News of the World* – heddwch i'w lwch! Un tro, rhedodd allan o bapur *News of the World*, a defnyddiodd bapur catalog J. D. Williams yn ei le. Catalog cwmni *mail order* o Lerpwl oedd hwn, ond roedd o'n uffar o hen beth sgleinllyd. Doedd o ddim mor ymarferol â phapur *News of the World*! Roedd hi'n amhosib trio sychu tin efo peth felly! Rydan ni wedi chwerthin dipyn am hynny wrth edrych yn ôl. Pan fydden ni'n gweld papur tŷ bach go iawn, roedden ni'n meddwl bod hynny'n beth sobor o posh!

Deuai'r rhan fwyaf o'r bwyd a fwytaem o'r ardd. Roeddwn i'n un am fy mol ac mi ydw i o hyd. Byddwn yn bwyta unrhyw beth a roddid o'm blaen, ond yn rhyfedd iawn, fedrwn i ddim dioddef sbrowts yn blentyn. Yn un peth roedden nhw'n chwerw'r adeg hynny. Doedden nhw ddim wedi datblygu i'r safon maen nhw heddiw. Ac ar ben hynny, byddai Mam yn berwi bob dim i farwolaeth ac felly byddai'r sbrowts yn glanio ar fy mhlât i fel sbinaitsh! Mae'n debyg mai'r rheswm y byddai Mam yn berwi bob dim i'r fath raddau oedd mai dŵr ffynnon oedd ganddi hi. Mae'n siŵr ei bod hi wedi cael ei dysgu, a hithau'n gweini yn y tŷ mawr, i ferwi bob dim yn iawn rhag afiechyd. Efallai hefyd fod pobl ers talwm yn bwyta'u bwyd wedi'i orgoginio oherwydd bod gan gymaint o bobl ddannedd drwg neu ddannedd gosod. Doedd pobl ddim yn gallu cnoi cystal.

Mae'n ffaith os ewch i unrhyw gegin, a bod arogl bresych yna, mai gorgoginio sydd ar fai. Mae llawer o'r coginio cyfoes, y coginio *al dente* a'r *nouvelle cuisine* yn dal i fod yn beth eithaf dieithr i lawer o Gymry cefn gwlad gan ei bod yn hen arferiad berwi llond sosban o fwyd, ei goginio fo i'r eithaf a'i fwyta.

Efallai nad oeddwn i'n hoff o sbrowts ond roeddwn i wrth fy modd efo ffa, ac yn dal i fod hyd y dydd heddiw. Mae pys a ffa efo'i gilydd yn gwneud platiad da o fwyd i mi. Atgofion plentyn ydy rhan go fawr ohono fo, y ffordd mae rhywun wedi cael ei fagu. Byddai fy nhad yn rhoi tua dwy res o ffa a dwy res o bys. Pan mae ffa a phys wedi dod yn barod, mae eisiau eu bwyta nhw'n syth. Doedd gennym ni ddim oergell na rhewgell na hyd yn oed gyflenwad trydan, felly roedd rhaid eu bwyta fel roedden nhw'n dod o'r ardd yn ffres i'r gegin. Byddem yn cael ffa a phys yn rheolaidd, platiad cyfan ohonyn nhw a lwmp o fenyn ffarm a phupur. Bendigedig!

Byddai Mam yn gwneud teisen ar ddydd Sadwrn a byddai Elis Wilias yn dod acw. Gwas ffarm yn gweithio i wahanol ffermydd oedd Elis. Caerllechwen oedd enw ei gartref o, tŷ bach bach. Byddem yn pasio ei dŷ i fynd i'r capel. Fel Elis Gallachwen yr adnabyddid o. Dyn mawr dros ei ddwy lath yn bell. Byddai'n dod acw ambell dro am fwyd a chyfle i eistedd lawr. Weithiau byddai hi'n wlyb a byddai Elis Gallachwen yn dod efo sach ar ei gefn a chap ar ei ben a dau wy yn y cap. Yn y cap y byddai'n cadw'r wyau'n saff i ddod â nhw i Mam. Byddai'n aros ambell i dro ac mi fyddwn i wrth fy modd pan fyddai'n gwneud hynny er mwyn i mi gael gwrando arno'n dweud hanesion adeg rhyfel ac ati. Roedd o'n gythraul cynnil a byddwn wrth fy modd yn gwrando arno'n adrodd ei hanes yn gosod dimai ar gledrau'r rheilffordd, y trên yn mynd drosti wedyn a'r ddimai'n troi'n geiniog!

Ambell dro fe âi i nôl ei waled, a byddai Sarah a finnau'n eistedd wrth y bwrdd. Y *drum roll* y byddem yn galw'r ddefod. Byddai Elis Gallachwen yn mynd 'Bwm, bwm, bwm,' wrth estyn y waled a honno'n un dew. Talu i Mam wedyn a'i chadw hi'n ôl. 'Bwm, bwm, bwm,' ac wedyn mynd i'w boced a lluchio ceiniog i mi ac i Sarah – a minnau newydd weld yr holl bres 'ma oedd ganddo fo yn ei waled fawr dew!

Byddai Elis yn cael teisen gan Mam. Un wythnos, doedd Mam ddim wedi bod yn dda a doedd ganddi mo'r nerth i wneud y cacenni. Gofynnodd i Nhad, oedd yn mynd i Langefni, brynu Scribona Cake, tebyg i deisen blât

Dewis ffa dringo ar gyfer sioe, dyma fath o'r enw Stenner

ond ei bod hi ar gardbord. Roedd Mam wedi meddwl yn saff y buasai hi'n gallu twyllo. Tynnodd hi o'r bocs a'i rhoi hi ar blât ac Elis yn mynd â fo adref. Wedyn ddechrau'r wythnos daeth Elis yn ôl i'r tŷ. 'Nathoch chi enjoio'r deisan?' gofynnodd hi. 'Wel do,' meddai Elis. 'Ond ro'dd y gwaelod yn galad ofnadwy.' Roedd gan Elis, a fynta'n was ffarm, gyllell â min arni bob amser. Byddai'n ei hogi hi'n gyson. Mae'n siŵr ei bod hi wedi mynd drwy'r cardbord. Felly roedd yr hen Elis Gallachwen wedi bwyta'r deisen a'r cardbord!

Roedd Llwynysgaw yn dŷ cymdeithasol iawn, pobl yn galw rownd rîl. Roedd y drws ar agor a Mam bob amser â thegell ar y tân a byddai yno bob amser frechdan de. Byddai fy nghefnder, Ken o Rosneigr – mae gen ei feddwl y byd o Ken, fo ddysgodd fi i chwarae mowth organ – yn dweud bob amser, 'Does 'na neb yn medru gneud bechdan fenyn fatha dy fam.' I dorri brechdan dda, mae'n rhaid cael cyllell â min dda arni. Roedd Nhad yn un da am hogi cyllell. Wedyn byddai Mam yn taenu'r menyn ffarm ac yna'n torri'r frechdan yn denau. Doedd hi'n ddim ond rhyw wythfed o

Rhoi darlith i Sefydliad y Merched ym Mhen Llŷn – Llwynysgaw yw'r
llun ar y sgrin

fodfedd a'i phlygu hi wedyn. Argian, roedd yna flas da arni. Byddai pawb ddeuai acw'n dweud, 'Does 'na'm byd fatha cal bechdan gan Eunice!'

Byddai hen drempyn a adnabyddid yn yr ardal fel Hen Washi Bach yn galw acw'n rheolaidd er mwyn cael powlaid i'w fwyta. Byddai Mam yn torri hen fara oedd ganddi hi a'i roi yn y bowlen efo llwyth o de, llefrith a siwgr a'i sodro o'i flaen. Chwarae teg i'r hen greadur, dwi ddim yn gwybod beth oedd ei hanes o, na sut roedd o wedi disgyn i'r ffasiwn stad, ond fyddai o byth yn eich sugno chi. Roedd o'n gorffen ei bowlaid, diolch a mynd, ac efallai na fuasem ni'n ei weld o wedyn am ryw fis. Roedd golwg y diawl arno ond doeddwn i ddim ei ofn o gwbl. Dwi'n siŵr bod ganddo fo bedair top côt. I blentyn bach roedd o'n ymddangos yn fawr, ond mae'n siŵr mai dyn bychan oedd o dan yr holl gotiau. Byddai ganddo hen esgidiau rhacs a'i ddwylo'n fudr. Roedd ein bywyd ni'n foethus iawn o gymharu ag un yr Hen Washi Bach. Bu Mam yn garedig iawn wrtho am ei bod yn cymryd biti drosto fo.

Dydw i ddim yn cofio llwgu'n blentyn. Ond dwi yn cofio disgwyl am oriau i gael tsips. Stof baraffîn oedd gan Mam, dwy stof i ddal dwy sosban a dim ond fflam fach las oedd arni a hithau angen berwi *fat* i wneud tsips. Byddai yna dri neu bedwar ohonom o amgylch y bwrdd weithiau a byddai Mam yn eu rhoi nhw i bawb fel roedden nhw'n dod. Mi faswn i'n gallu eistedd am hanner awr i ddisgwyl am y bali tsips yma a finnau'n greadur bach diamynedd! Ond roedd Mam yn gwc dda – bu'n gwc yn yr ysgol am gyfnod ar ôl gorffen yn Bodrwyn. Byddai'n gwneud pestri bendigedig. Fyddai hi ddim yn mesur dim byd, roedd hi'n gwneud bob dim o'i phen. Ac roedd ei phestri hi'n toddi yn y geg. Teisen siwgr a thriog; byddai hi'n gwneud bob dim ei hun ac roedd ganddi, diolch i Nhad, stôr o lysiau o'r ardd i'n bwydo ni'n dda.

Dwi'n cofio fel ddoe, a finnau ond yn blentyn saith neu wyth oed, rhoddodd fy nhad dri phaced o had i mi. Rhuddygl, mwstard a berwr. Bu'n ddoeth iawn yn rhoi'r rheiny i mi gan eu bod yn dri pheth oedd yn egino ac yn cynaeafu'n sydyn. Roedd o wedi fforchio rhyw ddarn llathen sgwâr ac wedi agor tri rhugl ac wedyn rhoi'r tri phaced yma i mi, a dwi'n cofio gwagio un i'm llaw a sbio ar y pethau bach yma fatha llwch, gan feddwl, beth goblyn ydy'r rhain? Roedden nhw'n edrych fel pethau marw, ond buan y gwelais eu bod nhw'n fyw. Y tu mewn i bob hadyn mae egin – gwreiddyn yn byrstio i ddod allan ohono fo. Dydd Gwener y Groglith oedd hi,

dwi'n cofio'n iawn. Dyna'r unig gyfle oedd gan Nhad i drin yr ardd. Dyna
pam bod dydd Gwener Groglith yn cael ei gyplysu efo tyfu tatw newydd
achos hwnnw oedd y gwyliau banc cyntaf i was ffarm ei gael ar ôl y Nadolig.

Dyn distaw, di-lol oedd Nhad, ond byddai'n flin fel tincar pe byddai'n
bwrw glaw ddydd Gwener Groglith ac yn fwy blin byth pan fyddai'r glaw'n
para drwy ddydd Sadwrn. Fyddai o ddim yn cael mynd i'r ardd ar ddydd
Sul gan Mam. Doeddech chi ddim yn gweithio ar ddydd Sul. Roedd y
gymdeithas yn Sir Fôn ar y pryd yn gwneud yr un fath â llawer o weddill
Cymru hefyd, yn enwedig os oeddech chi'n mynychu'r capel neu'r eglwys.
'Chwe diwrnod y gweithi ac y gwnei dy holl waith – ond y seithfed
diwrnod . . .' Ac felly roedd hi. Byddwn yn mynd i Gapel Horeb dair gwaith
y Sul yn amlach na heb, ac nid mater o groesi'r lôn i gyrraedd oedd o,
ond gorfod cerdded milltir yno ac yn ôl. Adeiladwyd Capel Horeb ddau
gan mlynedd a mwy yn ôl mewn lle o'r neilltu. Ond mwy am Gapel Horeb
yn y man.

Yn ôl at yr hadau bach. Dyma fi'n eu hau nhw. Roeddwn i wedi bod yn
gwylio Nhad wrthi, yn rhedeg yr hadau rhwng bys a bawd, teimlo'r hadyn
a pheidio taenu gormod. Doedd y rhes ddim ond rhyw ddwy droedfedd.
Wedyn eu watro nhw. Ymhen rhyw dri, bedwar diwrnod roedden nhw
wedi egino. Dyna lle bu Nhad yn gyfrwys ac yn ddoeth oherwydd roedd y
plentyn ifanc eisiau gweld y wyrth sy'n digwydd rhwng hadyn sy'n edrych
yn farw ac yn llwch yn taro lleithder, y c'nesrwydd a'r pridd ac yna'n
byrstio allan y pethau gwyrdd yma. Roedd y broses hon yn un gyffrous
iawn i mi. Wedyn, ymhen pum wythnos, roeddwn i'n gallu eu bwyta nhw.
Roedd o'n gyfnod digon byr i blentyn diamynedd fedru gweld pob peth.
Rydw i'n cofio rhoi gwadd i Gareth Tŷ Capel, fy ffrind i, adeg gwyliau'r
Sulgwyn, i ddod i Lwynysgaw. Roedd Mam yn gweithio, wrth gwrs, yn
gweini yn Bodrwyn. Dyma finnau'n torri bara i Gareth a finnau, nid sleisys
tenau fel brechdanau Mam ond clapiau mawr fel cerrig beddi. Ar ôl rhoi
menyn arnyn nhw dyma fynd i'r ardd yn llawn balchder a thorri'r berwr a'r
mwstard efo siswrn, tynnu'r rhuddygl, eu sleisio nhw a thaenu'r salad crîm!
Bendigedig! Mae hynny yn fy nghof i byth. O fanno mewn ffordd, a mynd
i sioeau'n ddiweddarach efo Nhad, daeth cychwyn y garddio.

Heb bridd, heb ddim

Heb bridd does ganddon ni ddim byd. Fedrwn ni ddim byw ar y ddaear yma heb bridd. Mae'r ffaith syml, ond tra phwysig honno, wedi ei phasio i lawr y cenedlaethau yn ein teulu ni. Byddai Nhad yn dweud yn aml nad oes dim byd mwy gonest na phridd. Ac roedd o yn llygad ei le. Pridd yw un o'r pethau mwyaf gwerthfawr sydd gennym. Does dim dwywaith, heb gael y pridd yn iawn, fod ceisio tyfu unrhyw beth yn mynd i fod yn fwrn a llwyddiant yn annhebygol. Byddaf yn credu y dylai garddwr geisio meddwl fel planhigyn. Yr hyn rydan ni'n ceisio ei wneud ydy creu'r lle perffaith i dyfu'r planhigyn iawn. Ceisio ail-greu'r hyn mae natur yn ei wneud ydan ni. Wrth wneud hynny, y peth pwysicaf i'w ystyried ydy'r pridd. Mae'r pridd angen y bacteria, y ffyngau, yr aer, a phob dim. Rhaid dod i adnabod y pridd a'i barchu.

Un posibilrwydd cryf dros fethiant ydy'r ffaith nad ydy'r garddwr yn gwybod beth sydd yn y pridd. Y pridd ydy'r sylfaen. Angor ydy'r pridd i'r gwraidd gydio ynddo. Os ydy ansawdd y tir yn dda, yna mae siawns y ceir gwreiddyn iach, a hynny yn ei dro yn rhoi planhigyn cryf i ni. Cael tir da yw un o'r dulliau sicraf o osgoi afiechydon yr ardd. Cyn plannu hadyn neu blanhigyn, y peth cyntaf y dylid ei wneud ydy arbrofi â'r pridd. Byddaf yn gyrru fy mhridd i gael ei ddadansoddi at gwmni o'r enw Landcrop Laboratories yn Pocklington yn Swydd Efrog. Maen nhw'n gyrru adroddiad yn ôl ac maen nhw'n gallu awgrymu rhyw elfen arbennig sydd angen ei ychwanegu i'r pridd ar gyfer llysiau arbennig. Mae eisiau i'r garddwr cyffredin wneud hynny yn ogystal â'r garddwr proffesiynol.

Mae llawer yn dibynnu ar ansawdd y pridd i gychwyn. Os ydy eich gardd ar garreg galch, beryg iawn bod gennych lefel uchel o pH sy'n dangos bod lefel y calch yn uchel. Mi fasa hi'n andros o job wedyn i dyfu *hydrangeas* ac *azaleas*; planhigion sy'n hoff o bridd asidaidd. Mae'r rheiny angen pH isel – tua 5 neu 5.5. Efo llysiau, dylid anelu am 6.5–7 ar y raddfa pH.

Tair elfen bwysig y macro faetholion ar gyfer pridd da ydy'r NPK, sef y nitrad (N), y ffosffad (P) a'r potas (K). Rhaid wrth y tri yma i gael tyfiant da. Mae'r nitrad yn rhoi tyfiant deiliog, y ffosffad yn hyrwyddo gwraidd cryf a'r potas yn rhoi tyfiant iach. Fe ddywed yr arbrofwr wrthych beth sydd yn y pridd ac yn bwysicach fyth yr hyn sydd ei angen, yr hyn sy'n ddiffygiol yn y pridd neu'r hyn sydd yn ormodol ynddo. Fe ddywedith wrthych pa facro faetholion eraill sydd eu hangen e.e. molidiniwm, cadmimwm, copr ac ati.

Wrth baratoi sampl o bridd yr ardd i'w anfon at arbrofwr mae angen sampl cynrychioliadol. Does dim diben cymryd pridd o un cornel o'r ardd. Y dull gorau ydy gwneud siâp 'W' efo cansen neu dipyn o galch, ac wedyn mynd ar hyd yr 'W' yma gan gymryd ychydig bach efo triwal yma ac acw a'i roi o i gyd mewn bwced lân. Rhaid gwagio'r bwced wedyn ar fwrdd pren neu ar silff a'i gymysgu i gyd efo'i gilydd. Gwasgarwch y pridd yn ei hanner ac yna i'w chwarter ac wedyn rhoi wythfed ran o'r pridd mewn bag bach plastig. O hwnnw, gall yr arbrofwr gael cynrychiolaeth deg o'r hyn sydd ym mhridd eich gardd.

Mae yna becynnau bach y gellir eu prynu mewn canolfannau garddio, ond o'm profiad i, dydyn nhw ddim yn fanwl gywir. Maen nhw'n rhad, maen nhw'n syml. Mae posib ffeindio'r pH yn weddol hawdd ond tydy'r elfennau eraill ddim mor hawdd i'w cael yn gywir. Buaswn i'n awgrymu cael ei wneud o'n broffesiynol. Rhyw ugain punt fyddai'r prawf yn ei gostio. Rydw i'n meddwl ei fod o'n ugain punt gwerth ei wario. Peth arall sy'n bwysig ydy eich bod yn dweud wrth yr arbrofwr wrth yrru'r sampl ato fo yr hyn rydych chi'n bwriadu ei dyfu; llysiau neu flodau, neu blanhigion asidaidd, neu efallai'ch bod am geisio tyfu o dan dwnnel 'poly' neu awydd tyfu nionod neu gennin ar gyfer sioe. Mae angen dweud hefyd os ydych yn bwriadu tyfu yn y dull organig. Mae'r arbrofwr yn gwybod wedyn fod eisiau hyn a hyn o bob dim yn y pridd a'r cyfan sydd angen i chi ei wneud ydy dilyn ei gyfarwyddiadau fo. Mae'r elfennau yma yn hollbwysig. Dyna'r fframwaith mae'r planhigion i gyd ei angen. Mae profi'r pridd yn beth doeth i'w wneud ac wedyn rydych chi a'r ardd yn cychwyn ar delerau da.

Yn ei hanfod mae garddio'r un fath heddiw ag yr oedd yn nyddiau Nhad. Dyn yn erbyn natur ydy o, yn ymdrechu i gael y gorau gall o allan o'r pridd. Ond mae datblygiadau gwyddonol wedi gwneud pethau'n haws i ni heddiw. Wrth edrych yn ôl, rhaid cydnabod bod pethau dipyn anoddach i bobl fel Nhad a Nhaid. Doedd ganddyn nhw ddim compost nac unrhyw fath o gyfrwng hybu tyfiant. Y cyfan oedd ganddyn nhw mewn gwirionedd oedd y pridd. Roedden nhw'n gorfod gwneud eu cymysgedd eu hunain gan ychwanegu hen ddail a mawn ac ati.

Rhaid cyfaddef nad ydw i'n un mawr am wneud tomen gompost. Mae'n debyg mai'r rheswm am hyn yw na fyddai Nhad yn gwneud chwaith. Roedd yna ddigon o ddefnydd yn dod allan o'r tŷ ac o'r ardd ei hun i'w balu yn ôl i mewn i'r pridd. Dysgodd Nhad fi pan oeddwn yn palu ddechrau'r

Trosodd: eginblanhigion ffenigl; hadau pwmpen mewn pecynnau compost di-bridd; plannu hadau glas rhuddygl a'u gorchuddio mewn compost di-bridd

gaeaf i wneud yn siŵr fy mod i wedi hel tomen o hen ddeiliach ac ati. Peidio defnyddio hen goesyn cabetsh, neu goesyn sbrowts. Mae'r rheiny'n rhy galed a gwydn. Os oeddwn i am ddefnyddio'r rheiny, yna byddai Nhad yn dweud wrtha i am roi rhaw drwyddynt a'u torri'n gyntaf. Wedyn byddai'n rhaid palu'n ddwfn, taflu'r pridd ymlaen ac yna yn y rhigol, rhoi'r rwtsh a phalu ar gefn hwnnw wedyn. Felly, mewn ffordd, roedden ni'n defnyddio compost wrth fynd, a'i adael i bydru hefyd.

Dydy gwneud compost ddim mor hawdd ag y mae pobl yn ei gredu. Does dim angen ei orddyfrio a dydy o ddim yn beth da i roi bwyd a hen sbarion y tŷ ynddo. Mae gwneud hynny'n denu llygod a phob math o afiechydon. Y cyngor gorau efo'r compost ydy defnyddio digon o stwff gwyrdd o'r ardd, rhywbeth nad oes afiechyd ynddo. Rhowch laswellt ar ôl torri'r gwair a haenen o bridd ar ei ben i'w weithio'n iawn. Bydd hyn yn denu'r pry genwair, un o ffrindiau'r ardd. Pentwr o bryfed genwair, neu lyngyrod y ddaear, sy'n creu mandylledd yn y pridd a hyn yn ei dro yn agor y pridd a chael aer i mewn iddo. Mae'n rhaid i'r aer a'r pridd gydweithio. Wnaiff dim byd dyfu mewn pridd rhy gleiog am nad oes ynddo ddigon o aer. Os oes gennych dir cleiog, yna bydd rhaid palu dipyn arno i dorri'r clai yn ronynnau mân. Dylid hefyd ychwanegu tywod bras neu dail neu hen fagiau compost, neu rywbeth felly i'w dorri i fyny. Mae'n waith caled, ond mae yna faetholion i'w cael mewn pridd cleiog, o'i drin yn iawn.

Bûm yn defnyddio dipyn o wymon ar un adeg. Byddwn yn mynd i lawr i Bwllfanogl i nôl peth efo trelar. Mae gwymon wrth gwrs yn llawn o bethau fel iodin sef pethau y mae planhigion yn hoff ohonynt. Rydw i'n cofio mynd yna yn yr hydref efo fy ffrind Ifan Gilfford o Lanfairpwll pan oedd y llanw allan a gweld tomennydd o wymon ar lan yr afon. Dyma luchio'r gwymon, nid i fagiau, ond i gefn y trelar. Roedd y gwymon yn sych braf. Dyma fynd â fo i dŷ Ifan gyntaf a'i arllwys o'r trelar ar y concrit. Roedd yna domen fawr o'r gwymon 'ma. Ymhen ychydig oriau, roedd Iona, gwraig Ifan, yn fflamio! Roedd ei drws gwyn hi'n ddu gan bryfed, a'r rheiny wedi mynd o dan y drws ac i mewn i'r llofft. Roedden nhw ym mhobman yn y tŷ. Hen bryfetach duon oedd wedi dod o'r gwymon oedd y rhain. Gafaelodd Ifan mewn can o Jeyes Fluid oedd ganddo yn y garej, a'i wagio fo i gyd dros y domen dail ma a'i ddyfrio. Bu'n brwsio'r pryfed a'r Jeyes fluid allan i'r lôn am oriau! Ers hynny fydda i byth yn cymryd gwymon sych, ond weithiau byddaf yn ei gymryd o'n wlyb. Mae'n debyg

bod yna'r fath beth a chyfraith Neptune; cyfraith sy'n dweud na ddylid tynnu gwymon oddi ar graig. Iawn os ydy o'n rhydd ac wedi'i olchi i mewn yn rhydd, ond os tynnir o oddi yna mae o'n anghyfreithlon.

Fydda i ddim yn defnyddio gwymon rŵan cymaint ag y byddwn i. Rydw i'n tueddu i ddefnyddio mwy o ddail ffarm. Ond yr hyn sy'n rhyfeddol am wymon ydy pan fyddwn i'n ei roi o yn y pridd, haenen dew o ryw dair modfedd ohono, ddiwedd mis Hydref, gan roi pridd ar ei ben o a phan fyddwn i'n mynd yna yn y gwanwyn, fyddai dim byd yno. Dim oll. Ac mae gwymon yn galed fel lledr. Yr unig beth oedd i'w weld oedd marciau gwyn yn y pridd lle roedd o wedi bod. Roedd o wedi pydru lawr ac roeddwn i'n gwybod wedyn ei fod o wedi gweithio. Os na fedrwch weld y tail, yna mae'n sicr o fod wedi gwneud ei waith.

Rydw i'n hoff iawn o gynnyrch o'r enw NutriMate i'w ychwanegu at y pridd. Symbylydd organig ar gyfer tyfiant ydy o sydd wedi cymryd 70 miliwn o flynyddoedd i'w gynhyrchu! Mae NutriMate yn cynnwys lefelau uchel o asidau hwmig a ffolig. Dyma elfennau naturiol sy'n

Sachau o datw yn barod i'w gwerthu, ac ym mlaen y llun mae gwely moron byr

gwella'r ffordd y mae maetholion a phlanhigion yn datblygu. Wrth
ei ychwanegu i'r pridd, mae'n gweithredu fel catalydd fel nad oes dim
nitrad, ffosffad na photas yn draenio o'r pridd. Mae'r NutriMate yn creu
cadwyn folecwlar sy'n cydweithio efo'r bwyd yn y pridd. Mae gan bum
cilo ohono fo'r un nerth â thunnell o dail ffarm ac mae'n hollol organig.
Gellir ei ddefnyddio ar wair, blodau a phob dim, ond peidiwch â'i roi
ar eich corn fflêcs! Gall y powdwr gwyrthiol hwn symud bwyd i mewn
i'r planhigion yn gynt na dŵr. Er bod rhaid dyfrio wrth reswm mae
o'n lleihau tipyn ar faint o ddyfrio sydd raid. Mae'r NutriMate yn cau'r
stomata i lawr ar y planhigyn fel eich bod yn cael llai o drawsgludiaeth
dŵr o'r planhigion. Golyga hyn y cewch blanhigyn cryfach a system
wreiddio well arno. Daw ffrind i mi â'r NutriMate i mewn i'r wlad o'r
Unol Daleithiau a'i droi'n bowdwr i ni. Rydw i'n falch o fedru brolio
mai ein busnes hadau, Medwyn's of Anglesey, ydy'r unig ddosbarthydd
NutriMate drwy'r wlad, ac rydw i wedi rhoi'r enw Medwyn's Powdered
Gold arno!

Wedi llosgi coed ar gyfer cael ffosffad i'r pridd

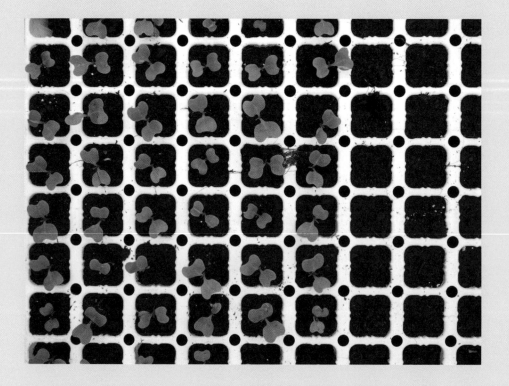

Fydda i ddim, fel arfer, yn defnyddio menig wrth arddio, oni bai mod i'n trin cemegau. Mae'n well gen i ddefnyddio dwylo. Crëwyd y dwylo ymhell cyn menig. Dwi'n hoff o'r traddodiad o gyffyrddiad efo'r ddaear ac efo'r pridd. Mae o mor rhamantus. Mi gewch o'r pridd yr hyn a roddwch i mewn iddo. Nid sôn yn unig am wrtaith a thail yr ydw i rŵan, ond hefyd profiad, llafur a chariad. Mae'r cwbl yna'n cydweithio i greu planhigion iach yn yr ardd. Mae pridd yn llawer mwy gwerthfawr nag aur y byd i gyd. Hebddo, ni fyddem fyw. Ni fyddai gennym goed nac ocsigen. Mae pridd yn amhrisiadwy a dylem ddangos y parch mwyaf tuag ato os ydym ni'n disgwyl cael cynnyrch da ohono. Fel y dywedai Nhad ers talwm, 'Heb bridd, heb ddim.'

Planhigion bresych newydd eu trawsblannu i gelloedd bychain;
Bagiau gwrtaith Medwyn's

MEDWYN'S
of Anglesey
www.medwynsofanglesey.co.uk
Chelsea, Hampton Court & Cincinnati USA - Gold Medalist
TEL: 07788 888152
LLANOR, FFORDD HEN YSGOL, LLANFAIRPWLL, ANGLESEY. LL61 5RZ
10kg

GWREIDDIO

GOSOD Y SYLFEINI

Mae'r diolch am fagu'r diddordeb yn gynnar ynof fi mewn garddio i fy
Nhad. Roeddwn i, wrth dyfu, yn ei wylio wrthi yn yr ardd, ac yn ei ddilyn.
Lle crafa'r iâr y bwyta'r cyw. Roedd Nhad yn falch o dipyn o help llaw, tan
ffeindiodd o fy mod i'n ddiawl drwg hefyd. Byddai Nhad yn agor rhes tatw,
taflu'r pridd i un ochr a mynd ar ei hyd ac agor y rhes. Wedyn byddai'r tatws
wedi egino'n braf mewn bocs tomatos. Byddai'n rhoi'r bocs dan gwely i gael
eginiad sydyn mewn lle cynnes tywyll. Un tro daeth Mam yno i lanhau.
Doedd dim trydan yn Llwynysgaw yr adeg honno, felly nid hwfyr oedd
ganddi ond Ewbank, ac wrth wthio'r peiriant fe darodd y bocs. 'Now, be
sgen ti dan gwely ma?' Byddai Nhad yn gorfod symud y bocs a'i roi'n slei
bach ar ben y wardrob. Doedd Mam ddim ond rhyw *five foot nothing*. Fedrai
hi ddim gweld pen y wardrob. Adeg hau, byddai Nhad yn eu tynnu nhw
allan a finnau'n rhyfeddu at yr egin glaswyrdd. Y cam nesaf oedd rhoi'r bocs
ar y pridd. Roeddwn i'n cael y joban o'u pasio nhw iddo fo er mwyn iddo'u
rhoi nhw i mewn yn y rhych. Dwi'n cofio un tro, mae'n rhaid bod yr elfen
ddrwg ynof fi, pan oedd Nhad wedi cyrraedd pen y rhych, trodd yn ôl i
edrych ar ei waith a doedd 'na ddim un daten y tu ôl iddo fo! Roedd rhywun
wedi mynd a'u tynnu nhw i gyd allan wrth iddo fynd! Wel, dyma gic yn fy
nhin i, seis êt! Roeddwn i'n gallu bod yn hen gythraul bach drwg!

Dyn tawel oedd Nhad, hoff o fod yn y sêt gefn bob tro, byth yn arwain
dim byd. Mam oedd y bòs a hi fyddai'n trin y pres. Ond roedd 'na fistar ar
Mistar Mostyn hefyd. Teulu'r Foulkes oedd yn rheoli'n bywydau ni, gan
gynnwys bywyd Mam. Roedd Bodrwyn yn ffarm go fawr. Roedd yna beth
bynnag dros ddau gan erw o dir ac roedd teulu'r Foulkes yn deulu go bwysig
yn yr ardal. Roedd Mrs Foulkes yn ddynes ddeddfol, agos i'w lle ac yn
ddynes addfwyn hefyd. Byddai hi'n hoff o fynd i'r capel ar nos Sul.
Roedd Bodrwyn ryw chwe chae i ffwrdd oddi wrth Llwynysgaw, ond
roedden ni'n gallu gweld Bodrwyn o'n tŷ ni. Doedd 'na ddim ffôn na dim yr
adeg honno felly'r hyn fyddai Mrs Foulkes yn ei wneud ar brynhawn Sul, pe
tasai hi awydd mynd i'r capel y noson honno, fyddai rhoi lliain gwyn allan
trwy ffenest y llofft. Roedd Nhad i fod i sbio wedyn tua phump o'r gloch i
weld oedd yna liain yn hongian. Os nad oedd yna liain doedd hi ddim am
fynd i'r capel. Os oedd yna liain, roedd Nhad i gael landrofer Mistar
Foulkes i fynd yn ôl i'w nôl hi a mynd â hi i Gapel Horeb, Llangristiolus.

Gwahanol fathau o datw'n egino mewn bocsys pwrpasol

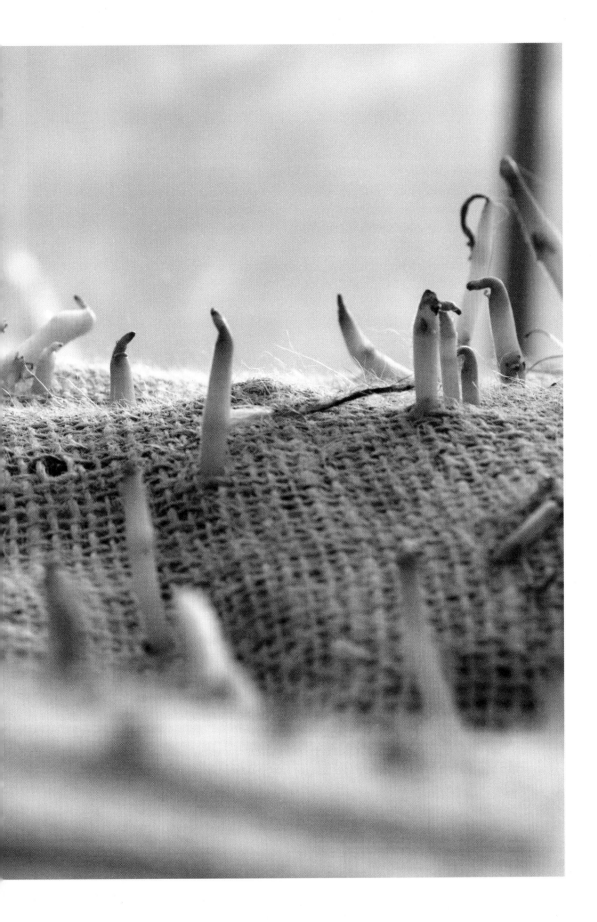

Byddai Mam weithiau yn edrych ymlaen at ryw gyda'r nos fach dawel, yn enwedig yn y gaeaf ac yn gweddïo na fyddai yna liain y tu allan. Byddai Nhad yn ôl i'r tŷ gan ddweud, 'O ma'r lliain yn hongian!' Wedyn byddai'n rhaid i ni i gyd gythru i 'molchi a newid a byddai Nhad, Mam, Sarah a minnau'n gorfod mynd i'r capel doed a ddêl!

Mae fy ngwreiddiau'n ddwfn yn y capel er mai eglwyswr oedd Nhad. Newid wnaeth o i'r capel er mwyn plesio Mam. Wesla oedd Mam yn blentyn ond mi newidiodd o fod yn Wesla i fod yn Fethodist Calfinaidd a Nhad yn newid i fod yn Fethodist hefyd er mwyn cael mynd efo hi i Gapel Horeb, Llangristiolus. Os nad oedden ni'n mynd â Mrs Foulkes yn y landrofer, yna byddai'n rhaid cerdded yno. Pan fyddwn i'n mynd i'r ysgol Sul hefo Mam a fy chwaer Sarah, byddem yn cerdded ar draws lôn groes, galw gyntaf yn Arfryn i gyfarfod ag Eleri a'i brawd Emlyn a byddai'r cwbl ohonom yn mynd yn gwmpeini i'n gilydd ar y ffordd.

Fy chwaer Sarah a finnau'n barod i fynd i Ysgol Gynradd Henblas;
Mam ar y chwith a Sally Evans y Siop efo'i mab, Gerallt, ar ei feic tair
olwyn ar ei ffordd i'r ysgol Sul yng Nghapel Horeb

Rydw i'n cofio fel y byddai fy ffrind Gerallt yn aml iawn yn dod i'r capel efo *tricycle*. Roedd Gerallt yn iau na fi. Cofiaf amdano unwaith yn mynd fel mellten am goesau Miss Williams MA, a'r olwyn flaen yn jamio wrth fynd lawr yr allt ac yn stopio'n stond reit rhwng ei choesau hi. Mi ddychrynodd yr hen greadures am ei hoedl rydw i'n siŵr. Mae Gerallt a finnau'n dal i fod yn ffrindiau a mwy na hynny mae gen i barch aruthrol tuag ato fo. Bu'r blynyddoedd cynnar yng Nghapel Horeb yn ddylanwad mawr arna i, ac yn fwy fyth ar Gerallt gan iddo fynd yn ei flaen i'r weinidogaeth – y Parchedig Gerallt Evans ydy o erbyn hyn.

Ar ôl cinio dydd Sul, byddai ffrind arall i mi, Now Pencrug, yn dod acw i fynd am reid yn ei fodur bychan Austin A35, draw i Langefni, ac yn ôl wedyn am yr ysgol Sul. Un tro, wedi troi o'r lôn fawr wrth Tros y Ffordd, dyma weld Miss Williams MA, oedd ar fin cychwyn cerdded i'r capel a'i Beibl o dan ei braich. Cynigiodd Now bàs i Miss Williams ac mi dderbyniodd hithau'n gwrtais. Does dim dwywaith nad oedd Now yn un

Capel Horeb, Llangristiolus o'r cefn

gwyllt ac yn gyrru'r car bach fel pe bai yn Le Mans. Dyma Now â'i droed ar y sbardun gan gymryd troad cyntaf i'r dde bron ar ddwy olwyn.

Hen ferch daclus a thawel oedd Miss Williams a ddywedodd hi ddim gair wrth Now. Ymlaen wedyn a chymryd troad drwg arall i'r chwith, bron eto ar ddwy olwyn wrth Refail Sampson. Mae'n rhaid cyfaddef, roedd arna i dipyn o ofn erbyn hyn gan nad oedd llawer o amser ers i Now basio ei brawf. Dyma gyrraedd y capel a Now'n brecio'n sydyn nes i'r hen wraig druan bron â mynd drwy ffenest y car. Agorodd y drws yn grynedig gan ddweud wrth Now yn barchus, 'Thank you Owie, but never again!' Gadawodd y ddau ohonom yn chwerthin a'r dagrau'n powlio.

Mae gen i atgofion melys iawn am Gapel Horeb ac yn wahanol i lawer iawn o gapeli eraill cefn gwlad, mae'n dal i fynd. Mae llawer o'r diolch am hynny i'r ffaith i filiwnydd adael pentwr o bres i'r capel rai blynyddoedd yn ôl. Mae'n rhaid ei fod yntau wedi gwerthfawrogi'r sylfaen a osodwyd iddo'n blentyn yn y capel. Digon posib mai Capel Horeb ydy un o'r capeli mwyaf cyfoethog yng ngogledd Cymru heddiw. Rydw i'n falch o gael dweud mai fi oedd arolygwr yr ysgol Sul pan oedd y capel yn dathlu dau can mlynedd. Mi fydd gen i hiraeth am Horeb weithiau. Roedd o'n ddarn mawr o fy mywyd i. Byddwn i weithiau'n mynd dair gwaith y Sul. Roedd yr ysgol Sul a'r Band of Hope yn sylfaen bwysig iawn i mi. Cofiwch chi, pan oeddwn i fymryn yn hŷn, byddwn yn mynd i'r Band of Hope er mwyn cael chwarae o gwmpas a charu efo merched a dod adre'n hwyr. Ond stori arall yw honno!

Y DOLIG

Yr hyn a gofiaf am y dyddiau cynnar yn anad dim, dyddiau ffurfio cymeriad, oedd cyfnod y Dolig. Roedd neuadd y capel ar hyd ffordd arall, doedd hi ddim hyd yn oed ar y brif ffordd. Yn fanno byddai yna barti mawr a'r hogiau i gyd yn gorfod eistedd yn ddistaw yn eu seti i ddisgwyl Santa Clôs. Mwyaf sydyn, byddai yna homar o gnoc ar y drws. 'Shh!' sibrydai pawb yn uchel. Wedyn, byddem yn dechrau canu, 'Pwy sy'n dŵad dros y bryn yn ddistaw ddistaw bach?' ac ymhen hir a hwyr byddai'r hen Santa'n dod efo'i sach. Byddai pawb ohonom fel delwau cegagored wedi'n gwreiddio i'n seti ac yn rhyfeddu wrth weld y dyn ei hun yn ein capel ni, yn Llangristiolus! Wrth nesu at ddeg neu un ar ddeg oed, byddem wedyn yn sibrwd wrth ein gilydd, 'Gwbod pw' 'di hwnna. Tom Rowlands 'di hwnna 'dê! Tom Rowlands y blaenor 'dê.' Braf iawn – dyddiau da, diniwed.

I blentyn bach, mae'n debyg mai cyfnod mwyaf cyffrous y flwyddyn ydy'r Dolig. Bob bore Dolig byddai Mr Alwyn Foulkes, mab Mrs Foulkes, yn cyrraedd efo'r car a basged fawr a'i law drwy'r handlen. Byddai'n cnocio'r drws a dod i mewn â llond y fasged o anrhegion a finnau'n methu disgwyl eu hagor. Heb eithriad – byddwn i'n cael llyfr gan Miss Prince, nani'r teulu Foulkes; roedd hi wrth ei bodd efo fi, mae'n debyg am fy mod i'n hogyn direidus. *Llyfr Mawr y Plant* neu *Cymru'r Plant* fyddwn i'n ei gael. Doedd gan Mam ddim modd i brynu llyfrau, ond bu Miss Prince a Mrs Foulkes yn help mawr i mi gael dysgu darllen.

Er ein bod yn dlawd, byddem yn cael Dolig gwerth chweil. Oraintsh ac afal mewn hosan a disgwyl wedyn am y cinio. I ginio Dolig fe gaem sbrowts a chabaetsh, moron a phannas o'r ardd – beth bynnag fyddai'n tyfu yno ar y pryd. Roeddwn i'n edrych ymlaen yn arw at pan fyddai Mam yn gwneud taffi triog o gwmpas y Dolig. Er mwyn gweld a oedd o wedi dod i'w wres yn iawn mi fyddai hi'n rhoi dropyn mewn gwydryn o ddŵr oer a byddwn i'n cael hwnnw i'w fwyta fel y byddai'n dechrau setio.

Gŵydd fyddem ni'n ei gael yn gig ddiwrnod Dolig, deryn y dyn tlawd. Y twrci oedd deryn y bobl fawr. Heddiw mae hi wedi mynd ffordd arall. Mae gŵydd wedi mynd yn ddrud dros ben. Rydw i'n cofio un bore Dolig gweld Mam yn straffaglu i roi'r ŵydd yn y popty. Ond bobol bach, roedd hi'n rhy fawr! Roedd Mam yn methu'n glir â chau drws y popty arni. Dyma Nhad yn dweud, 'Tyd â hi yma.' a dyma fo'n mynd â'r ŵydd i'r sièd a chael gafael ar lif rydlyd a'i llifio hi yn ei hanner! A dyna'r hyn gawson ni'r Dolig hwnnw oedd hanner gŵydd. Dydw i ddim yn cofio pa ben oedd o. Wedyn mae'n siŵr i Mam goginio'r llall y diwrnod canlynol. Byddem yn cael pwdin Dolig ac yn aml iawn byddai pres ynddo ynghyd â lwmp o fenyn a llefrith iawn. Argian roedd o'n neis! Chwe cheiniog oedd yn fy mhwdin i'n blentyn ac roedd hynny'n domen o bres yr adeg hynny.

Doedd Dolig ddim yn Ddolig heb gelyn ac aeron arno. Roedd trimio efo celyn yn bwysig dros ben ac yn rhan o draddodiad y Dolig. Pan aeth Anti Madge i America i fyw, doedd dim celyn yna. Doedden nhw ddim yn ei dyfu o yn New England. Felly byddem, wrth anfon parsel draw at

Anti Madge, yn sleifio dau neu dri sbrigyn o gelyn yn y parsel. Roedd hi wrth ei bodd yn cael hwnnw achos mi all celyn bara am hir. Yn ôl y traddodiad, roedd y celyn i fod i gael ei losgi ar ddiwrnod crempog, dydd Mawrth Ynyd. Byddai Mam yn cadw pishyn a'i losgi fo. Dydw i ddim yn siŵr pam, os nad oedd y ddefod honno i fod i yrru'r bwganod allan. Yr un fath efo asgwrn gwenydd yr ŵydd. Sychu hwnnw o flaen tân nes ei fod o wedi mynd yn grimp ac yna tynnu gyda phartnar efo'r bys bach. Hwnnw oedd y darn pwysig, gwneud y dymuniad. Mae'n wirion a dweud gwir ond roedd o'n draddodiad, ac rydw innau, flynyddoedd yn ddiweddarach yn parhau â llawer o'r traddodiadau bach rhyfedd yma fy hun. Maen nhw wedi'u gwreiddio ynof fi, ac mae fy wyrion i heddiw yn gwirioni'r un fath ar y traddodiadau a basiwyd i lawr iddyn nhw o genhedlaeth i genhedlaeth.

Mae'n rhaid i mi gyfaddef fy mod fel plentyn bach o hyd pan ddaw'r Dolig. Dwi'n mwynhau fy Nolig. Mae'r Dolig yn dod ag atgofion yn ôl ac o'r herwydd gall fod yn amser dwys dros ben, ond gan amlaf mae'n hapus. Mae'n gyfnod hapus wrth gwrs am mai amser dathlu genedigaeth Crist ydy o. Fel mae genedigaeth Crist yn ddechrau rhywbeth, mi fydda i'n sbio ar adeg y Dolig fel dechreuad arall yn yr ardd. Fel y soniais eisoes, diwrnod Dolig oedd adeg hau'r nionod. Bob blwyddyn yn rheolaidd mi fyddwn i'n mynd lawr i'r tŷ gwydr a waeth i mi fod yn onest, erbyn hyn dwi'n mynd efo tot bach o wisgi hefyd. Os byddwn i'n methu mynd ddiwrnod Dolig mi fuaswn i'n mynd drannoeth y Dolig ar ddydd Gŵyl San Steffan. Byddai Nhad yn dod efo fi'r adeg hynny. Byddem yn cael rhyw lymaid bach a hel straeon a rhamantu ein bod ni'n mynd i gael y nionod mwyaf ac y buasai angen berfa i gario un nionyn i mewn i sioe!

CHWARAE EFO TÂN

Adeg gwyliau, pan nad oedd yna ysgol, byddai'n rhaid i Mam fynd â fi efo hi i'w gwaith yn Bodrwyn. Pan fyddwn i'n gweld y dydd yn hir ac yn dechrau diflasu, byddwn i'n mynd allan i'r ffarm, rownd rhyw feudai a chwilota am bob dim fedrwn i. Os oedd yna rywbeth i'w fwyta, roeddwn i'n ei gymryd o. Roedd Mrs Foulkes, adeg rhyfel, wedi hel grawnwin o'r tŷ gwydr ac wedi'u rhoi nhw ar fwrdd y *dining room* yn barod i'w rhoi

Wrthi'n llosgi hen frigau ar ddiwrnod oer o hydref

fel raffl i godi pres i'r sowldiwrs. Ond roeddwn i wedi sleifio yna ac wedi bwyta'u hanner nhw! Un tro, gwelais lond powlen o ryw hufen melyn ar y bwrdd yn y Briws yn Bodrwyn. Roedd o'n edrych yn neis i mi a finnau'n ffansïo tamaid. Barus 'dê! Dyma gymryd llwyaid a . . . Rargian! Mwstard oedd y diawl peth! Roeddwn i'n crio medden nhw wrtha i.

Ond y trît gorau fyddwn i'n ei gael oedd pan oedden nhw'n combeinio neu dorri gwair a'r belar yn mynd rownd y cae a hithau'n boeth. Dwn i ddim am gywirdeb y cof ond mae pawb, dybiwn i, yr un fath wrth fynd yn hŷn, ac yn cofio pob haf yn haf poeth. Dim yr hafau gwlyb, oer, annifyr fel rydan ni'n eu cael rŵan. Efallai mai'r meddwl sy'n cofio'r pethau gorau ac yn anghofio neu'n dileu'r hen ddyddiau oer o'r cof. Rydw i'n cofio mynd i fwyta yn y Briws efo'r gweision ffarm. Roedd setl fawr ac andros o fwrdd hir yno. Diwrnod dyrnu, byddai'r lle'n llawn o ddynion y ffermydd cyfagos wedi dod yna i helpu. Byddai'r meistr wedyn yn gyrru dau was atyn nhw a byddai'r dyrnwr yn mynd o ffarm i ffarm.

Rydw i'n cofio eistedd hefyd yn y cae, pan fyddai'r dynion yn torri am fwyd, a gweld car J. J. Foulkes, yr hen ddyn, yn gyrru i fyny ac i mewn i'r cae tuag atom. Hen Ford Prefect oedd ganddo fo. Roedd o'n beryg bywyd efo car, ac rydw i'n cofio mynd efo fo ambell dro. Byddai'n canu corn ar ôl bob troad er mwyn i bobl glirio'r ffordd. Byddai'n lledu'r waliau pan oedd o'n dreifio. Dôi allan o'r car efo anferth o fasged fawr wellt, handlen grand

Criw yn medi ŷd – dyma'r ddelwedd ramantus o ffermio y syrthiais mewn cariad â hi. Mae tair cenhedlaeth ohonom yma; finnau, Nhad a Nhaid

a thywel gwyn wedi leinio'r fasged i gyd a finnau'n edrych ymlaen yn arw i gael te. Pawb yn eistedd ar ei ben ôl yn y cae, mewn cylch, y fasged yn cael ei sodro yn ein canol ni, yna'i hagor hi, tynnu'r lliain, pot anferth o de a brechdanau. Roeddwn i'n meddwl ei fod o'n ffantastig – cael bwyd felly a mygiau mawr gwyn maint hanner peint, bob un yr un fath. Roedd o'n fendigedig. Byddem hefyd yn cael llond piser o laeth enwyn efo dŵr, sef glasdwr llaeth. Roedd o'r peth gorau yn y byd i dorri syched. Mae hogiau ifanc heddiw yn colli rhywbeth ofnadwy drwy golli llaeth – rydw i'n siarad am laeth iawn, llaeth enwyn, nid y stwff a geir mewn carton heddiw.

Byddwn yn mynd draw i chwarae at fy ffrind – Tecwyn Tyddyn Sadlar a'i frawd Goronwy yn Nhyddyn Sadlar, Llangristiolus. Byddem wrthi am oriau'n rhedeg, chwarae ffwtbol a chwysu chwartiau. Mynd i mewn at y tŷ wedyn ac yn y portsh, wrth y drws cefn, roedd powlen fawr glai. Mae'n siŵr ei bod hi'n ddeg galwyn, efallai'n fwy, a llechen las ar ei phen hi – llaeth enwyn oedd o i gyd. Roedd yna anferth o lwy fawr haearn yn ei ymyl ac roeddech chi'n estyn gwydryn, rhoi tro gyda'r llwy ac yn cael ambell i lwmp o fenyn ar ei dop o.

Pan fyddai hi'n haf, byddai'n broblem cadw bwyd yn ffres, yn enwedig pan fyddai hi'n haf poeth. Doedd yna ddim ffasiwn beth ag oergell yn Llwynysgaw. Yr hyn a ddefnyddid y dyddiau hynny oedd lardar neu lechen. Mae llechen yn beth da. Hyd yn oed heddiw mi fydda i'n defnyddio llechen. Chewch chi ddim byd gwell. Os bydda i eisiau dangos ciwcymbyrs ar gyfer sioe a bod yna un yn barod rai dyddiau cyn y sioe, byddaf yn ei thorri hi ffwrdd, dod â hi i mewn a'i rhoi hi ar lechen a chadach gwlyb drosti. Mae'n siŵr o gadw'r llysieuyn yn oer ac yn ffres. Mae defnydd da i lechen.

Hynny o fwyd roedden ni'n ei gael, roedden ni'n ei fwyta wrth y bwrdd. Roedd hwnnw'n batrwm. Faswn i ddim yn meddwl bwyta ar fy nglin ar blât neu ar hambwrdd fysai neb wedi meiddio gwneud chwaith. Wrth fwyta, byddem yn cael sgwrs deuluol a phroblemau'n cael eu trafod a'u datrys yng ngolau'r lamp baraffin. Chawsom ni ddim trydan i Lwynysgaw tan 1969. Pan oeddwn i'n hogyn bach byddai gennym lamp baraffin yn y gaeaf, sef lamp gyffredin efo un wic ynddi hi. Byddai'r lamp yn cael ei sgriwio i'r wal a chaead sosban wrth ei phen hi yn y nenfwd. Byddai'n rhaid i'r lamp fod yn o lew o uchel i daflu golau lawr ar yr ystafell. Roedd y caead, am wn i, yn gwneud y ddwy job – roedd o'n nadu i'r lle fynd ar dân wrth daflu golau'r un pryd. Un lamp i oleuo'r ystafell i gyd – meddyliwch.

Byddai'r tân a gyneuai Mam yn taflu rhywfaint o olau hefyd. Fe'n dyrchafwyd yn ddiweddarach i'r *super league* pan gawsom lamp Aladdin. Roedd honno fel goleuadau Wembley o gymharu â'r hen lamp baraffîn er mai paraffîn oedd y lamp Aladdin hefyd. Maen nhw'n lampau hardd. Mantell oedd gan y lamp honno yn hytrach na wic, roedd yna wic crwn ac yna mantell gron yn mynd drosti a gwydr hir arni hi. Pan fyddem yn cael mantell newydd byddai'n rhaid bod yn ofalus gan fod tuedd iddi losgi'r stwff pinc yma oedd dros y fantell. Roedd o'n beth hynod o ddelicet; tasa rhywun yn ysgwyd lamp fel honno, buasai'r fantell yn torri'n gyrbibion. Roedd cannwyll yn beth cyffredin iawn hefyd. Byddwn yn mynd i'm llofft efo cannwyll ar soser. Beryg bywyd a deud y gwir. Fasa *health and safety* ddim yn cymeradwyo hynny heddiw.

Plentyn bach chwilfrydig oeddwn i. Fedrwn i ddim byw heb gael gweld rhywbeth. Roeddwn i ar dân eisiau gwybod beth oedd pen draw popeth. Buaswn i'n cael anrhegion Dolig ac erbyn amser te roedden nhw wedi malu'n rhacs. Roedd rhaid i mi fynd i fol pob peth i weld sut roedd pethau'n gweithio. Wedyn fyddwn i'n methu'n lân â'u rhoi nhw'n ôl a dim tŵls gen i at y gwaith. Roeddwn i'n gythreulig am wneud pethau felly.

Adeg ffeiarwyrcs un flwyddyn a minnau'n blentyn bach, cefais lond bocs o dân gwyllt. Dwn i ddim sut y cefais i nhw mae'n rhaid bod Mam wedi'u prynu nhw neu wedi'u cael nhw gan rywun. Byddwn yn sbio arnyn nhw drwy'r nos a chwarae efo nhw, a threio gweld sut roedd y papur glas yma'n gweithio a phowdwr yn dod allan o rai ohonyn nhw. Dyma fyrrath ryw noson a Nhad yn eistedd yn nhraed ei sanau o flaen tân yn darllen papur. Roedd hi'n aeaf wrth gwrs, ychydig cyn y noson fawr, a dyma finnau, ar fy nghwrcwd o flaen tân yn stydio'r ffeiarwyrcs a meddwl tybed faint gymerith hwn i danio, y peth glas yma? Yr hyn oedd gen i yn fy llaw oedd tân gwyllt 'jac yn y bocs', a dyma fi'n ei ddal o, heb feddwl am wn i, ac mae'n rhaid fy mod yn eistedd yn o agos at y tân achos mi gyneuodd yn do? Mewn eiliad dyma uffar o glec, a'r 'jac yn y bocs' yn tasgu, a mwg yn llenwi'r gegin a Nhad yn neidio mewn braw gan daflu'r papur newydd i'r awyr. Roedd y 'jac yn y bocs' yn fyw, yn sboncio dros bob man, wedyn stopio, yna neidio i rywle arall a stopio eto. Y peth cyntaf ddaeth i feddwl Nhad oedd neidio ar ei ben o. Wnaeth o ddim cofio mai yn nhraed ei sanau roedd o. Dyma hwnnw wedyn yn rhoi sgrech annaearol dros y tŷ i gyd. Roedd o wedi llosgi twll mawr yn ei hosan! Bu'n rhaid agor drws y tŷ gan fod y mwg yn llenwi'r lle i gyd. Does gen i ddim cof beth ddigwyddodd wedyn ond mae'n siŵr y ces i goblyn o gweir, chwip din mae'n siŵr neu gadach llestri ar fy wyneb nes roedd o wedi'i lapio rownd fy ngwddw i!

Tua'r un cyfnod, ar drothwy'r gaeaf, rydw i'n cofio Hughie Hermon, fy nghefnder, yn dod acw i chwarae. Roedd hi'n chwipio rhewi a dyma Hughie a finnau'n cael syniad – gwneud eis loli i Sarah fy chwaer. Dyma ni'n cael hyd i bishyn o bric a phiso i gwpan a rhoi'r pric yn ei ganol o a'i roi allan gyda'r nos. Bore trannoeth roedd yr eis loli'n barod a dyma fi, y cythraul bach drwg ag yr oeddwn i, yn ei roi i Sarah, ond chwarae teg i'm cefnder, mi dynnodd Hughie o'n ôl cyn iddi ei lyfu fo. Roedden ni'n gwybod wedyn fod piso'n rhewi!

TRECHAF TREISIED

Daeth fy nhaid â chi acw pan oeddwn i'n fychan. Mot oedd ei enw fo. Dwi o'r farn bod cael anifail anwes yn bwysig i blant. Tydy o ddim ots beth ydy o, pysgodyn aur, aderyn, cath, ci . . . Mae anifeiliaid anwes yn dysgu parch at natur i blentyn a'i addysgu'n ifanc fod yna fywyd arall ar y ddaear yma heblaw amdanom ni. Os byddwch yn ffeind efo'ch anifail, byddwch yn ffeind efo'ch cyd-ddyn, yn fy meddwl i. Ond tydy plentyn ddim wastad yn deall hynny i ddechrau, yn nadi? Chafodd Mot druan ddim amser rhy braf gen i ar y dechrau, ond diniwed oeddwn i, nid brwnt. Roedd Mot yn gi bach del. Ci gwyn oedd o, ond doeddwn i ddim yn licio'i liw o. Dyma fynd â fo i sièd wrth y tŷ, ac yng nghornel y sièd roedd pentwr o lo. Dyma fi'n golchi Mot efo brwsh paraffîn a lluchio llwch glo i gyd ar ei ben o fel bod y creadur yn ddu drosto. Roedd Mot gymaint delach yn ddu nag yn wyn yn fy meddwl i er ei fod yn drewi o oglau paraffîn. Sôn am ffraeo! Mae'n rhaid mai rhyw bump oed oeddwn i'r adeg honno.

Bu gen i anifeiliaid anwes di-ri. Roedd gen i bysgodyn aur mewn powlen a bu acw am flynyddoedd yn mynd rownd a rownd bob dydd a Mam yn lluchio mymryn o fwyd iddo fo bob hyn a hyn. Un diwrnod am ryw reswm, mae'n rhaid ei fod o wedi'i gyffroi neu fod Mam wedi rhoi gormod o ddŵr yn y bowlen, ac mi neidiodd o allan heb yn wybod i Mam. Aeth dau ddiwrnod heibio a neb yn gwybod lle ar y ddaear roedd y

pysgodyn druan. Roedd yna focs teganau o dan y bowlen ac roedd o wedi
disgyn i mewn i'r bocs cardbord yma a thipyn o'r dŵr efo fo. Roedd y
cardbord yn llaith, a diawcs erioed, roedd y pysgodyn yn fyw! Dyma afael
ynddo fo a'i roi yn ôl yn y bowlen. Roedd o'n gorfadd ar ei ochr ac rydw i'n
cofio meddwl, 'O! Mae o wedi marw.' Ond dyma fo'n dechrau ystwyrian a
throi ar ei ochr fel sybmarîn, a rownd â fo. A diawl, mi fuodd fyw am hir!

Roedd gen i fwji hefyd, hen fwji glas fuodd efo fi am flynyddoedd. Ond
fel popeth byw, mi ddaeth ei amser i farw. Roedd rhaid ei gladdu a dyma
fi'n penderfynu trefnu c'nebrwng mawr i'r hen fwji ac estyn gwahoddiad
i Eleri Arfryn, ei brawd Emlyn, a Sarah, fy chwaer. Ffwrdd â fi i'r tŷ i nôl
y llyfr hyms a dyma agor twll twt yn y ddaear efo triwal a gosod y bwji'n
barchus yn ei fedd. Dyma alw'r cynulliad at lan y bedd a'u hannerch.
'Sefwch 'wan i ganu!' meddwn innau'n ddwys gan agor y llyfr hyms a
ledio'r emyn. Dydw i ddim yn cofio pa emyn oedd o, ond dechreuodd y
pedwar ohonom forio canu. Wedi'r emyn, roedden ni'n barod i gladdu, a
finnau'n barod i lafarganu, 'Pridd i'r pridd . . .' a dyma sbio lawr i'r twll ar
y bwji a gweld nad oedd o yno. Roedd y bedd yn wag! Roedd y gath wedi
gweld ei chyfle tra oedden ni wedi ymgolli yn yr emyn ac wedi cipio'r
bwji o dan ein trwynau.

Roedd gen i gwningen yng ngwaelod yr ardd hefyd a diawl o beth
drewllyd oedd hi hefyd. Fi oedd fod i lanhau'r caets, ond doeddwn i ddim
yn gwneud hynny'n ddigon aml. Dwi'n cofio un digwyddiad fel pe tasa
hi'n ddoe. Mae'n rhaid fy mod i tua deg oed ac roedd hi'n gyfnod drwg
efo *myxomatosis*. Un prynhawn braf, adeg gwyliau'r ysgol, galwodd Yncl
Dic, cefnder fy mam, a chynnig i mi fynd efo fo i'r caeau ym Modedern.
Dychrynais i sobrwydd pan welais y cwningod druain. Roedden nhw'n
eistedd yno fel delwau. Fel arfer tasa rhywun yn nesu at gwningen mi
fuasai hi'n sglefrio o 'na reit handi. Ond roedd Yncl Dic yn medru mynd
atyn nhw'n agos a welais i erioed gymaint o olwg ar anifail. Roedd eu
llygaid nhw'n fawr ac yn dyfrio a dyma Yncl Dic yn synhwyro fy mraw ac
yn dweud wrtha i am beidio edrych. Ond wrth giledrych drwy fy llygaid
fe'i gwelais yn rhoi slap heger i'r gwningen efo'i ffon a'i lladd hi'n gelain.
Dwi'n siwr iddo fo ladd dros ddeg o gwningod y diwrnod hwnnw. Roedd
Yncl Dic yn dipyn o fardd ac yn anfon ei gerddi i'r *Herald*. Ysgrifennodd
gyfres o benillion i'r cwningod a'u hafiechyd.

Yncl Dic, Bodedern, ym mharadwys ei ardd

HAINT Y CWNINGOD

Wel dyna i chwi bobl ryfeddol
    Hau clwy i gwningod y wlad –
Mae cyrff wrth y cannoedd i'w gweled
    Ar heol a thyddyn a stad.

Gwir ydyw fod rhaid eu cwtogi
    Ond chwiliwch am ddistryw heb ball
Fel na fo 'rhen gorffyn am ddyddiau
    Yn oedi yn fyddar a dall.

Mae rhai sy'n cefnogi y clefyd
    Yn taeru ei fod yn ddi-boen;
Ond welais i 'rioed neb heb ddioddef
    Pan fyddo'n ddolurus ei groen.

A welsoch chwi rywun yn rhywle,
    Er meddu trysorau y byd,
Nad ydyw yn dioddef hyd angau
    'Rôl colli ei olwg i gyd?

Ni wyddant pa ffordd i gyfeirio,
    Ni chlywant ni welant un lliw,
A daw y gwylanod yn fintai
    I'w bwyta, rhwng marw a byw.

Mae'r gwningen, er cymaint ei difrod,
    Yn haeddu rhyw gymaint o barch –
Roedd hithau yn un o'r hen deulu
    Achubwyd i mewn yn yr arch.

Am hynny rhowch iddi farwolaeth
    Mwy tyner, a chofiwch o hyd –
Daw'r diwrnod i chwithau fynd ymaith
    A gadael pleserau y byd.

Ni raid i chwi fod yn hunanol
    Hau clwy sy'n dinistrio fel lli,
Ond gwyliwch, bydd ceiniog annheilwng
    Yn myned â dwy gyda hi.

Mi gredaf, 'mhen oesoedd, y gwelir
    Rhyw gwningen neu ddwy yn y fro,
A'r 'myxomatosis' a'r hauwr
    O'r golwg dan gerrig a gro.

Dic Bach, Bodedern

Er bod yn gas gen i gwningod heddiw – gallant wneud y llanast rhyfeddaf yn yr ardd – roeddwn i'n hoff iawn o'r gwningen fach oedd gen i yn y cwt yng ngwaelod yr ardd. Ac rydw i'n dal i gofio'r olwg druenus oedd ar y cwningod yn y cae'r diwrnod hwnnw. Roedd arbenigwyr ar *myxomatosis* yn honni nad oedd y cwningod mewn poen ond sut fedren nhw beidio bod mewn poen a'r fath olwg erchyll arnynt? Gadawodd yr olygfa resynus honno argraff ddofn arna i'n fachgen bach.

Rydw i'n cofio dod ar draws nyth iâr unwaith yn Bodrwyn, ynghanol bêls gwair mewn hen gwt a'i lond o wyau. Mae'n siŵr bod dros ugain o wyau yno a neb wedi cael hyd iddo fo ond fi. Mae'n rhaid bod yr iâr wedi dodwy a dodwy a dodwy. Es i â'r wyau i'r tŷ, ambell un heb blisgyn, dim ond croen tenau tenau rownd. Roedd hel wyau pan oeddwn i'n blentyn yn beth cyffredin iawn. Mae'n drosedd erbyn heddiw. Byddem yn hel bob math o wyau adar yng nghefn gwlad. Ond roedden ni wedi cael ein dysgu i beidio byth â 'robio' nyth, dim ond cymryd un wy o bob nyth. Wedyn twll pin cyn lleied â phosib ym mhob pen ac wedyn chwythu allan ac roedd o'n rhyfeddol sut roedd modd cael y gwynwy a'r melynwy allan o dwll mor fach. Ei adael wedyn i sychu. Rydw i'n cofio'u rhoi nhw mewn blychau bach a rhoi'r wyau mewn wadin. Roedd gen i dipyn o wyau adar traddodiadol, ond dyma Hughie Hermon, fy nghefnder, a finnau'n penderfynu mynd i Lyn Coron. Mae Llyn Coron ar y ffordd o Langadwaladr i Aberffraw. Byddem yn mynd yno i chwarae cowbois a ballu. Roedd nythod alarch yn Llyn Coron yr adeg hynny, ac mae wyau alarch yn fawr. Dyma gyrraedd yno a dyma alarch mawr yn dod ac yn chwythu arnom a lledu'i adenydd a 'ngholbio fi rownd fy nhraed. Roedd rhaid i mi fynd hynny fedrwn i. Gall elyrch wedi'u gwylltio ladd pobl ac mi gefais gythraul o slap ganddo. Ond dysgais innau mai gwarchod y nyth roedd o.

Roedd byd natur a bywyd cefn gwlad yn rhan o'm magwrfa. Pan fyddwn i'n dod adre o'r ysgol, adeg wyna, byddai rhai cannoedd o ddefaid wedi dod i fyny i dop y cae at dop y tŷ 'cw weithiau. Roedd tua thrydedd ran o'r cae ugain acer wedi'i ffensio a fanno byddai'r defaid i gyd mewn corlan anferth. Byddai fy nhad ar adegau fel hyn yn gofyn ffafr i mi wedi i mi ddod o'r ysgol. 'Dos rownd y defaid i edrych os oes yna ŵyn.' Rownd â fi ac os oeddwn i'n gweld trwyn oen yn sticio allan, neu hanner pen, roeddwn i'n ddigon sydyn ac ifanc i fedru dal y ddafad a rhoi fy llaw i mewn i chwilio am droed. Roedd fy nhad wedi fy nysgu, pe tawn i'n cael dwy droed efo'i gilydd, byddwn yn iawn. Pe tawn i'n cael un droed a'r llall yn ôl, roedd yna drafferth. Roedd rhaid rhoi fy llaw a mwy i mewn i gael honno a gafael yn y ddwy droed ac wedyn allan â hi. Roedd hi'n llithro allan yn hawdd. Gadael yr oen yno a byddai'r ddafad yn ei lyfu fo i gyd. Yr hyn sy'n rhyfeddol mewn natur ydy eu bod ar eu traed mewn mater o eiliadau neu funudau, bron. Ond yr hyn sy'n frwnt wedyn ydy brain. Rydw i wedi gweld brain yn mynd yn syth at lygad yr oen. Pigo'r llygad a'r oen yn dal yn fyw, a thynnu'r llygad oddi yna'n gyfan gwbl.

Mae natur yn gallu bod yn greulon. Dyna beth ydy esblygiad. Mae'r hyn ddywedodd Darwin – trechaf treisied – yn berffaith wir.

DYDDIAU OLAF YR YSGOL BACH

Lawr y lôn o Lwynysgaw roedd yr ysgol – Ysgol Henblas. Roedd tŷ'r ysgol yn y cefn ac yn y fan honno roedd y prifathro yn byw, sef yr adarwr a'r naturiaethwr T. G. Walker. Byddai'n ysgrifennu llyfrau – *Adar y Glannau* oedd un ohonynt. Margot oedd enw ei wraig, enw rhyfedd i ni fel Cymry Cymraeg yr adeg hynny. Byddai'n gweiddi arni'n aml, 'Margot! Come here!' Dynes dawel iawn oedd hi. Roedd gan yr hen Walker un goes yn llai na'r llall ac felly roedd ganddo fo esgid a gwadan tua phedair modfedd arni ac roedd cael honno y tu ôl i'ch pen-ôl pan fyddech chi'n camfihafio yn beth digon brwnt.

Diolch i'r hen Walker, druan, roedden ni'n gwybod dipyn am natur ond ychydig iawn am faths a seiens a ballu! Ond doeddwn i ddim yn cwyno gan fod fy niddordeb i bob amser mewn pethau amgylcheddol – adar, bywyd gwyllt a'r pridd. Ar ddydd Gwener byddai'n gofyn i mi fynd i'r ardd i dorri'r gwair. Tipyn yn ddiog oedd o, mae'n debyg, ac felly fi oedd yn gorfod gwneud ei waith o. Erbyn heddiw rydw i'n falch iddo fo fy ngorfodi i fynd i'r ardd. Does dim digon o hynny'n digwydd heddiw er bod pethau'n gwella. Mae yna hyn a hyn yn y cwricwlwm erbyn heddiw yn nodi bod rhaid i'r plant gael cyfnodau allan o'r dosbarth ac mae hynny'n wych yn fy marn i. Rydw i wedi treulio peth amser yn y blynyddoedd diwethaf yn cynghori ysgolion a disgyblion ar arddio a byd natur. Mae'n bwysig i blant gael adnabod eu hamgylchedd o oed ifanc a gwybod am yr ardd a phlannu a phridd a'r hyn sy'n digwydd mewn pridd o oed ifanc. Mae yna filoedd ar filoedd o bryfetach a phethau felly yn byw mewn pridd. Does ond rhaid i chi ystyried lawnt yr ardd. Mae pridd yn beth byw – dim rhywbeth marw ydy o. Mae'n llawn organebau a chithau'n cerdded arno fo! Y darn mwyaf o'r ardd ydy'r lawnt a honno sy'n cael ei hamharchu'n fwy na dim byd a phawb yn cerdded drosti ac wedyn mae'n cael ei thorri'n rhacs. Ac eto os daw hi'n haf sych, mi eith hi'n felyn, mi eith hi groen baw, yna wedi cawod drom o law, mae'n dod yn ôl oherwydd bod blaen dyfiant y gwair o dan lefel y pridd – does dim posib ei ladd o.

Bu T. G. Walker yn dda iawn i mi, chwarae teg, yn enwedig a minnau'n gythral am gystadlu. Roeddwn i'n hoff iawn o arlunio a gwneud sgetsys a ballu. Byddwn yn trio cystadleuaeth am y llun gorau ym mhapur Cymraeg *Y Cymro* yn rheolaidd bob wythnos. Byddwn yn ddigon ffodus i ennill yn gyson – efallai nad oedd yna neb arall yn trio! Bob dydd Sadwrn byddwn yn cael *postal order* hanner coron. Mae yna ysbryd cystadleuol ynof i byth ers hynny. Rydw i'n licio cystadlu ac yn naturiol yn licio ennill. Ond mi wna i golli hefyd. Un peth ddysgodd fy nhad i mi o'r dechrau, 'Cofia bod rhaid i chdi ddysgu colli cyn i ti ennill.' Mae'n rhaid derbyn colli, er bod hynny'n anodd iawn ar adegau pan ydych chi'n tybio bod y beirniaid yn anghywir weithiau a chithau'n cael cam.

Byddwn i'n mynd at Walker, wedi cael syniad i drio mewn cystadleuaeth – Steddfod neu rywbeth – a byddai'r hen greadur yn fy helpu i. Weithiau, byddai yna destun fel 'Damwain car'. Cynghorai Walker fi sut i lunio poster i atal damwain car gan awgrymu i mi wneud llun car a goleuadau traffig a phafin a phobl. Byddai'n awgrymu slogan tebyg i, 'Peidiwch â mynd ar ras ar frys i'r fynwent fras!' Rhoddai hynny'r anogaeth a'r egni creadigol i mi symud ymlaen i wneud llun gwerth chweil. Roedd yr hanner coron yma bob wythnos yn goblyn o help. Am hanner coron byddwn yn cael mynd ar y bws o Langristiolus i Langefni; roeddwn i'n cael chwe cheiniog i fynd i mewn i'r pictiwrs, chwe cheiniog am betha da yn y SPQR. Siop petha da yn Llangefni oedd yr SPQR – talfyriad oedd yr enw o 'Small Profit Quick Return' ond byddem ni'r hogiau'n dweud mai 'Simple people quickly robbed' oedd yr ystyr go iawn. Yn goron ar y diwrnod byddwn yn cael *fish and chips* am chwe cheiniog cyn gwario'r chwe cheiniog olaf i fynd adre wedyn. Byddai hanner coron yn gwneud diwrnod da.

Os na fyddwn i'n cael yr arian, yna byddai'n rhaid i mi helpu fy
nhad ar fore Sadwrn i balu rhyw glwt o'r ardd. Doedd gynnon ni ddim
carthffosiaeth, na dŵr, roedd rhaid cario dŵr a doedd dim trydan acw
ychwaith os cofiwch chi. Llangristiolus oedd un o'r llefydd olaf yn Sir Fôn
i gael trydan a Llwynysgaw oedd yr olaf un gan mai tyddyn clwm oedd o.
Felly pe byddai Nhad yn dweud wrtha i am balu'r ardd, doedd dim amdani
ond palu. Dwi'n cofio un tro doedd o ddim wedi dweud wrtha i ei fod o
newydd wagio'r bwced wrtaith, na dweud ymhle; a'r peth nesa roeddwn
at fy mhengliniau yn y stwff. Palu wedyn a gweld rhyw wreiddiau'n dod i
fyny, eu tynnu, meddwl dim byd a dal i fynd. Dyma Nhad adre a gwaredu
wrth weld mod i wedi palu ei *gypsophila* fo! Roedd ganddo fo dri gwrychyn
mawr neis ohono yn yr haf. Mae'r *gypsophila* yn blanhigyn sydd yn marw
i lawr yn gyfan gwbl yn y gaeaf – ond doeddwn i ddim callach yr adeg
honno. Doeddwn i ddim ond rhyw naw neu ddeg oed. Aeth hynny ddim
lawr yn dda. Bu'n rhaid i fy nhad druan ailblannu'r cwbl!

Weithiau byddai Mam yn gofyn i mi fynd i wneud neges drosti.
Roedd yna siop oedd hefyd yn swyddfa bost yng Ngherrigceinwen, rhyw
chwarter milltir o'r tŷ 'cw, ar y brif ffordd. Dau blwyf oedd Llangristiolus

*Dosbarth Ysgol Gynradd Henblas ar y flwyddyn olaf cyn symud i'r ysgol
uwchradd Llangefni; y fi sydd ar y dde yn eistedd ar y llawr a'r prifathro
T. G. Walker yn ein canol*

a Cherrigceinwen. Prin y gallech eu galw'n bentrefi go iawn, dim ond tai ar wasgar. Roedd y llinell oedd yn rhannu'r ddau blwyf yn mynd rhywle tua siop Cerrigceinwen. Roedd Llwynysgaw ym mhlwy Llangristiolus, nid ym mhlwy Cerrigceinwen. Roedd yna siop yn Llangristiolus hefyd, Siop Newydd oedd honno, ond i Gerrigceinwen y byddwn i'n mynd rhan amlaf. Roedd hi'n nes i mi ac yn well siop na Siop Newydd. Byddai'n well gen i fynd i siop Cerrigceinwen beth bynnag gan mai yno yr oedd fy ffrind Gerallt yn byw. Mae Gerallt yn dal i fyw yn yr un tŷ ag oedd yn siop pan oedd o'n blentyn.

Roedd siop bost, siop rhieni Gerallt, sef Huw a Sally Ifans, yn un dda. Siop bob dim oedd hi yn gwerthu Spirit of Nitre a 'denti riwbob' a phethau felly a photeli mawr ar hyd y silffoedd. Duw a ŵyr be oedd 'denti riwbob' dim ond ei fod o'n ffisig, rhywbeth tebyg i *cure all*. Os oeddech chi'n sâl roeddech chi'n cymryd y naill neu'r llall a dim math o leisans na dim mae'n siŵr. Roedden nhw'n ei werthu fo dros cownter fel ham neu fara. Doedd pobl ddim wedi clywed am salmonela'r adeg honno. Beryg iawn ein bod ni'n llawn o salmonela ond ein bod ni'n gallu ei wrthsefyll o!

Byddwn yn mynd am y siop efo basged a rhestr siopa. Byddai Mam yn talu bob amser. Fe wyddwn yn iawn fod rhai yn talu efo llechan,

Arwydd o arfer garddio da: nionod wedi egino a'r hadyn du yn wag bellach ond yn dal ynghlwm wrth ddail yr eginblanhigyn

ond roeddwn i'n cael pres mewn pwrs bach i fynd. Gorchwyl diflas oedd mynd ar neges i Mam a byddwn yn diddanu fy hun drwy chwarae gêm wrth fynd i'r siop, sef gweld pa mor gyflym y gallwn redeg. Roeddwn i'n meddwl fy mod i'n gythral o foi. Byddwn yn amseru fy hun. Pe bawn i'n gweld car yn dod, byddwn yn gweld a fedrwn redeg i'r polyn telegraff nesaf cyn i'r car fy mhasio fi. Wedi cyrraedd y siop byddwn yn pasio'r rhestr siopa i mam Gerallt ac wedyn wedi gorffen llenwi'r fasged byddai hi'n rhoi'r pwrs i mi a newid yn y pwrs a'm siarsio i fynd adre'n syth.

Taid Gerallt, William Jones, fyddai'n gweithio y tu ôl i gownter hir y siop yn aml ac roedd o'n ara deg iawn wrth ei waith. Dwi'n cofio Nhad yn adrodd stori fod rhywun wedi mynd yno i brynu sigaréts adeg rhyfel a William Jones yn ateb yn hamddenol, 'Wel sgen i'm un ond Pasha.' 'Wel duw, pasha nhw yma 'ta,' meddai'r cwsmer. Pasha oedd enw math o sigaréts o Dwrci ar y pryd.

Duw a'm helpo i os oeddwn i'n hwyr adre. Byddai Mam wedi bod yn poeni. Roedd ganddi ofn y byddwn i'n colli'r pres gan mai un bach gwyllt oeddwn i yn rhedeg a gwneud pethau gwirion.

℮

Rydw i'n cofio un noson braf o haf, noson berffaith glir. Mae'n siŵr ei bod hi'r dydd hiraf ym Mehefin, a dyma'r hen T. G. Walker acw. Dywedodd wrth Nhad, 'Owen Richard. Mae hi'n noson glir. Dwi'm yn meddwl ers pan dwi'n byw yn Llangristiolus 'ma mod i wedi gweld mynyddoedd Wicklow o'r blaen.' Roedd ganddo fo feinociwlars wedi'u cael oddi ar long danfor Almaenig, medda fo. 'Argian ia,' atebodd Nhad. 'Tara nhw i'r hen hogyn 'ma i Medwyn ga'l gweld.' Dyma finnau'n edrych drwyddo fo a'r cwbl welwn i oedd defaid. 'Argo',' meddwn i, 'mae'r defaid ma'n agos.' A dyma uffar o gletsh gan Walker. 'Ddim wedi dod yma i ti ga'l gweld defaid ydw i,' medda fo, 'ond i weld y mynyddoedd yn 'Werddon.' Doedd o ddim byd yr adeg hynny i gael slap ar draws y pen gan ddyn a chan athro. Roedd fy nhad yn sefyll wrth ei ochr o. Yr adeg honno doedd dim diben mynd adre a chwyno eich bod wedi cael slap gan y titshyr neu beryg y basech chi'n cael un arall am fod yn hy.

A sôn am gael cletsh, anghofia i fyth mo Mam yn gwylltio efo fi ar gownt y weiarles. Roedd gynnon ni weiarles henffasiwn yn y gegin.

Byddai dyn yn galw acw bob wythnos yn cario batris gwlyb, eu ffeirio nhw a dod â nhw i mewn i'w tsharjio nhw. Roedd y weiarles yn glamp o beth mawr a lenwai'r ffenest. Dim ond rhyw chwe modfedd o olau oedd yn dod i mewn i'r gegin gan fod y weiarles yn tywyllu'r lle. Ond byddai'r weiarles yn goleuo fy mywyd i'n blentyn wrth i mi ddianc i fyd Gari Tryfan. Roedd fy ffrind, Alec Ramage, a finnau wrth ein boddau'n gwrando ar anturiaethau Gari Tryfan. Ac er mai ar yr un rhaglen y byddem yn gwrando, byddai gan Alec a finnau luniau gwahanol yn ein pennau. Roedden ni'n gallu dychmygu pethau a chreu pethau ein hunain. Dyna gyfoeth y radio – eich cymell i weld lluniau, i ddefnyddio'r dychymyg. Mae'n bechod nad ydy plant heddiw yn cael y cyfleoedd yna i'r un graddau, mae teledu wedi drysu eu meddyliau nhw. Mae'r lluniau o'u blaenau nhw a phawb yn gweld yr un peth. Mae'r dychymyg wedi cael ei dynnu oddi wrth blentyn yn fy nhŷb i. Mae eisiau dysgu mwy o radio i blant. Ychydig a wyddwn i wrth wrando ar y weiarles yn blentyn y byddwn innau, flynyddoedd yn ddiweddarach, yn cael y fraint o ddefnyddio dipyn ar y cyfrwng i rannu fy ngwybodaeth a'm brwdfrydedd am arddio. Trwy'r profiadau gwerthfawr hynny y deuthum i adnabod arbenigwyr eraill yn y maes a chael cyfle i gyfnewid syniadau a chynghorion am arddio.

Pan fyddwn i'n dod adre o'r ysgol bach byddai Mam yn dal wrth ei gwaith yn Bodrwyn. Y peth cyntaf wnawn i, yn enwedig yn ystod misoedd tywyll y gaeaf, oedd cynnau'r weiarles. Un diwrnod, wedi i Mam gyrraedd y tŷ, rhoddodd hithau'r weiarles ymlaen. Doedd dim siw na miw yn dod ohoni, dim byd arni. Dyma hi'n chwarae a twidlo'r botymau. Cythraul o ddim byd arni. Roedd Mam yn un wyllt, sydyn. Slap i mi wedyn – cadach llestri neu beth bynnag oedd agosaf ati. Roedd hi'n argyhoeddedig mai fi oedd wedi bod yn tampro efo'r weiarles. Minnau'n cael cletsh nes roeddwn i'n troi. Mwyaf sydyn dyma lais yn dod allan o'r weiarles, 'We have an announcement to make. The King has died.' Doedd yna ddim darllediad o fath yn byd cyn hynny nid y weiarles oedd yn 'ded' ond y brenin! A finnau'n cael stid o achos ei farwolaeth o.

Er gwaethaf pob stid a cherydd, roedd Mam yn fawr ei gofal drosof ac wedi pryderu'n fawr amdana i. Mae'n siŵr y buasai hi'n anodd dychmygu heddiw, ond roeddwn i'n blentyn bach tenau, yn denau fel rhasal ac yn cael gwaith magu pwysau. Roeddwn i'n bwyta'n iawn, mae'n debyg bod y rhan fwyaf o blant yr adeg honno'n denau. Roedden ni allan yn chwarae ac yn

rhedeg rownd y ril, neu'n mynd efo beic o Langristiolus i Draeth Mawr ac i Cable Bay a bron iawn i Rosneigr. Byddem yn dod yn ôl adref gyda'r nos ar ein cythlwng. Med bach oedd fy ffrindiau'n fy ngalw i. Doeddwn i ddim yn sylweddoli fy mod i'n fychan. Mae'n debyg mai'r rheswm fy mod yn fychan oedd fy mod yn diodde'n ddrwg o asthma pan oeddwn i'n blentyn. Byddwn yn cael pyliau drwg iawn weithiau.

Roedd Llwynysgaw yn dŷ tamp, a byddwn yn arfer codi teils y llawr er mwyn chwarae efo pryfed. Teils ar bridd yn llythrennol oedd teils y tŷ. Roeddwn i'n fêts mawr efo'r pryfed; roedden nhw'n fyw a byddai byddin brysur ohonyn nhw'n mynd i fyny rhwng y papur wal a'r wal. Byddai'r dŵr yn dod i mewn o'r lôn ac yn treiglo mewn i'r tŷ. Roedd o'n gythreulig o damp. Byddai Mam yn mynd â fi i weld y meddyg. Gwyddel oedd Dr Kelly, yn byw ac yn gweithio mewn tŷ mawr hardd, sef Parc Glas, y syrjyri. Mae'r tŷ'n dal yno heddiw ar y ffordd o Langristiolus i gyfeiriad Bodorgan, ar y dde, ychydig cyn cyrraedd pentref Bethel. Mrs Edwards, Parc Glas, fyddai'n dosbarthu'r moddion ac mae hi'n dal yn fyw a thros ei chan mlwydd oed. Byddai popeth ar gael yno, a doedd dim rhaid mynd i chwilio am fferyllfa na phresgripsiwn. Dyn golygus oedd Dr Kelly, a mwstásh ganddo, tebyg i Errol Flynn a byddai'r merched yn gwirioni arno. Roedd ganddo sportscar. Fyddai o byth yn agor drws yn sportscar, dim ond neidio i mewn iddo fo.

Ar ôl fy archwilio, dywedodd Doctor Kelly wrth Mam mai gwraidd y drwg oedd y tamprwydd a bod yn rhaid i mi newid fy llofft. Doedd dim llofftydd yn Llwynysgaw, dim ond lle storio yn y to. Bu'n rhaid i Foulkes Bodrwyn wario dipyn bach i osod *sky light* gwell yn y to a rhoi partisiwn i'w droi'n ddwy groglofft hefyd. Gwellodd pethau fymryn wedyn; roedd gen i lawr pren oddi tanaf, ond roeddwn i'n colli cael chwarae efo'r pryfed.

Roedd Mam yn un dda am wneud tân. Roedd Llwynysgaw yn dŷ bach a chanddo simdde fawr. Byddem yn eistedd i mewn yn y simdde oedd yn cymryd traean o'r ystafell. Y broblem efo tân mawr mewn tyddyn bychan oedd y byddai hynny hefyd yn ei dro yn creu lleithder. Unwaith mae gwres a thamprwydd yn cyfarfod mae gorleithder yn cael ei greu, a doedd hynny ddim yn help i mrest i chwaith, na mwg y tân, na fy nhad yn smocio – roedd hi'n *living hell*. Cofiwch chi roedd hi'n *living hell* braf. Roedd hi'n fagwraeth fendigedig o ran cynhesrwydd a chariad, ond roedd y salwch yn beth diflas ar y naw. Rydw i'n cofio adeg un bowt drwg o'r asthma i mi ddychryn wrth weld Elis Williams yn crio. Roedd yn gas ac yn ddychryn ganddo fy ngweld i'n hogyn bach yn dioddef. Wrth weld cawr o ddyn yn ei oed a'i amser yn crio y sylweddolais innau i ryw raddau pa mor ddrwg oedd yr ymosodiadau asthmatig a gawn yn blentyn.

Byddwn yn cael rhybudd yn aml gan Mam, 'Paid ti ista ar lechan oer ne' garrag oer neu paid ag ista ar laswellt os 'dio'n 'lyb. Paid â chwsu ac oeri a ballu . . .' Ond plentyn oeddwn i ac wedyn roedd yn rhaid i mi gael smocio yn doedd? Roedd rhaid trio bob dim oedd yn ddrwg! Ac asthma gen i?! Doeddwn i ddim yn gwybod yr adeg hynny bod sigaréts yn ddrwg. Roedd pawb yn smocio sigaréts. Mae'n siwr mai rhyw ddeg oed oeddwn i'n cael fy sigarét gyntaf. Rydw i'n cofio'n iawn cael un, Woodbine oedd hi. Roedd Alec Ramage a finnau wedi talu hanner a hanner i brynu paced o bump. Dyma smocio'r gyntaf nes ei bod hi'n socian a'r baco'n toddi'n rhacs yn fy ngheg i; roeddwn i wedi ei sugno hi! I Poncia Rhiwgoch y byddem yn mynd, i fanno y byddem yn mynd i wneud y pethau cyfrinachol i gyd. Roedd yna waith cerdded i Poncia Rhiwgoch oedd lawr yn Cerrigceinwen, ond doedd cerdded yn ddim byd i ni. Byddem yn cerdded milltiroedd.

Gwnaethom yn fawr o'r gwyliau haf olaf cyn symud i *County School*. Roedd byd newydd brawychus ar fin agor a Walker wedi ein rhybuddio y byddem yn cael *homework* yn y *County School*. Doedd gen i ddim syniad beth oedd *homework*! Doedd gen i ddim syniad ar wyneb y ddaear beth oedd hynny, ac roedd ein Saesneg ni'n wael, a dweud y gwir. Roeddwn i tua naw oed, os nad yn ddeg oed cyn fy mod i'n gallu siarad Saesneg am mai Cymraeg oedd iaith yr ysgol bach. Mae'n siŵr ein bod ni'n cael rhywfaint o Saesneg, ond dim llawer. Iaith yr aelwyd ac iaith chwarae oedd y Gymraeg a chwarae wnaethom ni drwy'r haf hirfelyn tesog hwnnw.

Roedd gynnon ni dens ym Mhonciau Rhiwgoch ac roedd pob dim oedd ei angen ar blentyn chwareus llawn egni yno. Roedd yno goed cyll i wneud ffyn da, a byddai'r oriau'n hedfan wrth i ni chwarae efo'n cleddyfau hôm-mêd gan smalio bod yn gowbois, neu'n Indians, os oedden ni'n anlwcus! Rydw i'n cofio Alec Ramage yn gwrthod marw a finnau'n bendant mod i wedi ei saethu fo'n gelain. 'Bang bang, ti 'di marw!' meddwn innau wrtho fo eto. 'Na! Dwi ddim 'di marw. 'Nes di fethu fi!' meddai Alec yr un mor bendant. Argian, hwyl braf, mor ddiniwed. Roedden ni'n cael y fath hwyl o gocsio marw!

⁂

Cyn cychwyn, gwêl y diwedd

Y peth mawr o safbwynt yr ardd ar ôl y Dolig ydy cychwyn plannu. Byddaf yn hau helogan (seleri) ddiwedd Ionawr i ganol Chwefror a'u plannu allan tua dechrau mis Mai ar gyfer y sioeau cynnar. Byddaf yn plannu nionod dodwy (sialóts) ar y diwrnod byrraf. Dyna'r ffordd draddodiadol erioed, eu plannu ar yr unfed ar hugain o Ragfyr a'u cynaeafu nhw ar y diwrnod hiraf – yr unfed ar hugain o Fehefin. Os gadewir nhw yn yr ardd yn hir iawn wedi'r dyddiad yna, maen nhw'n mynd i ddyblu, maen nhw'n mynd i ail daflu gwreiddyn arall a mynd allan o siâp. Maen nhw'n iawn ar gyfer eu coginio, sôn am eu paratoi ar gyfer sioe rydw i wrth gwrs. Hynny ydy 'dach chi eisiau rhywbeth efo siâp da arno fo. I mi, fel tyfwr llysiau, mae amser i bob dim yn ôl dyddiad pa sioe rydan ni'n anelu ati hi. Pan ddatblygodd pethau'n fwy cymhleth efo mynd i Chelsea ac ati, roeddwn i eisiau gwireddu'r freuddwyd o gael y llysiau'n barod erbyn mis Mai. Roedd hi bron yn dyfu llysiau rownd y ril arnom ni wedyn. Dyna lle mae tai gwydr, fframiau oer a thwneli 'poly' wedi bod o gymorth amhrisiadwy.

Ar wahân i'r nionod a'r cennin mae mis Ionawr yn weddol ddistaw. Dyna beth fydd gen i fwyaf yn y tŷ gwydr yr adeg hynny. Mae'r nionod yn cymryd tua thair wythnos i egino. Mae angen eu trawsblannu wedyn. Buan iawn y daw hi'n fis Chwefror a'r adeg hynny mae angen meithrin y planhigion yma yn eu blaenau. Roedd diffyg golau yn boen ers talwm, hyd nes y daethon ni i gael digon o fodd i brynu lamp drydan i roi golau dros y bwrdd.

Ddechrau mis Mawrth gall fynd yn boeth iawn yn y tŷ gwydr a byddaf yn plannu blodau hefyd; planhigion i'r gwely blodau: y Betsan brysur (*busy Lizzies*), gold Ffrainc (*French marigolds*), y begoniau – llwyth o bethau. O'm profiad i, mae plannu gold Ffrainc yn y tŷ gwydr yn help i osgoi'r pry gwyn. Maen nhw'n gweithio i rai ond ddim i bawb.

Os nad oes gennych dŷ gwydr eisoes a'ch bod yn ystyried buddsoddi mewn un, dyma air i gall. Gellwch brynu tŷ gwydr plastig yn rhad iawn, ond buddsoddiad gwael fyddai hyn yn fy nhyb i – a bryn yn rhad a bryn eilwaith. Tydi tŷ gwydr plastig ddim yn mynd i fedru gwrthsefyll gwynt ac maen nhw'n mynd yn rhy boeth. Mwya'n byd ydy'r tŷ gwydr a'r twnnel 'poly', hawsa'n byd ydy hi i gynhyrchu gwell planhigion. Os ydy o'n fychan, mae o'n mynd i boethi'n gynt, ac os ydy o'n fychan mae o'n mynd i oeri'n gynt hefyd. Os ydy'r tŷ gwydr yn fawr, mae yna fwy o obaith cael hinsawdd sy'n llawer iawn haws ei thrin. Tŷ gwydr yn lle tŷ plastig bob tro!

Gyferbyn: nionod ifanc yn eu rhesi. Trosodd: cennin yn cael eu cadw i fyny'n syth efo cansen a chlipiau plastig; cyfri rhes o blanhigion nionod

Os ydych chi'n prynu tŷ gwydr, y ddau brif ddewis ydy un coed neu un aliwminiwm. Mae yna ragoriaethau a gwendidau i'r ddau. Efo tŷ gwydr aliwminiwn, mae'r strips aliwminiwm sy'n dal y gwydrau yn gul, felly ar gyfartaledd ceir mwy o olau. Efo tŷ gwydr coed, mae'r coed yn lletach a hynny'n golygu llai o olau. Tai gwydr aliwminiwm sydd gen i yn yr ardd, ac maen nhw yno ers deugain mlynedd. Mae eu hoes nhw'n hir. Wedi dweud hynny mae tŷ gwydr coed yn debygol o bara'n hir i chi, os edrychwch chi ar ei ôl o. Mae'r tŷ gwydr pren yn llawer iawn cynhesach yn enwedig os ydach chi'n cael un pren cedrwydd. Un o fanteision tŷ gwydr coed ydy y medrwch chi daro hoelen neu sgriw ynddo i redeg weiren o un lle i'r llall. Efo aliwminiwm, mae'n rhaid i chi gael ychwanegiadau. Mae hi'n gymaint haws gosod silff mewn tŷ gwydr coed. Os byddwch chi awydd rhoi polythen swigod i'w insiwleiddio, mae'n haws rhoi pin neu hoelen i bren.

Mae tai gwydr aliwminiwn yn rhatach am eu bod nhw'n cael eu masgynhyrchu. Un anfantais ydy bod peryg iddynt fynd efo'r gwynt. Rydw i wedi colli sawl gwydr yn ystod gaeaf stormus. Y tueddiad ydy eu bod nhw'n symud, ac mae'r clipiau sy'n dal y ffram aliwminiwm i'r gwydr yn neidio allan. Unwaith cewch chi dwll yn y tŷ gwydr, mae'r gwydr i gyd yn mynd i raddau ac wedyn mae'n llanast llwyr. Un noswyl Dolig bu bron i mi â cholli fy nhŷ gwydr yn gyfan gwbl. Roedd hi'n ddiwedd y prynhawn ac roeddwn i'n paratoi i fynd i'r eglwys, heb sylwi ei bod hi wedi bod yn chwythu'n arw. Allan â fi i'r ardd a phrin y medrwn sefyll gan gryfed oedd y gwynt. Y peth nesaf, dyma gythraul o glec. Roedd coeden o'r ardd drws nesa, coeden ewcalyptws fawr, wedi disgyn efo'r corwynt ac ar draws fy nhŷ gwydr a'i falu'n grybibion. Roedd cangen arall yn bygwth disgyn ar fy ail dŷ gwydr. Dyna i chi banics! Ffoniais Nhad a daeth draw ar ei union. Lawr â fi i waelod yr ardd gan fod yn wyliadwrus gan fod yna wydr ymhobman. Dyma roi rensan, sef rhaff denau, o gwmpas pileri cerrig oedd ar y patio. Roedd y rheiny'n ddigon cryf i mi dynnu'r rensan a'i lapio hi am y cerrig, a thrwy hynny arbed y brigyn rhag disgyn a malu'r ail dŷ gwydr. Es i ddim i'r eglwys y noson honno!

Bore drannoeth, bore'r Dolig oedd hi a fedrwn i ddim disgwyl i gael mynd allan. Roedd gen i gennin yn tyfu, felly roeddwn i'n benderfynol o gael trefn ar bethau. Rydan ni'n dechrau'r cennin tua chanol i ddiwedd mis Hydref ar gyfer sioeau ac i'w gwerthu i gwsmeriaid. Hynny oedd y boen.

Y peth cyntaf wnes i oedd symud cynnwys yr adfail o dŷ gwydr i'r tŷ gwydr arall, ond doedd dim gwres yn hwnnw, felly bu'n rhaid symud y gwresogydd draw. Daeth Dr Jones draw i ymddiheuro o waelod ei galon dros ei dad a'i fam-yng-nghyfraith oedd yn gymdogion i ni. Er yr holl drafferth gwyddwn nad oedd ganddynt mo'r help, ond mae'n siŵr bod y ddamwain wedi difetha'u Dolig, a'r goeden wedi malu tŷ gwydr Medwyn Williams!

Wrth brynu tŷ gwydr rhaid ystyried yn ofalus lle i'w osod felly. Yn sicr ni ddylid ei roi o dan goeden, os yw'n bosib, nac ychwaith mewn man lle ceir gormod o gysgod. Holl fwriad tŷ gwydr ydy denu'r haul. Dylid ei osod yn wynebu'r de a'r dwyrain fel bod yr haul yn codi yn y bore ac yn ei daro fo. Mae angen cofio hefyd wrth osod tŷ gwydr y byddwch angen dyfrio eich planhigion. Os ydych chi'n fodlon cario pwceidiau o ddŵr o'r tŷ, iawn, ond fel arall mae angen gofalu bod gynnoch chi fynediad i beipan ddŵr. Os byddwch chi eisiau trydan yn y tŷ gwydr ceisiwch osgoi rhedeg *extension lead* o'r tŷ. Mae honno'n gêm

Mecanwaith y tŷ gwydr newydd

beryg, a fedra i ddim siarsio digon bod angen cael rhywun proffesiynol i wneud y gwaith weirio. Rydw i newydd gael weirio twnnel 'poly' yn y cae, ac mae'r plygiau'n rhai sydd wedi'u selio fel na all dŵr na stêm fynd iddyn nhw. Mae'n broses ddrud ond maen nhw yna am byth ac fe gewch oriau ac oriau o bleser allan o dŷ gwydr o ansawdd da a diogel.

Rydw i wedi bod yn ddigon ffodus i gael tŷ gwydr newydd yn y cae sydd gen i yn Sir Fôn. Roeddwn i'n trafod efo cynllunydd ac yn egluro wrtho ei bod hi'n bechod na fasa modd cael twnnel 'poly' a'i do'n agor i adael y glaw i mewn a'i gau wedyn. I ffwrdd â fo i feddwl am y peth gan ddod yn ôl ata i â'r syniad o gynllunio nid twnnel 'poly' a'i do'n agor ond tŷ gwydr. A diolch iddo fo ac i minnau, am blannu hedyn y syniad yn ei ben, mae gen i dŷ gwydr unigryw. Mae'n wych ar gyfer paratoi llysiau i'w harddangos ar gyfer sioeau. Mae to'r tŷ gwydr yma'n agor 90 gradd – fel Stadiwm y Mileniwm. Fedra i gael y glaw a'r tywydd a'r aer yn mynd drwyddo fo'n syth bin wrth ei agor o. Mae'n gynllun gwych i dynnu'r aer i mewn ac mae'r aer poeth yn gallu mynd allan mewn eiliadau yn yr haf. Mae'r planhigion wrth eu bodd efo fo. Naturelight ydy enw'r cwmni gynlluniodd hwn i mi, ond dylai tŷ gwydr cyffredin wneud y tro'n iawn i'r rhan fwyaf o arddwyr

Dylid cynllunio ymlaen llaw. Os oes gynnoch chi dŷ gwydr, dylech feddwl wedyn am ffrâm oer. Rhaid i'r planhigyn gynefino â'r lle mae o'n mynd i dyfu. Y ffrâm oer ydy'r man canol, rhwng y pridd a'r tŷ gwydr. Rydw i wedi gwneud ffrâm oer allan o frics ac wyneb gwydr a fframiau coed iddi fel y gellwch chi lithro'r clawr oddi yna neu'i godi. Mae'r twnnel 'poly' yn fan canol da. Gellir trosglwyddo'r planhigion o'r tŷ gwydr i'r twnnel 'poly' ac wedyn allan i'r ardd. Rhaid cael y tair elfen hyn oherwydd hinsawdd y wlad yma. Dyna'r unig ffordd, o'm profiad, o'i wneud yn llwyddiannus.

Fframwaith oedd twnnel 'poly' ers talwm i gadw defaid i ffarmio ac i gadw gwair ac ati'n sych. Datblygodd yn araf bach i fod o ddefnydd garddwriaethol. Gellir prynu twnnel 'poly' yn lle tŷ gwydr ac maen nhw'n rhatach. Ond fedrwch chi ddim cychwyn pethau'n gynnar mewn twnnel 'poly' os nad oes gennych wres i fynd iddo fo. Mae gwydr yn dipyn tewach ac mae'n cadw mwy o oerfel allan ac yn cadw gwres i mewn yn well. Mae'n fanteisiol cael twnnel 'poly' i gychwyn y planhigion a'u cario nhw 'mlaen drwy'r flwyddyn heb wyntoedd a chorwyntoedd yn eu malu nhw'n rhacs.

Mesurydd lefelau lleithder yn y tŷ gwydr

Mae rhai planhigion, ciwcymbyrs er enghraifft, yn gweithio'n dda mewn twnnel 'poly' gan ei fod yn lle sydd yn chwysu – mae o'n lle delfrydol i'w tyfu nhw. Mae gan bolythen oes o saith i wyth mlynedd. Gallwch fod yn lwcus a chael deng mlynedd o ddefnydd ohono. Dylid defnyddio tapiau gwrth sbot poeth, sef math o dâp fel clustog, a'u glynu nhw ar y tiwb haearn. Os na wnewch chi hyn fe boethith yr haearn yn ofnadwy yn yr haf ac mae tebygolrwydd y bydd y polythen yn cracio wrth ei gyffwrdd. Mae'r tâp gwrth sbot poeth ar hyd top y bwa yn nadu'r polythen i gyffwrdd yn yr haearn.

Gorau'n byd os gosodir y twnnel 'poly' yn llygad yr haul iddo fo gael cynhesu ar gyfer y gwanwyn. Maen nhw'n oergelloedd yn y gaeaf ac yn boptai yn yr haf. Mewn twnnel 'poly' mawr, buasai ffan yn help. Mae gan yr un mawr sydd gen i yn y cae baneli ar hyd yr ochrau sy'n weindio i fyny ac i lawr i gael y polythen i lawr ac mae yna rwyd ar yr ochr tu cefn i'r polythen er mwyn galluogi aer i ddod i mewn gan atal pryfetach ac ati yr un pryd.

Cywirwch wallau syml, a gall garddio droi o fod yn hunllef i fod yn bleser. Mae'n rhaid bod yn lân mewn tŷ gwydr. Mae hynny'n hollbwysig. Ddiwedd y flwyddyn fel arfer, pan fydda i wedi darfod efo'r tomatos, a chyn cychwyn efo'r cennin a'r nionod, byddaf yn clirio'r tŷ gwydr i gyd. Rydw i'n gwneud hyn yn aml iawn tua diwedd mis Hydref neu adeg Sioe Ffair Borth ym mis Tachwedd. Mae hi'n gallu bod yn oer iawn yr adeg hynny ond mae'n rhaid i'r joban gael ei gwneud. Rydw i wedi bod yn lwcus am fod gen i ddau dŷ gwydr yn yr ardd, felly rydw i'n gallu symud planhigion o un tŷ i'r llall dros dro. Mae angen golchi'r gwydr a'r meinciau i gyd yn lân. Rydw i'n defnyddio Armillatox, cynnyrch wedi ei wneud gan ffrind i mi o Derby. Mae hwn wedi ei gynhyrchu i atal *Armillaria mellea*, sef y ffwng melog sy'n lladd coed. Byddaf yn rhoi hwnnw mewn pwced o ddŵr a defnyddio brwsh. Rhaid bod yn drylwyr a golchi pob dim yn lân yn enwedig y corneli a stwffio'r brwsh i mewn efo'r Armillatox yma. Pibell ddŵr dros y cyfan wedyn, gan gofio wrth gwrs nad ydy trydan a dŵr yn gyfeillion mynwesol! Byddaf yn gosod lliain o bolythen da a hen dywel drosto fo er mwyn sicrhau nad oes 'na ddim dŵr yn mynd i'r trydan. Ar ôl yr holl sychu bydd arogl cryf yn llenwi'r tŷ gwydr, sef arogl diheintydd. Ar ôl y glanhau, rydw i'n berffaith hapus wedyn i dyfu unrhyw beth yno.

Rhaid cofio golchi potiau hefyd. Mae gen i hen fath sinc yng ngwaelod yr ardd. Yn hwnnw, byddaf yn golchi moron a phannas a phethau felly ar gyfer sioeau. Yn y gwanwyn cynnar byddaf yn rhoi llwyth o botiau yn hwnnw, ei lenwi â dŵr a joch o Armillatox a gadael iddynt socian dros nos. Fore trannoeth fe'u tynnir o'r bath a'u gadael i ddiferu a sychu. Mae o'n werth ei wneud gan y gallwch drosglwyddo afiechydon o hen bridd sydd yn yr hen botiau'n ddiarwybod i chi. I beth ewch chi i'r drafferth o dyfu rhywbeth ac wedyn bod y planhigion yn gwywo oherwydd i afiechyd eu taro? Gwnewch y gwaith paratoi, ac mi dalith hynny ar ei ganfed i chi wrth i'r planhigyn fagu gwreiddiau iach a hynny yn ei dro yn rhoi planhigion cryf a gwydn i chi.

CYFNOD YR YSGOL FAWR

Chefais i ddim mynd i *County School*. Doeddwn i ddim yn ddigon clyfar. Doeddwn i ddim yn gwrando digon. Rydw i'n rhoi'r bai ar fy nghlustiau! Roedd gen i broblem efo fy nghlustiau. Wrth dyfu, sylweddolais nad oeddwn i'n clywed yn iawn. Roedd fy nghlustiau'n gollwng llid melyn. Dyma drip arall at Dr Kelly yn syrjyri Parc Glas. Rydw i'n cofio mynd i mewn efo Mam y diwrnod hwnnw. Anghofia i fyth mo'r profiad. Dyma fy nhro i'n dod i fynd i mewn at y doctor a chofiaf ef yn dweud wrth Mam, 'Well, his ears need syringing.' Daeth ataf efo'r peiriant erchyll yma, tebyg i bwmp tua deuddeng modfedd o hyd a blaen main arno fo. Fe'i rhoddodd yn y sinc a sugno dŵr cynnes i mewn iddo fo. Roedd Mam yn gorfod dal hambwrdd ar fy ysgwydd i tra oedd o'n chwistrellu'r stwff 'ma i nghlustiau. Argian, fedrwn i ddim dioddef y peth. Wedyn roedd Dr Kelly'n trio dal yr hambwrdd a Mam a Mrs Edwards, Parc Glas, yn dal fy mreichiau i'n sownd fel feis am fy mod i'n gwingo. Roedd y dŵr cynnes i'w deimlo'n mynd drwy mhen i, achos, er na wyddwn i hynny ar y pryd, roedd gen i rwygiadau yn nhympan y clustiau. Mae'n debyg mai dyna'r peth diwethaf y dylai'r doctor fod wedi'i wneud.

Roeddwn i mewn coblyn o boen ac felly y bu hi am amser maith wedyn. Rydw i'n sicr i fy nghlyw andwyo fy addysg. Doedd o ddim yn beth i hogyn eistedd ym mhen blaen y dosbarth am nad oedd yn clywed. Peth *cissy* fuasai hynny. Merched, a'r rheiny'n bethau go beniog, fyddai'n eistedd yn y pen blaen, a ninnau'r hogiau yn y cefn yn cadw reiat.

Pan ddaeth hi'n amser i mi fynd i'r ysgol fawr, roedd dyddiau'r *County Modern* yn dirwyn i ben. Roedd rhaid pasio arholiad i fynd i'r ysgol honno. Roedd pawb wedyn yn gorfod mynd i'r ysgol gyfun. I gychwyn, rhoddwyd pawb yn Ysgol Gyfun Llangefni mewn dosbarthiadau yn ôl lle roeddech chi'n byw am wn i. Wedyn bu'n rhaid cael profion. Doedd y profion yma'n golygu dim i mi. Buasai rhywun yn meddwl mod i'r twpsyn mwya'n y wlad – gorfod pasio rhyw brawf a deall uffar o ddim arno fo! Am i mi wneud mor sobor o wael, cefais fy sodro yn nosbarth G, un o'r gwaelod. Fedrwn i ddim bod wedi mynd llawer is. Cyrraedd y dosbarth a gweld bod hanner fy nghyfoedion yn dwp fel pyst! Roeddwn innau'n cael fy nghyfri'n dwp efo nhw. Wrth edrych o gwmpas fy nosbarth newydd daeth i'm meddwl nad oeddwn i mor wirion â'r rhain, debyg.

Y fi yn meddwl mod i'n rhywun; Mam, Sarah, Nhad a finnau adref yn Llwynysgaw; Llwynysgaw; ni yn deulu o flaen drws Llwynysgaw

Roeddwn i'n dipyn bach o drwbl. Doeddwn i ddim eisiau bod yna. Dyma benderfynu bron bob yn ail ddiwrnod mynd allan i'r ardd. Cyfrifoldeb Parry Thomas, un o'r athrawon – athro Gwyddoniaeth oedd o dwi'n meddwl – oedd gofalu am yr ardd a'r twnnel 'poly' oedd yno. Cefais ddysgu dipyn yn fanno am y busnes garddio, er mai gwneud defnydd ohonof fi roedd yr athro yn hytrach na'm haddysgu i a dweud y gwir. Chwynnu a gwneud y gwaith caib a rhaw fyddai'n rhaid i mi, ond roedd yn well gen i hynny nag eistedd yn y dosbarth. Bûm yn y dosbarth anffodus hwnnw am chwe mis, tan i'r ysgol sylweddoli'i chamgymeriad ac nad oeddwn i fod yno. Cefais fy nyrchafu ryw dair gradd yn syth i D ac i C yn y pen draw. Ond roedd yna fai ar y system yn doedd? Os nad oeddech chi'n academig, roedd hi'n anodd iawn symud ymlaen, dim ots faint o grefft oedd gan rywun yn ei ddwylo i wneud pethau na chreu unrhyw beth – doedd hynny'n cyfrif dim. Mae pethau wedi gwella fymryn erbyn heddiw, dybiwn i.

Ysgol newydd sbon danlli oedd Ysgol Gyfun Llangefni, a'r tymor cyntaf es i oedd y tymor cyntaf un i'r ysgol newydd yma. Doedd y caeau ddim wedi eu darfod yn iawn na dim byd. Roedd yna ddarn tarmac o flaen yr ysgol fel mae o heddiw, lle parcio, a fanno roedden ni i gyd wedi ymgynnull. Maen nhw'n dweud bod bron i fil o blant yno'r adeg honno. A mwyaf sydyn dyma 'na ysgarmes yn cychwyn. Roedd rhywun wedi taro rhywun arall. Wrth edrych ar ysgol Llangefni, ar y brif fynedfa, i'r chwith o honno mae swyddfa'r prifathro ac mae hi ar siâp hanner lleuad. Dyn llym iawn oedd Davies y Prifathro a gwelai hwnnw'r cwbl drwy'r ffenest honno. Y peth nesaf, dyma'r ffenest yn agor a'r Prifathro'n hedfan allan ohoni'n union fel Batman a ffon yn ei law. Roedd pawb fel delwau'n gegrwth. Os cafodd unrhyw un effaith ar fil o blant ar y diwrnod cyntaf, mi gafodd Davies.

Roeddwn i'n gwneud rhywbeth o'i le byth a hefyd. Un tro, roeddwn i'n sbio drwy'r ffenest ar y genod yn eu nicyrs yn gwneud *gym* a'r peth nesaf dyma dap ar fy ysgwydd i, a dyma droi rownd . . . Davies! Roedd ganddo ffordd o'ch cario chi, o'ch cerdded chi. Byddai'n gafael yn eich penelin. Fe wyddai'n iawn beth roedd o'n ei wneud a doedd gennych chi ddim dewis ond mynd efo fo. Byddech yn cael rhywbeth tebyg i sioc drydanol bob hyn a hyn, ac os byddech chi'n trio peidio, byddai'n ei rhoi hi'n waeth. *Six of the best.* Cansen ar y pen ôl. *Bend down.* Roedd o'n gythraul brwnt. Rhoddodd un ffrind i mi lyfr logarithms yn ei drowsus i arbed y boen. Ac mi oedd yn boen gwirioneddol. Ond doedd dim diben mynd adre a dweud neu mi fasech chi wedi cael curfa arall.

Roedd gan Mam wialen fedw ar dop y cwpwrdd gwydr. Ddefnyddiodd hi mohoni erioed. Ond roedd hi yna ac mi fyddai'n pwyntio ati. Byddai hynny'n ddigon o rybudd. Ond taswn i'n mynd adre a dweud fy mod i wedi cael stid, yna mi fuaswn i'n cael cythraul o gweir arall. Fasa Mam byth wedi mynd i'r ysgol a chwyno, achos roedd hi'n gwybod yn iawn fy mod i wedi gwneud rhywbeth o'i le. Pa ddrwg oedd ynddo? Doeddwn i ddim yn gweld beth oedd mor ofnadwy am ferched mewn nicyrs. Roedden nhw'n edrych yn dda i mi!

Fel pob plentyn yn ei arddegau cynnar, roedd hwn yn gyfnod o dyfu a thrio pethau newydd. Roedd gen i ddiddordeb mewn merched am y tro cyntaf a hynny'n golygu fy mod yn awyddus i fod yn ddeniadol yn eu llygaid nhw. Pan oeddwn i tua deuddeg oed, perswadiodd fy nain fi i newid fy nelwedd. Roedd 'na ryw chwilen yn perthyn iddi. Bet oedd ei henw hi, a doedd hi ddim yn nain go iawn i mi gan mai ail wraig fy nhaid oedd hi. Hen ferch oedd hi a dydw i ddim yn siŵr iawn be welodd fy nhaid ynddi. Roedd o'n hen yn ei phriodi hi ac roedd hi'n ddynes ryfedd. Fyddai fy nhad ddim yn gwneud llawer efo hi. Byddwn yn mynd ati hi'n achlysurol i Dŷ Capel Elim ym Malltraeth, lle roedd hi'n byw efo fy nhaid. Roedd y tŷ fel pin mewn papur ganddi ac roedd hi'n dda am goginio. Ceisiodd fy nysgu i goginio a gweu. Dysgodd fi i weu sanau. Gallwn droi sawdl ar hosan yn ddigon da.

Roedd hi dros ddwy lath o ddynes, yn gryf fel dyn. Byddai'n tynnu torch, sef cystadleuaeth lle byddai dau'n gorwedd ar lawr, traed wrth ei gilydd, dal y coesau'n syth, brwsh rhyngthyn nhw, ac un yn tynnu'r llall. Byddai Nain yn curo pawb, y cigydd, Jim Shiwrans, Nhad . . . unrhyw un fyddai'n ddigon gwirion i'w herio. Pan oeddwn i yno un nos Sul gofynnodd i mi a fuaswn i'n licio cael *perm*. Doeddwn i ddim yn siŵr beth roedd hi'n ei feddwl. A dyma esbonio y buasai hi'n gallu gwneud fy ngwallt yn gyrliog ac yn ddel a finnau'n cytuno'n betrusgar. Roeddwn i eisiau bod yn olygus fel y ffilm stars. Ond dyna fistêc! Dyma Nain yn dod â rhyw focs, Toni neu rywbeth oedd ei enw fo, y taclau permio 'ma. A dyna lle bûm i am dros awr yn eistedd fel sowldiwr yn y gadair a llond fy mhen o gyrlyrs. Pan ddaeth hi'n amser tynnu'r cyrlyrs, bron i mi farw yn y fan a'r lle. Roedd golwg y diawl arna i, yn llond pen o gyrls mân gwirion.

Doeddwn i ddim yr un hogyn ac yn sicr doeddwn i erioed wedi gweld unrhyw ffilm star â gwallt tebyg i hyn! Ceisiais guddio fy nghyrls a'm dagrau wrth deithio yn ôl adref ar y bws gan weddïo na faswn i'n gweld unrhyw un o'm cyfoedion, yn enwedig y merched. Erbyn cyrraedd adref roeddwn i wedi torri fy nghalon yn lân, yn crio a chrio a Mam yn diawlio a rhegi ac yn fy nwrdio am gytuno i'r fath bantomeim.

Gorchmynnodd i fi fynd i drio golchi'r *perm* allan. Treuliais y noson honno'n golchi a golchi a golchi fy ngwallt. Ond doedd dim yn tycio. Doedd dim dofi'r *perm* ac roedd yn rhaid mynd i'r ysgol fore trannoeth ar y bws, a'r hogiau'n tynnu fy nghoes i'n ddidrugaredd. Bûm yn gyrliog am dros bythefnos, dwi'n siŵr. Roeddwn i'n dal i drio'i olchi fo a'i sythu fo bob nos a rhoi Brylcreem ynddo fo er mwyn trio lladd y *perm*. Roeddwn i'n casáu'r *perm* ac am gyfnod yn casáu fy nain am ei wneud o hefyd a hithau'n ddynes yn ei hoed a'i hamser.

I hogyn ifanc ar ei brifiant, mae delwedd yn bwysig. Roedd y ffilmiau'n dylanwadu arnom. Rydw i'n cofio mynd i'r Arcadia yn Llangefni efo Now Pen Crug. Gwelsom bob math o ffilmiau. *The Three Stooges* oedd y ffefryn, a ffilmiau cowbois wrth gwrs. Rydw i'n cofio Now a finnau'n mynd ryw gyda'r nos i weld *Dracula* am y tro cyntaf a chael ein dychryn gan y ffilm. Cawsom y bws adref o Langefni. Roedd Now wedi parcio'i feic acw, ac roedd o angen mynd i'w gartref, Pen Crug ym Mharadwys, sydd tua dwy filltir o Lwynysgaw. Roedd hi wedi rhyw led dywyllu, ac argian mi oedd arno fo ofn. Cyfaddefodd wedyn na wnaeth o ddim byd ond pedlo hynny fedrai ei enaid, a dim ond sbio o'i flaen, dim sbio i'r un ochr, rhag ofn iddo weld y Dracula'n dod efo'r groes a'r gwaed o'i ddannedd a ballu! Roedd o wedi dychryn drwyddo.

A sôn am dywyllwch, byddem yn mynd i'n gwely'n o gynnar yn y gaeaf. Roedd hi fel bol buwch. Dyna sydd i gyfrif am y ffaith bod yna nifer o deuluoedd mawr yr adeg hynny mae'n siŵr. Byddai pawb yn mynd i'w gwely'n gynnar! Roedd yna olau trydan yn Bodrwyn; roedd yna injan yn fanno. Medrai pobl efo arian gael injan i weithio efo disel i redeg y trydan. Felly roeddwn i'n gwybod beth oedd golau trydan er nad oedd gynnon ni mohono fo. Roedden ni eisiau trydan er mwyn cael telefision fel pawb arall. Byddwn yn ddigon bodlon mynd i fy ngwely'n gynnar er mwyn cael gwrando ar radio Luxembourg, ond byddai Mam yn fy ngorfodi i'w ddiffodd ar ôl sbel ac wedyn byddwn i'n rhoi'r dillad gwely dros fy mhen a radio efo fi o dan y dillad. Roeddwn i'n gwybod pob cân bop yr adeg hynny. Daeth Radio Caroline wedyn a disodli Radio Luxemburg ac yn ddiweddarach daeth Radio 2 a Radio 1.

Roedd gennym *gramophone* His Master's Voice, hen un oedd wedi dod o rywle a chorn mawr arni. Ond doedd hi ddim yn gweithio'n dda iawn. Roeddech chi'n dechrau ei weindio hi a rhoi record arni hi – wedyn byddai'n dechrau canu a gwichian. Yn lle gwneud 75 tro i'r funud byddai'n gwneud tua 150! Rydw i'n cofio fy ffrind, Alec Ramage, a finnau'n chwerthin wrth glywed record 'Mi Glywaf Dyner Lais' yn gwichian ffwl sbid! Byddai Alec a finnau wedyn yn dal y plât, ei weindio hi hynny fedrem i'r pen a rhoi taten ynddi hi er mwyn gweld pa mor sydyn fyddai'r daten yn troelli oddi ar y peiriant. Cawsom lawer o sbort. Roedd Alec a finnau'n ffrindiau mawr a fo oedd fy ngwas priodas i ymhen blynyddoedd wedyn. Roedd yna griw ohonom yn ffrindiau mynwesol, fi ac Alec, Now Pen Crug, Jimmy Marshal a Gareth Tŷ Capel.

Roeddwn i'n ffrindiau mawr efo fy nghefnder Hughie hefyd. Roedd o fymryn yn hŷn na fi o flwyddyn neu ddwy, ac yn fwy ac yn gryfach na fi. Roedd yna lawer o hysbysebion yr adeg honno yn eich annog i fod yn gryf ac i ddysgu hunanamddiffyn – jiwdo, carate a jw-jitsw ac ati. Câi Charles Atlas ei hysbysebu ymhobman, ac roedden ni eisiau bod yn Charles Atlas, yn doedden? Penderfynodd Hughie a finnau archebu llyfr jw-jitsw drwy'r post.

Daeth Hughie acw ryw ddydd Sul efo'r llyfr newydd. Dyma Hughie'n astudio'r llyfr oedd yn llawn cyfarwyddiadau a lluniau ar sut i wneud y jw-jitsw yma. Ystafell fechan iawn oedd yr ystafell yn Llwynysgaw. Doedd yna ddim portico na dim, dim ond y wensgot yma efo silffoedd arni; roedd hi'n ystafell ac yn ddrws mewn ffordd. Ar ôl pori drwy'r cyfarwyddiadau, dyma Hughie'n troi ata i a dweud, 'Fel hyn ti'n neud, ti'n gafael, fel hyn, a ti'n troi drosodd . . .' A dyma fo'n gafael ynof fi, gwneud y giamocs rhyfedda a'm lluchio yn erbyn wensgot Mam a honno'n blatiau neis a rhyw soseri a phethau a'r rheiny'n syrthio'n deilchion ar lawr. Ceisiodd Hughie a fi feddwl am bob sut i ddod allan ohoni, ond doedd dim posib nagoedd? Arhosodd fy nghefnder efo fi hyd nes i Mam ddod i'r tŷ gan wybod na fuaswn i'n cael cymaint o stid pe byddai Hughie yno efo fi. Lluchiais y llyfr jw-jistw. Doedd o'n ddim byd ond trwbl a doedden ni ddim wedi dysgu dim oddi wrtho fo ar wahân i'r ffaith y byddai'n well pe baem yn chwarae allan yn y caeau'n hytrach nag o gwmpas llestri Mam yn y tŷ.

Roeddwn i, fel y rhan fwyaf o fy nghyfoedion, yn smocio er fy mod i'n dal i ddioddef yn wael o asthma. Roedd y ffilmiau'n ddylanwad mawr wrth bortreadu'r sêr yn smocio, yn enwedig y cowbois yn marchogaeth eu ceffylau a sigarét yn eu cegau. I ni, y cowbois yma oedd ein harwyr. Ar bob poster byddai yna lun o ddyn golygus neu ferch ddel yn smocio. Roedd pawb bron iawn yn yr ysgol yn smocio'r adeg hynny, hyd nes i chi gael eich dal. Rydw i'n cofio dod adre un diwrnod, wedi prynu paced o bump sigarét a mynd i'r groglofft. Roedd yna wialen ddur tua chwe modfedd uwchben, yng nghanol y llofft, yn dal y cwbl wrth ei gilydd. Byddai'n rhaid cadw golwg ar honno, yn enwedig ar ôl cael peint neu byddwn wedi baglu ar ei thraws ac ar fy hyd ar lawr. Beth bynnag, roeddwn i wedi cyrraedd i'r groglofft a Mam yn gweiddi, 'Lluchia dy drowsus i lawr i mi gael ei olchi fo, a dy grys!' Lluchiais y trowsus a'r munud yr aeth o'm llaw, dyma gofio'n sydyn bod y paced Woodbine efo dwy neu dair sigarét ynddo yn y boced. Dyma ddal fy ngwynt am ychydig eiliadau cyn i Mam ddechrau taranu, 'Be 'di rhain?' Unwaith eto, cefais flas ei thafod.

Rydw i'n cofio rhyw Ddolig, pan oeddwn i tua phymtheg oed a bron yn barod i adael yr ysgol, a phawb yn eistedd o gwmpas y tân yn gwrando ar y weiarles a Nhad yn troi ataf. Yn ddirybudd dyma fo'n gofyn i mi, 'Gymri di sigarét?' Dwi'n siŵr i mi fynd yn wyn fel y galchen a dyma Nhad yn ychwanegu, 'Ti'n troi'n ddyn rŵan, gei di sigarét. Os wt ti'n mynd i smocio waeth ti smocio o mlaen i fama ddim.' Roedd Nhad yn smociwr trwm, yn smocio Early Bird – Roll Your Own, a'r rheiny'n gryf cythreulig. Ond wedi dod dros y sioc, teimlwn yn dipyn o ddyn yn tynnu ar fy sigarét wrth ochr Nhad yng nghegin Llwynysgaw.

SIOEAU EFO NHAD

Byddai dyn o'r enw Tom Griffiths o Lannerch-y-medd yn dod ar ei halc i Lwynysgaw bob hyn a hyn. Tom Griffiths oedd y peth agosaf yr adeg honno i arddwr proffesiynol. Nid gardd oedd ganddo fo, ond gerddi. Byddai'n tyfu ar gyfer sioeau ac yn boddi ei fyrddau arddangos efo'i gynnyrch. Byddai yn y sioe drwy'r nos yn gosod blodau a llysiau. Mae'n rhaid gen i ei fod wedi gweld rhywbeth da gan Nhad yn yr ardd, achos fo

gychwynnodd Nhad ar y busnes dangos. Does dim dwywaith nad Tom Griffiths oedd yn ysbrydoliaeth iddo. Dim ond rhyw gwta bum munud y byddai yn y tŷ ac wedyn byddai'r ddau allan yn yr ardd am awr, awr a hanner weithiau. Doedd gardd Llwynysgaw ddim yn fawr ond fel gwas ffarm byddai Nhad yn cael dwy neu dair rhes ychwanegol yn y cae ar gyfer y tatw. Byddai Tom Griffiths a Nhad yn sefyll wrth bob rhes, a chanddynt rywbeth i'w ddweud am bob rhes . . . ffa, pys, moron, bitrwt. Edrych ymlaen fydden nhw o hyd, edrych ymlaen at beth oedd am ddod, beth fyddai ganddynt ar gyfer y sioe nesaf.

Roedd Sioe Bodedern yn un o sioeau mawr Sir Fôn yn y cyfnod pan oeddwn i'n tyfu. Doedd hi ddim cymaint â'r sioe sir ond roedd yno anifeiliaid yn ogystal â'r blodau a'r llysiau. Roedd Mam yn hanu o Fodedern ac wedi cael ei magu yn y tŷ capel yn Capel Wesla. Roedd Nhad yn awyddus i arddangos yno, ac felly wedi gwneud y penderfyniad, roedd hwn yn ddiwrnod mawr i'n teulu ni. *Big day out*! Byddai'r teulu yno i gyd, pawb yn y tŷ capel bach yn cael te a brechdan. Doedd gan Nhad ddim car ond cafodd fenthyg car gan rywun y tro hwnnw i gael mynd â'r llysiau draw'r noson cynt yn barod i'w harddangos ar gyfer y diwrnod wedyn. Dyma fynd yno a chyrraedd. Roedd hi'n dywyll fel bol buwch. Roedd Nhad wedi meddwl y buasai yno olau, ond cafodd ei siomi. Bu'n rhaid iddo agor y babell ar hyd un ochr, gyrru'r car i mewn i'r babell a chynnau golau'r car. Doedd ganddo ddim gobaith o osod pethau fel arall. Roedd o'n

gorfod mynd i'w waith bore wedyn ac yn y bore yr oedd y llysiau'n cael eu beirniadu. Does gen i ddim cof iawn beth ddigwyddodd, ond rydw i'n meddwl iddo fo ennill, a dyma ddechrau ar y busnes arddangos 'ma.

Y tro nesaf yr aeth i Sioe Bodedern, methodd â chael benthyg car. Doedd dim llawer o bobl yn berchen ar gar y dyddiau hynny a bu'n rhaid iddo gerdded milltir dda o Lwynysgaw i Gefn Cwmwd. Byddai'n rhaid iddo fo gael bws wedyn o Gefn Cwmwd i Groeslon Dalar ac wedyn cerdded yr holl ffordd i Fodedern i'r sioe – milltir arall. Cymaint oedd ei frwdfrydedd a'i aberth, ynghyd â'i awydd angerddol i ennill efo dim ond llond bag o lysiau. Roedd hi'n dipyn o gamp iddo yn y cyfnod hwnnw. Ychydig iawn o amser sbâr a gâi gweision ffermydd iddyn nhw'u hunain ac yn aml iawn, adeg y sioeau, byddai'n adeg gwair neu'n adeg combeinio a chael yr haidd a'r ŷd i mewn. Roedd hi'n andros o job iddo fo gael amser yn rhydd. Roedd o wedi rhoi ei lysiau i gyd mewn bag y tro hwn, y moron hir a'u pennau i mewn yn y bag, ynghyd â thomatos ac ati. Fasa rhywun byth bythoedd heddiw yn meddwl cario pethau maen nhw wedi treulio cymaint o amser yn eu tyfu mewn bag. Roedd o'n un da am foron hir erioed. Byddai'n cerdded i mewn i babell Sioe Môn flynyddoedd wedyn a phobl yn dweud 'Dyma fo'r dyn caraitsh hir yn dŵad!' Byddai pen fy nhad, nad oedd yn ddyn ymffrostgar wrth natur, yn chwyddo wrth glywed hyn.

CEIR

Roedd peidio cael car yn llyffethair i ddyn fel Nhad oedd eisiau ymweld ac arddangos yn y sioeau. Weithiau, pe byddai'n lwcus, byddai Foulkes Bodrwyn yn rhoi benthyg y landrofer iddo. Rydw i'n cofio mynd i yfed am y tro cyntaf a dod adre'n chwil rhacs. Roeddwn i wedi bod yn yfed Babycham a chael bws i ddod adref. Roeddwn i mor chwil fedrwn i ddim ffeindio drws y tŷ ac felly dyma ddisgyn ar lawr yn y gwair. Mi wyddwn fod fy rhieni wedi mynd allan. Roedden nhw wedi mynd i dŷ Glyn Williams oedd yn was ffarm yn Bodrwyn fel Nhad. Hen lanc oedd Glyn a chanddo ddigon o bres. Roedd Glyn wedi prynu injan i redeg y trydan. Roedd ganddo fo delifision, ac roedd fy rhieni wedi mynd i fanno'r nos

Dyma fi yn ennill gwobr gyntaf gyda nghasgliad llysiau am y tro cyntaf a'r fedal aur i brofi hynny yn Sioe Môn, 1969; Nhad a finnau efo gwobrau Sioe Amwythig - tîm da o'r dechrau

Sadwrn honno. Roedden nhw wedi cael benthyg y landrofer gan Foulkes Bodrwyn. Rydw i'n cofio'n iawn gorwedd yn feddw ar y gwair a synhwyro golau car yn cynyddu a chwyddo wrth nesu at y tŷ. Dyma glywed Mam yn dweud, 'Now, mae 'na rywun yn y gras yn fama.' Finnau'n cogio mod i wedi llewygu. Fedrwn i ddim codi. Roeddwn i wedi methu cael hyd i'r goriad. Aeth fy nhad â fi i'm siambar a newid fy nillad i, tra roedd Mam yn tantro yn y gegin. Dyma ganol bore Sul yn dod, finnau wedi sobri ac yn llawn cywilydd. Daeth fy nhad i'r llofft, ond wnaeth o ddim sôn yr un gair, dim ond, 'Ty'd 'laen 'wan. Cwyd. Amsar cinio.' Ges i ddojio'r capel y diwrnod hwnnw. Ddywedodd Nhad yr un gair, ond bu Mam yn cega drwy'r prynhawn ac yn fy nwrdio am godi cywilydd arni. Fyddai Nhad byth yn hel diod er y byddai ei dad yntau, mae'n debyg, yn un garw am ei ddiod.

Ar ôl blynyddoedd o gynilo, prynodd fy Nhad gar, Austin Somerset. Talwyd cant a hanner o bunnoedd amdano. Roedd hynny'n ffortiwn i ni'r adeg honno a dwn i ddim sut y llwyddodd fy rhieni i godi'r fath swm. AEY 500 oedd rhif y car. Rydw i'n difaru hyd heddiw na fuaswn wedi cadw'i rif o. Ychydig a feddyliais i'r adeg honno y byddai gen i gar fy hun ryw ddiwrnod â'm rhif personol fy hun. NIONYN yw rhif y car sydd gen i bellach a thalais £180 amdano gan y DVLA. Rydw i wedi cael cynnig mil o bunnoedd amdano fo ers hynny.

Roedd yr Austin Somerset yn gar â *suspension* neis arno ac yn mynd yn braf ar y lôn. Adeiladodd Nhad garej yn y cae – wel, roedd o'n fwy fel cwt a dweud y gwir. Roedd o'n lle gwirion i adeiladu garej, led y cae oddi wrth y tŷ. Pe byddai'n wlyb, byddai'r car yn mynd yn sownd yn y mwd. Doedd dim posib ei gael oddi yno i'r lôn. Pan ddysgais i yrru rydw i'n cofio i mi osod *wing mirrors* ar y car a thrio bagio gan ddefnyddio'r *wing mirrors* a dyma fi'n rhoi clec i bostyn gan achosi tolc mawr yn y *wing*. Doedd fy Nhad ddim yn ddyn blin, ond bu twrw mawr acw yr adeg honno. Rydw i'n ei gofio fo'n rhythu arna i ac yn rhefru, 'I be oddach chdi isio gneud peth mor blincin wirion?'

Pan aeth William Jones, Caersech, ffarm fach draws y lôn i Lwynysgaw, i dipyn o oed fe werthodd ei hen gar i Goronwy, Tyddyn Sadler. Roedd hyn yn wych ac yn rhoi rhyddid i ni fynd a dod fel yr hoffem. Ond am ryw reswm fe beintiodd Goronwy'r hen gar yn binc. Sôn am gywilydd mynd efo hwnnw! Byddai'n rhaid i Goronwy fy ngollwng i cyn cyrraedd Llangefni. Roedd gen i ormod o gywilydd cael fy ngweld mewn car pinc!

CAPEL HOREB

Mae gen i atgofion melys iawn am Gapel Horeb. Rydw i'n cofio un tro, pan oeddwn yn fy arddegau, mynd yno ac eistedd efo fy ffrind Now Pencrug. Roedd yna bregethwr cynorthwyol hirwyntog y bore hwnnw a dyma Now yn sibrwd wrtha i, 'Tisio prynu leitar?' A dyma finnau'n ateb, 'Wmbo. Dio'n iawn?'

'Ydy.'

'Dio'n gweithio?'

'Dwi newydd roi TVO ynddo fo ben bora 'ma, toedd gen i ddim petrol.'

Paraffîn rhad oedd TVO a dyma Now yn tanio a thanio a'r bali peth yn gafael a mwg yn lledu drwy'r capel. Dechreuodd pawb anesmwytho ac oedodd y pregethwr druan ar ganol ei bregeth a gweiddi, 'A wnaiff y ddau lanc ifanc fihafio os gwelwch yn dda?' Roedd gen i gywilydd mawr erbyn hyn er bod yna ran ohonof eisiau chwerthin wrth weld Now drwy gil fy llygad yn trio'i orau glas i stopio'r peth 'ma rhag mygu. Deuswllt oedd o eisiau amdano fo, rydw i'n cofio'n iawn, ond brynais i mohono fo.

Dyma fi adre. Dweud dim. Ond tua chanol yr wythnos dyma'r Gweinidog, y Parchedig Dwyryd Williams, yn galw a dweud wrth Mam ein bod ni wedi cael ffrae yn y capel. Roeddwn yn gwybod beth i'w ddisgwyl wedyn, ffrae arall a chythraul o slap am gamfihafio yn y capel.

Byddai rhai o'r pregethwyr yn mynd i hwyl ac os oedden nhw'n mynd dros yr awr byddwn i'n dechrau colli diddordeb. Roedd yna eithriadau wrth gwrs, a'r un sy'n aros yn y cof ydy Tom Nefyn. Roedd yn bregethwr arbennig ac yn medru cynnal diddordeb. Buasai wedi gallu dal ati am ddwy awr a faswn i ddim wedi laru arno fo. Pan fyddai si fod Tom Nefyn yn dod i'r cyfarfod pregethu yng Nghapel Horeb, byddai pobl yn tyrru yno o bob man, ac nid pobl Llangristiolus yn unig, ond pobl o Fodffordd, Hermon, Bodorgan a thu hwnt. Byddai pobl yn dod ar eu beics i wrando ar Tom Nefyn. Roedd Horeb yn gapel mawr. Cafodd ei adeiladu i gynnwys galeri ynddo fo, yn ôl be dwi'n ei ddeall. Chafodd y galeri mo'i adeiladu. Oherwydd hynny roedd gan y capel do uchel ac roedd yno hefyd sêt fawr fendigedig.

Gallech daeru bod Tom Nefyn wedi bod ar gwrs hypnoteiddio. Roedd ganddo ddawn arbennig. Roedd y ffordd y traddodai ei bregeth yn unigryw. Byddai'n canu rhannau o'i bregeth wrth fynd i hwyl a'r cynulliad yn y capel wedi'i gyfareddu. Byddai weithiau yn oedi'n ddramatig ac yna'n mynd i stêm a chanu emynau neu weiddi'n sydyn. Rydw i'n cofio iddo sôn am long a theithiwr cudd arno unwaith, rhyw fath o *stowaway*. Cododd storm ar y môr a'r unig un i oroesi'r storm fawr a'i achub oedd y *stowaway*. Boddwyd gweddill y criw. Gallaf glywed Tom Nefyn rŵan yn llafarganu, 'Pam fo? Pam fo?' Os deallais yn iawn, clodfori pobl ar gyrion cymdeithas a wnâi a'n hatgoffa fod pawb yn bwysig yng ngolwg Duw.

Dyma ni'n troi am adre ac roedd Mam fel pe bai wedi mynd i fath o berlesmair. Wedi cyrraedd Llwynysgaw, dyma Mam yn gwneud paned o de, rhoi te yn y tebot a rhoi dŵr oer ar ei ben. Doedd y dŵr ddim wedi berwi hyd yn oed. Dyma hi'n torri bara a thorri ei bys efo'r gyllell. Roedd hi mewn breuddwyd ar ôl gwrando ar Tom Nefyn, roedd o'n cael effaith felly ar bobl. Buaswn wedi bod wrth fy modd gallu gwrando arno fo pan o'n i'n hŷn. Mae'n siŵr mai tynnu at fy nwy ar bymtheg yr oeddwn i'r adeg hynny. Buasai'n dda gen i pe tasai rhai o hogiau ifanc heddiw yn medru ei glywed o a thystio i'w ddoniau perfformio. Roedd o'n bregethwr arbennig iawn. Mae sôn amdano'n pregethu ym mhle bynnag y byddai, ar sgwâr pentref, ar ochr lôn, ar y strydoedd ac roedd yn ymwelydd cyson â gwahanol ysbytai.

Mae fy nghyfaill Gerallt, oedd hefyd yn dyst i bregethau Tom Nefyn, wedi trio cael gwybod oes yna recordiad o'i lais wedi goroesi. Dydy o ddim wedi cael unrhyw lwc hyd yma. A dyna i chi Jubilee Young hefyd. Rydw i'n cofio mynd i wrando arno yntau hefyd yng Nghapel Horeb. Byddai Capel Horeb yn denu pregethwyr da: Herbert Evans, W. J. Jones, Conwy, roedd y rhain i gyd yn bregethwyr mawr. Erbyn heddiw mae'n dda gen i ddweud bod Gerallt Evans yn un ohonyn nhw hefyd. Mae o'n arbennig iawn ac wedi cael dechrau da yng Nghapel Horeb. Mae ganddo sawl capel yn Sir Fôn ac mae o'n dal i fyw yn Llangristiolus yn nhŷ ei fam a'i dad. Dydw i erioed wedi gweld un gwell na fo am arwain mewn angladd.

Bydd Gerallt yn cysylltu â mi weithiau heddiw i ofyn am gyngor ar blanhigion. Nid yn gymaint ar gyfer garddio, ond ar gyfer medru gwneud cymariaethau perthnasol mewn pregethau neu ar adeg o brofedigaeth. Efallai adeg y Pasg y bydd yn fy holi beth sy'n nodweddiadol am y winwydden. Byddaf innau'n dweud wrtho fod yna un yn Hampton Court sydd dros ddau can mlwydd oed a'i gwreiddiau hi yn ymestyn am gannoedd o droedfeddi. Y peth arall sy'n nodweddiadol am y grawnwin ydy'r wawl las sydd arnyn nhw ac wedyn pan mae hi wedi mynd yn hen

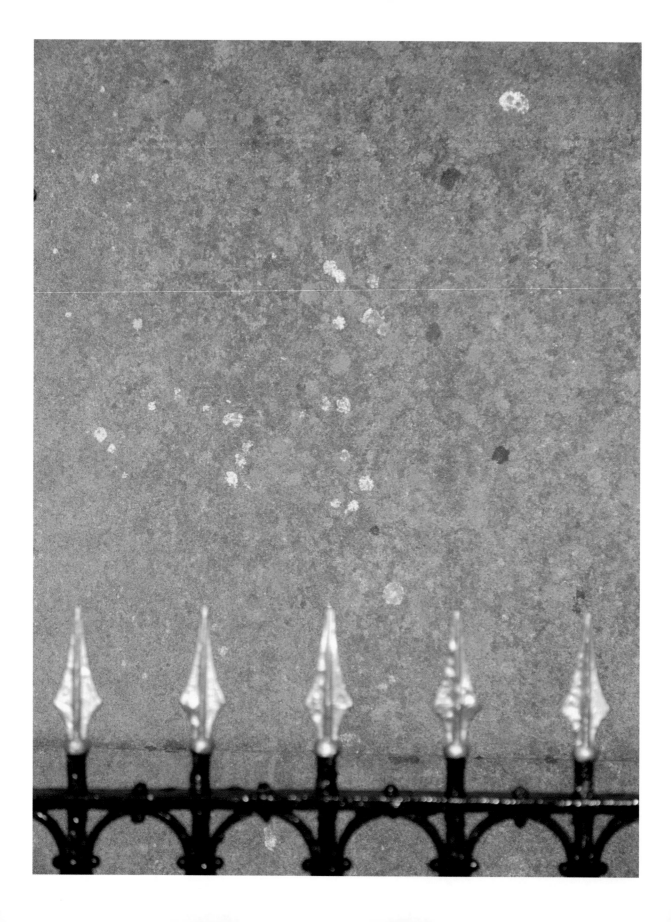

mae'r blagur yn mynd fel pysan. Dyna ffordd natur o ddangos ei bod hi'n mynd yn hen. Bydd Gerallt yn ymateb wedyn drwy ddweud, 'Mi wnaiff honno'n iawn, yn berffaith i mi ar gyfer fy mhregeth ddydd Sul.'

Rydw i'n ei gofio'n ceisio paratoi ar gyfer cynhebrwng hogyn ifanc dwy ar bymtheg oed a laddwyd ar ochr lôn A5 yn ymyl Borth. Roedd hynny'n anodd ac yntau'n gorfod mynd i'r tŷ at y teulu a'r rheiny mewn profedigaeth mor greulon. Roedd Gerallt yn cofio i mi sôn wrtho am blanhigyn arbennig a welais y tro cyntaf yr es i America i weld fy Anti Madge. Planhigyn blynyddol tegwch y bore (*morning glory*) oedd hwn. Holodd Gerallt fi beth oedd mor yn arbennig amdano. Dyma finnau'n egluro wrtho fod Yncl Bob, gŵr Anti Madge, wedi dod i'm nôl o Boston a'm hebrwng i'w cartref. Erbyn cyrraedd New England roedd hi'n dywyll. Y cwbl wnaethon ni'r noson honno oedd mynd mewn i'r tŷ, cael paned a sgwrsio a chrio a phob dim, ac yna i'n gwlâu. Fore trannoeth, daeth Anti Madge â phaned at ochr y gwely. Roedd hi wedi mopio'i phen fy mod yno ac agorodd y llenni a'r haul yn tywynnu i mewn. Dechrau'r hydref oedd hi. A'r peth cyntaf welais i drwy'r ffenest oedd coeden a'r planhigyn 'ma'n dringo i fyny'r goeden, a'r blodyn glas mawr mwyaf bendigedig arno fo. Dyma ofyn i Anti Madge, 'Be 'di hwnna?'

'Morning glory.'

'Argian, mae o'n hardd.'

'Sbia di arno fo, achos fydd o ddim yna bora fory. Mae o'n blodeuo un diwrnod ac yn marw yn y nos.' Sylw Gerallt wedi i mi adrodd y stori oedd fod y blodyn tegwch y bore yr un fath â'r hogyn bach oedd wedi marw yn ei breim. Toedd o ddim wedi cael cyfle i fyw bywyd llawn.

Rydw i'n cofio Gerallt yn ffonio un tro eisiau gwybod ym mha fath o le roedd rhosyn Saron yn tyfu yn Israel. Dywedais innau wrtho ei fod yn tyfu'n dda, mae'n rhaid, achos ei fod yn hoff o le sych. Dydy o ddim yn licio gormod o leithder o gwmpas ei wraidd. Ond wedyn dyma Gerallt yn gofyn ambell i gwestiwn i mi, a doedd gen i mo'r ateb. Er enghraifft, gofynnodd i mi sut siâp oedd ar rosyn Saron yn y dyddiau hynny a finnau'n ateb yn ôl, 'Sut ydw i fod i wbod? Mae o'n mynd yn ôl gymint o amser!'

Un o flaenoriaid Capel Horeb, ac athro ysgol Sul pan oeddem yn blant, oedd dyn o'r enw Tom Rowlands. Gwas ffarm fu'n gweithio efo Nhad oedd o cyn darfod ei yrfa ar y Bwrdd Afonydd. Bob nos Sul yn ddi-ffael, byddai Tom Rowlands a'i frawd-yng-nghyfraith, Alf Roberts, yn dod acw am

sgwrs a phaned a theisen. Roedd gan Alf Roberts fan Austin A35 werdd. Rhywdro tua hanner awr wedi saith, byddai'r fan yn cyrraedd ac weithiau, pe byddai Mam wedi blino a dim awydd eu gweld nhw, byddai'n ein siarsio ni bob un, 'Pawb yn ddistaw 'wan, cuddiwch 'wan!'

Byddem yn cael addysg dda yn nosbarth ysgol Sul Tom Rowlands. Ar ôl y gwasanaeth i gychwyn yr ysgol Sul, byddai'r dosbarthiadau'n gwahanu a mynd i'w gwahanol fannau yn y capel. Roedd yna ddwsin i bymtheg ohonom yn ei ddosbarth. Byddem yn dadlau am bob math o bynciau. Bob tro ar ddiwedd pob trafodaeth, byddai Now Pen Crug yn codi'r cwestiwn, 'Oes yna nefoedd?' A byddai Now'n dadlau nad oedd 'na ddim. Rydw i'n ein cofio ni'n eistedd yn y sêt gefn un tro pan oedd John Morris, Tyddyn Llithrig, Paradwys yn cymryd y dosbarth. Dyn mawr oedd John Morris a het ganddo bob amser. Roedd Now wedi dechrau holi a dadlau a phethau wedi mynd yn boeth, wedi mynd yn dân a dweud y gwir, a Now yn dadlau nad oedd yna nefoedd gan daeru, 'Does 'na neb 'di dod yn ôl aton ni a deud bod 'na ffasiwn le.'

'Paid ti â bod mor ofnadwy â deud . . .'

Roedd John Morris yn cnoi cnau ar y pryd ac wedi dechrau bwledu wyneb Now efo darnau cnau yn ei dempar. Byddai Now yn sticlar am ddadlau ac yn dal ei dir yn reit dda.

Rydw i'n cofio ar achlysur arall, ar ôl oedfa'r hwyr, y galwyd pwyllgor i drafod dyfodol y capel. Roedd gwaith i'w wneud i gynnal yr adeilad.

Darn bach o Gymru: Anti Madge a finnau'n garddio tu allan i'w chartref yn America yn 1976; mentrais ddod â bylbiau cennin Pedr gyda mi o adre

Y cwestiwn mawr oedd sut i godi pres i drin yr adeilad. Roedd Now wedi gadael yr ysgol erbyn hyn ac wedi dechrau gweithio yn y banc. A dyma Now yn awgrymu bod y capel yn cael *bank loan*. Doedd yr ymateb ddim yn ffafriol o bell ffordd. Buasech yn taeru bod Now wedi cablu yn y ffordd fwyaf pechadurus!

Un o uchafbwyntiau calendr y capel oedd y trip ysgol Sul. Byddwn i'n hel ceiniogau am wythnosau cyn y trip. Bob nos, cyn mynd i'r gwely, byddwn yn gwagio fy nghadw mi gei a chyfri'r ceiniogau i wneud yn saff bod gen i ddigon o bres. Rydw i'n cofio un trip ysgol Sul arbennig pan gawson ni, yr hogiau mawr, hogiau dosbarth Tom Rowlands, fynd i Iwerddon efo llong draw i Ddulyn. Roedden ni wedi dechrau yfed yr adeg honno wrth gwrs. Y peth cyntaf wnaethon ni ar ôl mynd ar y cwch oedd mynd i'r bar. Fyddai Tom Rowlands byth yn yfed. Fyddai dim un dropyn yn pasio'i wefusau a byddai'n mynd am ei wely'n gynnar hefyd. Roedd gan bawb ei fync ar y llong ond yn y bar y byddem ni – Ifan Richard 'Refail a chriw ohonom. Roedd Ifan ryw ddwy flynedd yn hŷn na fi, a doeddwn i ddim yn yfed llawer yr adeg honno; roeddwn i'n dal i fod yn ifanc. Byddai Ifan yn yfed rum and blacks. Fi oedd i gysgu yn y bync isaf ac Ifan uwch fy mhen i. Ar ôl deffro yn y bore, gwelais ei fod wedi bod yn sâl. Roedd ei grys o'n goch, roedd y rum and blacks drosto fo i gyd a chan mai trip diwrnod oedd o, bu'n rhaid iddo aros drwy'r dydd yn ei grys coch drewllyd! Roedd Tom Rowlands, wrth reswm, yn flin bore wedyn ac yn dweud y drefn wrthon ni. Roedden ni wedi llosgi'r gannwyll y ddau ben ac yn rhy flinedig i werthfawrogi rhyfeddodau Dulyn – y gwir amdani oedd mai hogiau bach oedden ni'n smalio bod yn ddynion.

I'R BYD MAWR

Er i mi gwyno am fy addysg, rhaid cyfaddef i mi gael profiadau da tra oeddwn i yn Ysgol Gyfun Llangefni. Ymunais ag Aelwyd Llangristiolus o Urdd Gobaith Cymru a bu hynny'n gymorth i ledu gorwelion. Megan Jones oedd yn byw yn ymyl Tyddyn Sadlar, oedd arweinydd yr Aelwyd. Roedd hi'n hogan ddel a ninnau'r llafnau ifanc yn meddwl y byd ohoni. Roedd ganddi ffordd o drin pobl ifanc a phob un ohonom yn mwynhau gwahanol weithgareddau'r Aelwyd. Daeth Megan Jones i mewn i'r Aelwyd un noson a chyhoeddi bod yna gystadleuaeth Siarad Cyhoeddus yn y *town hall* yn Llangefni. Credai fod yna ddigon o dalent yn Llangristiolus i ymuno yn y gystadleuaeth. Roedd angen tîm o dri, un i gyflwyno'r siaradwr, un i gynnig y diolchiadau ac un i fod yn siaradwr. Y testun oedd 'Diweithdra yng Nghymru', oherwydd roedd hi'n gyfnod drwg o ran gwaith yn ystod y cyfnod hwnnw. Dyma ddewis y tîm: Emyr Rowlands (câi ei adnabod fel Tenor gennym ni, gan fod ganddo lais fel brân), Bob Ty'n Pistyll yn siaradwr a finnau'n cynnig y diolchiadau. Roedd Bob Ty'n Pistyll ryw dair blynedd yn hŷn na fi; mae'n debyg fy mod i tua dwy ar bymtheg oed ar y pryd.

Roedd amryw o dimau'n cystadlu ac roedd o'n brofiad mawr i ni a phawb yn nyrfys wrth deithio ar y bws i Langefni'r noson honno. Ond roedden ni wedi gweithio'n galed ac wedi paratoi'n drylwyr. Dysgwyd y cwbl ar ein cof. Cerddodd Bob, Emyr a finnau i mewn i'r *town hall*, a mwyaf sydyn, dyma Bob yn diflannu. Roedd o wedi picio draw i'r Bull heb yn wybod i ni. Buom yn disgwyl amdano am hydoedd. O'r diwedd, daeth Bob i mewn yn drewi o wisgi; roedd o wedi mynd am ddiod i sadio'i nerfau.

Cychwynnodd y gystadleuaeth a ninnau'n gwrando'n astud ar bob tîm. Roedd un tîm o Langefni'n disgleirio. Roedd ganddynt chwip o siaradwr. Daeth ein tro ninnau a gwnaethom sioe go lew ohoni. Roeddwn i'n chwysu chwartiau er fy mod i wedi arfer â chodi i siarad yn yr ysgol Sul ac i ddarllen emyn yn y capel. Ond roedd hyn yn wahanol. Roedd hyn yn siriys. Pan ddaeth y canlyniad, roedden ni'n falch iawn i ni ddod yn ail mewn cystadleuaeth bur safonol. A'r tîm ddaeth yn gyntaf oedd y tîm â'r chwip o siaradwr – ei enw oedd Hywel Gwynfryn. Rydw i wedi profocio Hywel Gwynfryn sawl gwaith wedyn ein bod ni wedi cael cam ac i ni fod o fewn trwch blewyn i'w guro fo!

Yr hyn roeddwn i ei eisiau'n fwy na dim tra oeddwn i yn yr ysgol fawr oedd gadael! Roedd pawb yr adeg honno awydd profi eu bod yn ddynion a chael mynd i weithio. Diolch i'r drefn am Mam, achos petaswn i wedi cael fy ffordd fy hun, buaswn wedi mynd i weithio i Bodrwyn yn was ffarm fel Nhad a Nhaid. Roeddwn i eisiau dilyn ôl eu traed nhw, ond roedd Mam yn ddigon call i weld nad oeddwn i'n hollol dwp a bod yna ddewisiadau eraill i hogyn ifanc. Ond i mi ar y pryd, roedd gen i syniad rhamantus am fod yn was ffarm. Roeddwn i fel plentyn wedi cael modd i fyw'n mynd i'r caeau gwair ac i'r caeau ŷd a chael te parti pan oedd y gweithwyr yn cael te; y fasgiad wellt yn dod a'r lliain gwyn a'r mygiau mawr gwyn a'r llaeth enwyn . . . Roeddwn i'n gweld ochr ramantus y profiad yn hytrach na'r realiti caled. Ac mi fuasai wedi bod yn sobor o galed arna i pe taswn i wedi cymryd y gwaith hwnnw. Mam a'm perswadiodd gan ddweud bod yn rhaid i mi feddwl am rywbeth gwell.

Mae'n rhaid gen i mai bòs fy nhad, Alwyn Foulkes, welodd yr hysybyseb yn y papur am joban fel prentis efo cwmni gwneud offer gwyddonol ym Miwmares. Roedd y cwmni'n cael ei redeg gan ddyn o'r enw Hugh Goronwy Jones. Rydw i'n credu i Alwyn Foulkes ffonio'r cwmni yn y bore a chytunodd Hugh Goronwy Jones i roi cyfweliad i mi. Mae'n debyg iddo ddweud wrth Alwyn Foulkes, 'You see, the last lad I had, he didn't know what his fractions were or his decimals.' Roedd gwybod hynny o fantais i mi. Doeddwn i ddim yn or-hoff o fathemateg ond roeddwn i'n fodlon dysgu er mwyn y cyfweliad.

Y bore hwnnw, es adre a chael gafael ar lyfr *decimal points*. Dyma ddechrau dysgu. Beth ydy chwartar modfadd – *point two five*. Beth ydy hannar modfadd – *point five*. Beth ydy *one eighth – point one two five* . . . Roeddwn i'n mynd drwyddyn nhw i gyd i'w cofio nhw. Roeddwn i'n gallu dysgu'n sydyn pan oedd rhaid, doeddwn i ddim yn dwp, ond doeddwn i ddim yn academaidd a doeddwn i ddim eisiau aros yn yr ysgol ddim mwy nag oedd rhaid. Wrth gwrs wrth edrych yn ôl, mae rhywun yn difaru na fuasai wedi manteisio'n fwy ar yr addysg oedd ar gael.

Daeth Alwyn Foulkes efo'i Jaguar i'm nôl i fynd am y cyfweliad. Wedi cyrraedd Biwmares, dyma fi'n eistedd a'r ddau ddyn yn dechrau mân siarad gan fy anwybyddu'n llwyr. Yn ddirybudd trodd Hugh Goronwy Jones ataf a gofyn, 'What's half an inch in decimals?'

'Point five.'

'What's a quarter?'

'Point two five.'

'When can you start?'

A dyna sut y cefais droi fy nghefn ar addysg ffurfiol a mynd allan i'r byd mawr.

Bach yw hedyn pob mawredd

Dydy ein tywydd ni yn y gogledd ddim yn ffafriol yn aml i dyfu tomatos a dyna pam rydan ni'n eu tyfu nhw mewn tŷ gwydr. Mae posib eu tyfu nhw allan ond mae ein tymhorau'n tueddu i fod yn rhy fyr a dydyn nhw ddim yn troi'n goch yn aml iawn tan ei bod hi'n ganol mis Medi. Yr hyn mae'r tŷ gwydr yn ei wneud ydy dod â nhw yn eu blaenau'n gynt er mwyn cael cnwd yn gynnar.

Teulu tatw ydy'r tomato. Mae'r llyfrau garddio i gyd yn dueddol o ddweud na ddylid tyfu tomatos a chiwcymbrau yn yr un tŷ gwydr am eu bod angen gwahanol hinsawdd. Mae'r tomato angen awyr iach o'i gwmpas ond hefyd mae'r tomato angen cynhesrwydd, tydy o ddim eisiau cael ei hambygio gan y tywydd. Mae'r ciwcymbr yn hollol wahanol – mae hwn angen lle chwyslyd, cynnes, poeth. Petaech chi'n mynd i mewn i dŷ gwydr ac ynddo giwcymbr yn tyfu a chithau'n gwisgo sbectol, mi fuasai'n rhaid tynnu'r sbectol o fewn dau funud gan y byddai'n niwl llaith drosti i gyd. Mae hynny'n arwydd da, ond nid i domatos. Gallai hinsawdd felly achosi afiechyd i'r tomato, afiechyd tebyg i *Botrytis*. Mae *Botrytis* yn dangos ei hun ar domato'n aml iawn fel sbotiau bychain. Yr enw cyffredin arno fo ydy *ghost spotting*. Pan ddaw hi'n ddiwedd mis Mai, byddaf yn agor y drws yn gyfan gwbl, agor y ffenestri i gyd er mwyn cael digon o awyr iach i gylchdroi o gwmpas y tŷ gwydr. Os oes yna beryg i adar neu gathod ddod i mewn, dylid gwneud ffrâm bren, a rhoi rhwyd fach arni – dwi'n defnyddio Enviromesh neu rwyd blastig a'i staplo fo i'r ffrâm fel ei fod o'n ffitio i'r drws. Trwy wneud hynny mae posib gadael drws y tŷ gwydr yn agored heb orfod poeni.

Dydw i ddim yn mynd i ddweud, fel y dywed llawer o'r llyfrau garddio, na fedrwch chi dyfu tomatos a chiwcymbr yn yr un tŷ gwydr, achos rydw i wedi ei wneud o fy hun. Mae posib ei wneud o, ond y tueddiad ydy na chewch chi'r gorau o'r ddau, cyrraedd rhyw fan canol wnewch chi. Un peth y medrwch chi ei wneud ydy rhoi lliain o bolythen i dorri'r tŷ gwydr yn ei hanner. Os ydych am dyfu tomatos a chiwcymbr yn yr un tŷ gwydr, yna fe awgrymwn y dylid rhoi'r ciwcymbr yn y pen pellaf, yn erbyn y brig, a dod â'r tomatos ar hyd y ddwy ochr. Mae'n haws rhoi lliain a thorri twll ynddo fo ger y drws wrth fynd i mewn.

Mae modd mabwysiadu neu ddatblygu tair set o wraidd efo tomatos. Daw'r set gyntaf pan heuir yr hadyn. Byddaf yn anelu i hau fy nhomatos tua dydd Gŵyl Dewi gan y byddwn yn trio cael tomatos yn barod ar gyfer

Sioe Môn yn ail wythnos mis Awst. Erbyn hynny, bydd y tomatos wedi cyrraedd yr ail neu'r trydydd sypyn (*truss*). Anaml iawn y ceir y tomatos cyntaf oddi ar y sypyn cyntaf i'w harddangos mewn sioe. Byddaf yn eu hau ddechrau mis Mawrth trwy eu cychwyn mewn ffrâm brifiant (*propagator*). Mae angen gwasgaru'r hadau efo llaw. Mae'r hadau'n ddigon bras i afael ym mhob un yn unigol, a'u rhoi rhyw fodfedd oddi wrth ei gilydd ar wyneb compost amlbwrpas mewn hambwrdd blanhigion. Dylid eu gorchuddio wedyn ag ychydig bach o *vermiculite,* sy'n stwff mân, achos dydyn nhw ddim eisiau cael eu gor-orchuddio, yn enwedig y mathau newydd o domatos sy'n amrywiad o'r Vine Ripe. Mae'r rheiny'n aeddfedu ar y planhigyn yn goch ac yn para'n galed. Ers talwm, erbyn iddo fo fynd yn goch ar y planhigyn, byddai'r tomato bron iawn wedi disgyn neu wedi mynd yn feddal.

Rhan o arddangosfa Sioe Frenhinol Cymru 2012, cawsom Fedal Aur am yr arddangosfa orau

O fewn rhyw ddeg diwrnod bydd y planhigion wedi egino. Gan ddibynnu ar amodau'r tyfu yn y tŷ gwydr, dylid trawsblannu'r tomato tua'r drydedd wythnos ym mis Mawrth. Os edrychwch chi'n fanwl ar y coesyn tomato tenau, fe welwch ei fod yn flewiach mân i gyd – yr hyn y byddwn yn ei alw'n wreiddyn dŵad (*adventitious root*). Oherwydd y gwreiddyn dŵad yma – y blewiach – fe ddylid, pan ydach chi'n plannu'r eginblanhigyn, ei roi mewn potyn rhyw dair modfedd. Dylid gwneud twll go ddwfn yn y compost a gafael yn y ddeilen bob amser (peidier byth â gafael yn y coesyn) a'i ollwng gan ddefnyddio rhyw bric bach i helpu i'w gael i'r gwaelod fel bod y ddeilen yn eistedd ar y compost.

Mae'r fodfedd a hanner yna o goesyn rŵan yn taflu gwreiddiau allan o'r blewiach – dyna pam y'i gelwir yn wreiddyn dŵad. Pan edrychwch chi ar blanhigyn sydd wedi aeddfedu yn tyfu yn llawn o domatos, gall y coesyn ei hun fod yn o dew. Yn aml iawn gellwch deimlo lympiau ar hyd y coesyn, rheiny yw'r gwreiddiau dŵad sydd wedi cael eu tocio gan yr aer. Tydyn nhw ddim wedi cael dim byd i afael ynddo fo ac felly maen nhw

Tatw ar gyfer sioe wedi eu plannu mewn bagiau polythen gan ddefnyddio mawn a gwrtaith organig arbennig

wedi marw ac wedi creu lympiau. Weithiau fe welwch ambell un yn taflu gwreiddyn neu ddau os ydy hi wedi bod yn rhy llaith; rydach chi bellach wedi datblygu'ch ail set o wraidd.

Dyma'r adeg i ddatblygu'r drydedd set i'w phlannu allan. Gellwch ei rhoi mewn border, mewn pridd, mewn potyn go fawr neu mewn bag tyfu. Ohonyn nhw i gyd, does gen i ddim dwywaith mai'r gorau ydy cymysgedd o bridd cyffredin a thipyn o dail ynddo ac efallai dipyn o fawn. Y broblem ydy wrth gwrs fod tomatos yn cario afiechydon, ac os ydych chi'n mynd i'w tyfu nhw bob blwyddyn yn yr un lle, yn yr un pridd, ymhen rhyw bedair i bum mlynedd, cewch gnwd gwael dros ben. Wnaiff y planhigyn ddim cynhyrchu cystal am ei fod o'n cymryd firysau o'r pridd. Dylid gwagio'r pridd bob tro ac mae hynny'n waith caled. Y rheswm am hyn ydy fod y pridd yn aml iawn wedi bod yn sych grimp dros y gaeaf a'r hydref, a'r munud y dengys yr haul ei belydrau, fe sugnir y lleithder o'r pridd gan fynd ar y gwydr. Mae'r pridd yn sych, yn wenwynig ac yn llawn halen. Mae ynddo'r hyn a alwn yn *high conductivity reading* sy'n golygu bod yr halen wedi'i gloi yn y pridd. Mae hynny yn ei dro'n golygu nad ydy'r maetholion eraill er enghraifft, yr NPK, y nitrad, y ffosffad a'r potas yn cael cyfle ac felly dydy'r planhigyn ddim yn cael ei nerth yn iawn nac yn tyfu fel y dylai.

Mae hi'n hanfodol bwysig felly, os ydy pobl eisiau tyfu yn yr un lle, yn yr un pridd, yn yr un tŷ gwydr, eu bod yn cofio socian y pridd. Dylid gwneud hyn o leiaf bythefnos cyn plannu. A dydw i ddim yn sôn am roi galwyn o ddŵr, ond am roi galwyni. Mae angen ei socian o bron bob nos nes golchi'r drwg allan ohono fo. Mae hefyd angen troi'r pridd neu'n aml iawn fe redith y dŵr oddi yna. Oni wneir hyn, fe grëir rhywbeth yn debyg i haenen o olew ar wyneb y pridd ac felly does yna ddim rhwydwaith gapilarïaidd i sugno'r dŵr yn ôl i mewn. Ar ôl y dyfrio a'r fforchio, dylid ychwanegu mwy o ddŵr i olchi'r drwg i lawr o'r golwg. Does dim byd gwell wedyn nag ychwanegu hen ddail ffarm i'r pridd. Yr hynaf yn y byd gorau yn y byd nes ei fod wedi mynd bron fel baco. Bydd hynny'n rhoi tipyn o sylwedd yn y pridd a gellwch ychwanegu gwrtaith ato hefyd. Y peth pwysicaf wrth dyfu unrhyw blanhigyn ydy'r amgylchiadau. Mae'r tyfu'n dibynnu'n helaeth ar radd y gwreiddyn a'r pridd y mae'n angori wrtho. Gellir dweud bod yna rywfaint o wirionedd yn hynny o safbwynt ein magwrfa a'n datblygiad ninnau.

Mae llawer o bobl yn cadw tomatos yn eu hoergell. Mae'n siŵr mai'r rheswm y byddai pobl yn rhoi eu tomatos yn eu hoergell ers talwm oedd bod yr oergell yn beth newydd, ynghyd â'r gred y byddai'r tomato'n para'n galed yn hirach yn yr oergell. Ond fe gollir y blas wrth wneud hyn. Pan oeddwn i'n ifanc a Nhad yn rhoi'r tomato cyntaf i mi, rydw i'n cofio hyd heddiw teimlo'r tomato'n gynnes yn fy llaw a chlywed ei oglau ar fysedd Nhad a mwynhau blas tomato iawn. Cymerwch chi domato o'r oergell a dydy o ddim yn blasu'r un fath. Fe gynghorwn i bobl i roi eu hafalau yn yr oergell a'u tomatos yn y bowlen ffrwythau. Mae gwell blas ar afal pan mae o'n oer.

Rhaid i bob garddwr benderfynu a yw am dyfu'n organig neu'n anorganig. Dydw i ddim yn arddwr organig, ond ar y llaw arall dydw i ddim yn lluchio cemegion o gwmpas y lle yn wirion chwaith. Wrth gwrs, mae'r ffaith mai tyfu ar gyfer *arddangos* fy llysiau ydw i yn elfen bwysig o hynny. Rydw i'n ymdrechu i'w cael nhw i edrych yn dda i gychwyn. Rydw i'n credu bod gwyddonwyr heddiw yn medru creu pethau sydd lawer iawn gwell bron iawn na'r defnydd naturiol. Mae hynny'n swnio fel gormodiaith, ond mae wedi ei brofi erbyn hyn nad oes yna wahaniaeth rhwng blas llysieuyn a dyfwyd yn organig a blas llysieuyn a dyfwyd yn anorganig. Pe bai gen i res o flodfresych yn tyfu, ac mae blodfresych angen nitrad i dyfu'n dda i sicrhau digon o dyfiant ar y dail, a phe bawn yn ychwanegu llwch pysgod, gwaed ac esgyrn iddyn nhw, neu'n rhoi llwch cyrn a charnau, neu'n rhoi gwaed sych, tair elfen uchel mewn nitrad ac yn organig, ac yn y rhes arall yn rhoi swlffad amonia, wrea neu rywbeth wedi cael ei wneud gan ddyn, sydd eto'n uchel mewn nitrad, a fuasai'r ddwy res yn gwybod y gwahaniaeth? Yr hyn mae blodfresych ei angen ydy'r elfen nitrad, dim ots pa fath y rhoddir iddynt. I mi, yr hyn sy'n hollbwysig efo llysiau ydy eu bod nhw'n ffres; eich bod yn tynnu llysieuyn pan mae o'n ffres gan ddod â fo i'r gegin a'i fwyta'n syth. Does yna ddim gwell blas ar ddefnydd organig nag anorganig. Mae'n ddadl fawr, ond dyna fy safbwynt i arni beth bynnag!

Mae garddio'n waith caled, mae cwestiynau'n codi o hyd; tyfu'n organig neu'n anorganig? Pa fath o domatos i'w tyfu . . .? Ond onid dyna ran o'r wefr? Onid oes yna foddhad i'w gael wrth chwilio am atebion, wrth geisio datrys problemau? Os na chewch chi sbort wrth arddio, yna beth ydy'r pwynt? Wrth drafod tyfu'n organig neu'n anorganig, daw stori fach ddoniol i'm cof. I mi, fel llawer garddwr arall, mae malwod yn boen.

Dw'n i ddim pam gwnaeth Duw greu'r falwen ar wahân i fwydo'r adar! Mae'n rhaid bod helogan yn flasus i'r falwen; mae malwod yn ddiawledig amdanyn nhw. Unwaith mae'r falwen yn tynnu darn bach o ochr y coesyn, yna mae'r coesyn yn dal i dyfu a wir i chi, mae o wedi mynd yn farc mawr erbyn adeg sioe. Mae'r llanast mae malwen yn gallu ei wneud ar helogan yn ddigon i dorri calon y garddwr. Galwodd ffrind i mi acw ryw noson a dweud, 'Dwi 'di cal *cure* i chdi! Yn yr *Exchange and Mart*. Dwi 'di weld o ar werth. *Send £5. Sure cure slug destroyer*!'

'Mae hwnna'n werth ei drio am ffeifar.'

Dyma fi'n postio fy mhum punt. Mae yna un yn cael ei eni bob dydd, yn does? Daeth amlen fach yn ôl gyda throad y post. Roeddwn i wedi cynhyrfu'n lân wrth agor yr amlen, gan feddwl yn siŵr y buaswn i'n cael y gorau o'r malwod felltith. Yn yr amlen roedd dau bishyn o bren, un wedi'i farcio efo *A* ac un wedi farcio efo *B*. Roedd y cyfarwyddiadau'n dweud: 'Place slug on board A and hit smartly with board B.'

Mae honna'n berffaith wir!

Tywydd llaith mae malwod yn ei hoffi. Rydw i wedi crybwyll yn barod nad ydw i'n arddwr cwbl organig. Os ydy hi'n fater o'r falwen neu fi, does dim cystadleuaeth! Fe roddaf y *slug pellet* i lawr. Ond dwi ddim yn eu rhoi nhw'n wirion chwaith. Mae rhai garddwyr yn mynd yn boncyrs efo'r pelenni yma. DRAZA fydda i'n ei ddefnyddio, gan roi un *hit* iawn i fod yn effeithiol. Rydw i'n meddwl bod hynny'n well a'i wasgaru fo rywsut-rywsut. Mae'r pelenni yma'n denu slafan allan, ac wedyn mae'r falwen fwy neu lai yn marw oherwydd gorsychu. Ond os wnaiff hi fore gwlyb, mae posib iddi fyw a dianc. Tydy o'n gwneud dim drwg i arddwr da fynd allan gyda'r nos efo tortsh er mwyn cael gweld beth ydy'r bywyd gwyllt sydd o gwmpas. Mae yna lawer o bethau da wrth gwrs, ond dydach chi ddim eisiau malwod na llygod yn creu cur pen i chi.

Un peth arall all weithio yn y frwydr yn erbyn y falwen ydy cwrw. Rydw i'n cofio pan oeddwn i'n gwneud rhaglenni teledu efo Ray Gravell a mynd i ardd Ray er mwyn trio'i ddysgu fo sut i dyfu llysiau. Dyna hwyl gawson ni. Roedd Ray'n gawr ar y maes rygbi, ond doedd ganddo ddim dawn amlwg fel garddwr! Byddai'n plannu tatw ben i lawr a chawsom andros o amser da. Dywedais wrtho'r adeg honno fod posib dal malwod efo cwrw, rhoi tun a'i suddo fo i lawr yn y pridd, nes ei fod o'n lefel efo wyneb y pridd a rhoi rhyw fodfedd o gwrw ynddo fo. Yr oglau sy'n eu denu, dybia i, maen nhw'n hoffi'r burum. A myn dian i, fore trannoeth, pan aeth Ray a finnau i'r ardd, roedd pedwar neu bump o falwod wedi boddi mewn cwrw Felinfoel a gwên hapus ar eu hwynebau i gyd. Anghofia i ddim am wên lydan y 'Cawr o'r Mynydd' y bore hwnnw chwaith a hynny'n ddechrau bendigedig i ddiwrnod arall o arddio.

Rhan o'n harddangosfa fuddugol yn Sioe Hydref Malvern 2012

4 BLAGURO

MAGU PROFIAD

Rydw i'n cofio teimlo fy mod yn oedolyn wrth dderbyn fy nghyflog cyntaf fel prentis i Hugh Goronwy Jones efo'r Beaumaris Scientific Instrument Company. Roedd fy nghyflog o £1 19s 06d yn ffortiwn i mi ar y pryd. Allan o'r cyflog hwnnw, fodd bynnag, roedd rhaid talu am docyn bws o ddollborth Nant i Fiwmares, ac roedd hynny'n bedwar swllt ar bymtheg, felly doedd yna ddim llawer yn weddill o'm cyflog prin. Ar ôl cael fy llusgo o'r gwely gan Mam am hanner awr wedi chwech y bore, byddwn yn neidio ar fy meic i lawr at ddollborth Nant. Roedd hi'n ddwy filltir o daith, ond y rhan fwyaf ohoni i lawr allt, diolch i'r drefn! Wedi peth amser, llwyddais i gael lifft gan Mr Herbert o Langristiolus oedd yn gweithio gyda'r cwmni gwneud awyrennau, Saunders-Roe Ltd, ym Miwmares yr adeg honno. Byddai'n rhaid i mi sefyll ar groesffordd Tros Ffordd am saith o'r gloch y bore. Os nad oeddwn i yno, byddai Mr Herbert wedi mynd; wnâi o ddim aros un eiliad amdana i. Roedd o'n talu i mi fod yn brydlon gan fod pàs gan Mr Herbert yn dipyn rhatach na'r bws. Paced o Golden Virginia bob nos Wener oedd fy nghyfraniad i iddo am gael rhannu car efo fo.

Prentis gwneuthurwr offer oeddwn i ar y dechrau a gwaith digon diflas oedd o, a dweud y gwir. Byddai'n rhaid i mi wneud pethau fel tynnu'r ochr finiog ar ddurn efo papur llathru ar flaen fy mys. Ffilters pres oedd y rhain ac wedi wythnos o'r math hwn o waith, byddai fy mys bron yn gignoeth. Prif waith y cwmni oedd cynhyrchu camerâu pelydr-X. Gweledigaeth Hugh Goronwy Jones oedd hyn a byddai'r camerâu'n cael eu gwerthu i wahanol golegau trwy Brydain. Ar ôl rhyw ddeunaw mis, cefais godiad cyflog o ddwy bunt a chweugian am iddo lwyddo i werthu nifer helaeth o'r camerâu. Roedd hyn yn godiad cyflog sylweddol ar y pryd ac roeddwn i'n teimlo fel miliwnydd! Ymhen mis, daeth tro ar fyd. Doedd dim archebion am y camerâu, ac yn ddisymwth torrwyd fy nghyflog – a'm crib innau – yn ôl i £1 19s 6d.

Penderfynais chwilio am waith cyffelyb a chael cyfweliad gyda chwmni o beirianwyr trydanol, Ferranti, ym Mangor. Bûm yn llwyddiannus a pharhau â'm prentisiaeth am bum mlynedd; arhosais yno am flwyddyn arall wedi darfod fy mhrentisiaeth. Roeddwn yn mwynhau pob munud o'r gwaith hwnnw. Roedd yn waith cywrain iawn, yn aml yn gweithio i filfed rhan o fodfedd. Cwestiwn a gâi ei ofyn yn aml gan yr hen wneuthurwyr offer i hogyn newydd oedd, 'How many thousands in an inch?' a'r ateb yn ddi-ffael fyddai, 'Thousands of the buggers!' Yn fuan wedyn daeth swydd yn yr un ffactri fel arolygwr i'r NOID, sef y Naval Ordnance Inspection Department. Cynigiais amdani, cael cyfweliad, a chael y swydd. Achosodd hyn fymryn o rycsiwns oherwydd doedd rhai o'r rheolwyr ddim yn hapus fy mod wedi newid o fod yn botsiar i gipar. Fy swyddogaeth i yn Ferranti oedd sicrhau bod pob rhan oedd yn cael ei chynhyrchu yn dilyn y cynlluniau'n union. Gwyddai'r rheolwyr fy mod i'n gwybod yn iawn fod ambell i beth yn disgyn trwy'r rhwyd o bryd i'w gilydd. Cefais alwad i weld y Prif Reolwr a chynigiodd fwy o gyflog i mi fel abwyd i aros efo nhw. Gwrthodais a chychwyn ar fy swydd newydd gyda NOID yn syth bin.

Tra oeddwn i gyda Ferranti cyfarfûm â'r *Industrial Nurse* oedd hefyd yn dyblu fel cynorthwyydd i'r swyddog personél. Roeddwn i wedi sylwi arni'n cerdded ar hyd y ffactri sawl tro. Rhaid cyfaddef mai siâp da ei choesau oedd wedi tynnu fy sylw gyntaf! Un noson, roeddwn i'n chwarae criced ar y cae o flaen Llwynysgaw efo Tecwyn Tyddyn Sadler a'i frawd Goronwy. Bowliodd Tecwyn mor uchel nes tarodd y bêl fi yn fy llygad. Gweithiodd hynny'n berffaith – roedd gen i esgus gwych fore trannoeth i fynd i weld y nyrs ddel honno a hithau'n sbio i fyw fy llygaid a'r ddau ohonom yn syrthio mewn cariad ar amrantiad, yn llythrennol. Dechrau'r chwedegau oedd hi a bu Gwenda a minnau'n canlyn am oddeutu pum mlynedd wedyn, cyn priodi. Fel sawl pâr arall rydan ni wedi cael ein siâr o ddadlau a ffraeo, ond rydan ni wedi bod yn dîm da efo'n gilydd ar hyd y blynyddoedd ac mae fy nyled yn enfawr iddi.

GWENDA A SEFYDLU CARTREF

Pan gyfarfûm i â Gwenda gyntaf, roedd gen i Ford Consul Mark One. Biwtiffwl o gar – car mawr du. Sedd lydan yn y ffrynt a cholofn lywio, ond roedd yr uffar wedi rhydu i gyd odano fo. Roedd gen i gymaint o feddwl ohono, byddwn yn ei bolisho â chlwtyn a hwnnw'n cydio yn y tyllau rhwd. Ond doedd dim ots gen i, roeddwn i'n ei bolisho'n lân, nes ei fod yn sgleinio fel swllt. Magais blwc a gofyn i Gwenda ddod allan un noson efo fi a ffwrdd â fi i'w chodi yn fy nghar rhydlyd wrth gylchdro Coed Mawr, lle roedd hi'n byw. Roeddwn i'n edrych ymlaen ac yn awyddus i wneud argraff ar y pishyn handi o Fangor.

Penderfynais fynd â hi i'r Gazelle yn Sir Fôn. Yn anffodus, y noson honno roedd hi'n tywallt y glaw ac er gwaethaf fy malchder yn fy nghar, doedd y weipars ddim yn gweithio. Byddent yn gweithio efo aer, a phan fyddai'r car yn mynd i fyny allt, byddai'r pwysedd yn gostwng a byddai'r weipars yn diffygio nes, mwyaf sydyn, byddent yn arafu i ddim. Pan fyddai'r car yn mynd lawr yr allt, byddai'r weipars yn mynd ar goblyn o wib. Saesneg oeddwn i'n siarad efo Gwenda pan gychwynnon ni ganlyn. Un o'r pethau cyntaf ddywedais i wrthi hi oedd, 'You'll have to put your hand under the dashboard. Do you see those steel rods there? You have to move those!'

Cyrraedd y Gazelle, a chyfarfod â ffrindiau yno, Gareth Tŷ Capel a chriw hwyliog ohonom ni efo'n gilydd. Cawsom ddiod a hwyl yng nghwmni'n gilydd, a dyma Gareth yn troi ata i a dweud, 'Lle uffar ges di afal ar y Susnas?'

'Argian, dwi'n byw ym Mangor,' atebodd Gwenda'n ôl fel bwled. A dyma'i wyneb yn disgyn. Doedd o ddim yn gwybod beth i'w ddweud. Saesneg oedd pobl yn siarad ym Mangor yn y pumdegau a'r chwedegau. Mae pethau wedi newid rhywfaint ers dyfodiad yr ysgolion Cymraeg. Roeddwn i'n falch iawn o gael troi i'r Gymraeg, wir, achos doedd fy Saesneg i ddim yn wych.

Beth bynnag feddyliai Gwenda o'm car a'r weipars diffygiol, roedd y ddau ohonom wedi dechrau ar berthynas sydd wedi para bron i hanner can mlynedd. Mae Gwenda'n fy neall i'r dim ac iddi hi'n anad neb mae'r diolch am ganiatáu i mi flaguro fel person a rhoi'r rhyddid i mi ddilyn fy niddordebau a thorri fy nghwys fy hun.

Un noson, wrth ganlyn Gwenda, arhosais yn ei chartref a chael cysgu yn yr ystafell sbâr. Wedi deffro yn y bore roedd yna lid o'm clustiau ar y gobennydd. Gofynnodd i mi beth oedd yn bod ar fy nghlustiau a finnau'n egluro'r hanes a'r drafferth yr oeddwn wedi ei gael er pan oeddwn i'n blentyn. Mae Gwenda'n berson ymarferol a gwnaeth apwyntiad i mi fynd i weld ei doctor hi, Dr Christie, ym Mangor. Cymerodd hwnnw un olwg arnaf a dweud bod rhaid i mi weld arbenigwr. Rhoddodd ddiferion gwrthfeiotig i mi, ond doedd dim byd yn tycio. Dychwelai'r haint hyd nes ei fod o wedi mynd yn boen arnaf. Es i weld Euron Jones, yr arbenigwr yn y

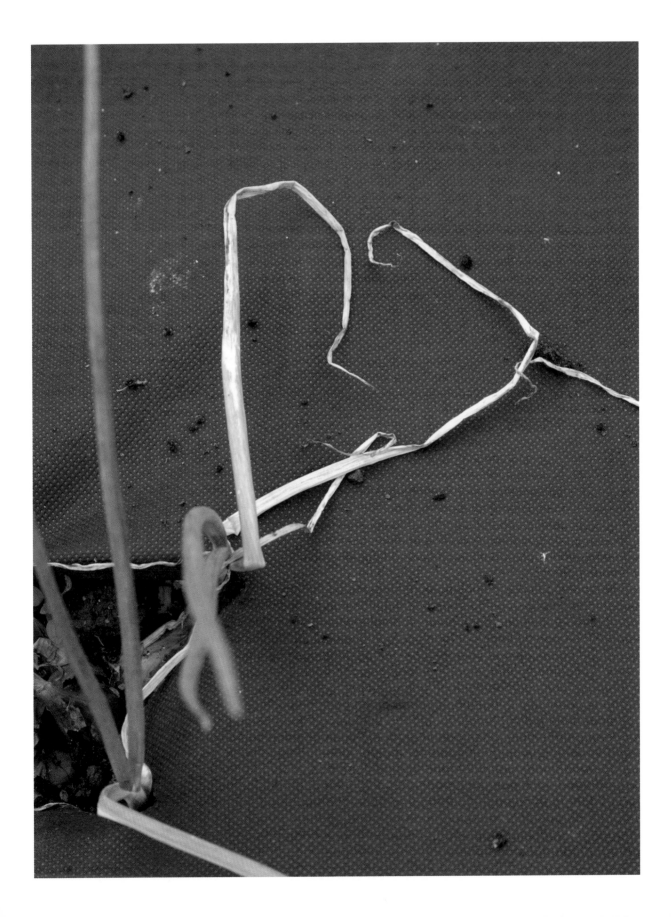

C&A, bwtshar o ddyn! Dywedodd fod angen glanhau fy sinysau. Cytunais. Rhybuddiodd fi y byddai'n boenus ond y byddai'n rhaid i mi ddioddef y boen. Rhoddodd bwmp yn un ffroen gan bwyso rhyw lifer arno fo a thanio'r peth gan dorri trwy'r asgwrn yn y penglog er mwyn iddo fo fedru cael y dŵr i mewn. Roedd rhaid i mi agor fy ngheg drwy'r broses i gael y baw allan. Dyna'r peth mwyaf poenus rydw i wedi ei brofi erioed. Llewygais yn y fan a'r lle, a'r peth nesaf a wyddwn oedd fy mod i'n cael slap ar fy wyneb gan y nyrs, 'Are you all right, are you all right?'

'I can't stand it!'

'Well, just bear with us a second.'

Roedd y meddyg i fod i drin y ddwy glust, ond fedrwn i ddim diodda'r peth wrth deimlo'r dŵr yn chwyrlïo a theimlo fy mhen yn chwyddo. Gwnaeth lanast o'r holl driniaeth.

Awgrymwyd wedyn y dylwn fynd i Lerpwl i weld arbenigwr, ac roedd hwnnw'n waeth na blydi iwsles! Cwbl ddywedodd hwnnw oedd y buasai'n rhaid i mi gael *hearing aid*. Roeddwn i'n gwybod am hen bobl yr adeg honno'n mynd o gwmpas efo *hearing aid* fel batri deuddeg folt ar eu bron a gwifrau o gwmpas eu clustiau. Doeddwn i ddim eisiau peth felly. Hogyn ifanc yn fy ugeiniau cynnar oeddwn i ac mewn cariad â Gwenda. Felly dioddef fu raid i mi, a dioddef llid fy nghlustiau ar obennydd fu raid i Gwenda druan am flynyddoedd hefyd.

Yng nghanol y chwedegau a dechrau'r saithdegau, ymunais â'r Corfflu Amddiffyn Sifil. Sefydlwyd hwn drwy'r wlad gan y Llywodraeth er mwyn hyrwyddo ymwybyddiaeth o'r hyn y gellid ei wneud i ddiogelu'r cyhoedd pe bai yna ymosodiad niwclear. Roedd hwn yn beth pwysig iawn ar y pryd, ac roeddwn i'n un oedd yn awyddus i helpu a threfnu pethau. Adeg y Rhyfel Oer oedd hi ac argyfwng Ciwba wedi bod. Roedd pawb yn ymwybodol o'r posibilrwydd real o ymosodiad niwclear. Un o'r rhai fu'n arwain yr amddiffyniad sifil ar Ynys Môn oedd Iori Wyn Jones. Roeddwn i'n hoff iawn ohono. Roedd o'n bersonoliaeth hawddgar, yn ddyn tawel a ffeind. Byddwn i'n mynd efo'r Corfflu Amddiffyn Sifil yn rheolaidd.

Cyflogwyd pobl yn llawn amser ym mhob sir drwy Brydain. Gwirfoddoli oeddwn i a nheip, ond roedd yna un aelod staff yn gyfrifol am yr holl ymgyrch. Roedd ein swyddog ni wedi ei leoli yng Nglanaber, Llangefni. O dan Glanaber, gwariwyd miloedd ar filoedd i wneud lle arbennig petai yna ymosodiad niwclear. I fanno y byddai'r

Prif Weithredwr a'r byddigions i gyd yn mynd, i fath o fyncer, pe byddai yna ymosodiad. Byncer concrid oedd hwn, o dan y ddaear, ac ynddo radio reoli.

Gwirfoddolwr ai peidio, roedd gen i iwnifform, a hynny'n gwneud i mi deimlo'n bwysig ac yn cadarnhau i mi fy mod yn gwneud cyfraniad o bwys! Roedd gynnon ni landrofer a chyfarpar a phob dim! Wrth edrych yn ôl, roeddwn i'n fwy fel un o *Dad's Army* mewn gwirionedd! Byddwn yn mynd am hyfforddiant gyda'r nosau ac yn mynd ar benwythnosau hyfforddi hefyd. Rydw i'n cofio mynd un penwythnos i fyny i gopa mynydd Aber ac aros yno drwy'r nos. Roedd gorsaf radio yno a byddem yn gosod ein hoffer yno ac yn ceisio cael cysylltiadau. Byddem yn chwarae'n wirion, yn mynd â chaniau cwrw efo ni. Rydw i'n cofio mynd efo Gwenda yno un nos Sadwrn a syrthiais i gysgu yn y car. Roedd Gwenda'n flin fel cacwn ond fedrwn i ddim cadw fy llygaid ar agor.

Rydw i'n cofio mynd o gwmpas unwaith efo uchelseinydd mawr yn cyhoeddi drwy'r pentrefi a'r strydoedd, 'Would you rather be among the helpers or the helpless?' a phobl yn dod allan o'u drysau! Byddwn yn ychwanegu wedyn, 'We are the civil defence. We are here to help you!'

Yna buom yn gwneud ymarferiadau ym Mae Trearddur. Roedd y lle'n berwi o bobl, yn heddlu, y frigâd dan, yn feddygon, yn actorion . . . Byddem yn smalio bod bom wedi disgyn a byddai pobl yn actio eu bod wedi'u brifo. Daeth meddyg o ysbyty'r C&A ym Mangor i wneud gwaed a patshys er mwyn gwneud i'r holl berfformiad ymddangos yn real. Rydw i'n cofio finnau yn fy iwnifform yn cario'r 'claf' ar stretshar a llinyn beindar yn dod o'i gorff i botel bop a gorfod cogio'n bod ni'n rhoi trallwysiad gwaed iddo fo.

Bu'n rhaid mynd â fo wedyn i'r hofrennydd – hofrennydd go iawn o'r Fali – y tro cyntaf erioed i mi fod mewn hofrennydd! Roedd yr hofrennydd i fynd â'r 'claf' o Fae Trearddur i ysbyty maes yng Nghaergybi. Roedd yna ysbyty wedi ei gosod yno mewn pabell a doctoriaid yno'n disgwyl y 'cleifion'. Cogio bach oedd o i gyd, wrth reswm. Rydw i'n cofio gweld tai fy nghymdogaeth fel dotiau bach o'r hofrennydd! Ac roeddwn i'n dal arni fel coblyn achos roedd drws yr hofrennydd yn agored led y pen. Y munud y cawsom y 'claf' i'r hofrennydd, neidiodd hwnnw oddi ar y stretshar gan ddal ar ochr yr hofrennydd am ei einioes a bu bron i'r llinyn beindar ei dagu!

AR FÔR TYMHESTLOG

Byddai Gwenda a finnau wrth ein boddau'n cael mynd am sgowt i rywle pe bai'n braf. Un diwrnod heulog ym mis Mai, Gŵyl y Banc mae'n siŵr, dyma benderfynu gadael gorchwylion yr ardd a'r tŷ a mynd am dro. Roedd hi'n ddiwrnod bendigedig, dim gwynt i boeni fy llysiau a dim gofal yn y byd. Penderfynu cael 'de owt', a mynd dow-dow i gyfeiriad Eifionydd. Daeth Yncl Emyr, ewythr i Gwenda, hen lanc o Fangor, efo ni'r tro hwnnw. Dyma ddilyn ein trwynau a'n ffeindio'n hunain, tuag amser cinio, yn Llanystumdwy.

'Sgwn i lle mae bedd Lloyd George?' meddwn i. Dyma ddod o hyd i'r garreg fedd ar lan yr afon a phenderfynu, gan ein bod yno, gael tynnu ein llun. Fi oedd y tynnwr lluniau ac am ryw reswm fedrwn i yn fy myw â chael Gwenda, ei hewythr a'r garreg fedd i mewn i ffrâm y camera. Dyma gamu dros y cerrig heb sylweddoli pa mor llithrig oedden nhw ac i mewn â fi i'r dŵr! Y cwbl fedrwn i feddwl amdano fo oedd arbed y camera. Yr unig beth a welech oedd fy llaw i fyny fel yn chwedl y Brenin Arthur a'i gleddyf yn codi allan o'r dŵr. Roeddwn i o'r golwg, dros fy mhen yn y dŵr byrlymog a phawb yn panicio. Dyma fi'n baglu allan o'r afon i'r lan yn socian, yn wlyb at fy nghroen. Doedd 'na ddim byd amdani ond tynnu fy nillad i gyd. Trwy drugaredd doedd yna neb o gwmpas. Bu'n rhaid i mi eistedd o dan goeden yn noethlymun gorcyn, ac Yncl Emyr, Bangor lad, yn dweud, 'Give me them clothes, I'll find somewhere to dry them.' Aeth y creadur i lawr stryd Llanystumdwy a chnocio drws tŷ rhyw ddynes gan egluro'r picil yr oeddem ynddo. Chwarae teg i'r ddynes garedig, fe gytunodd i roi'r dillad ar y lein. Yn anffodus doedd yna fawr o wynt y diwrnod hwnnw. Dyma Gwenda i'r car i estyn tywel bach oedd fawr mwy na ffunan boced, er mwyn i mi geisio sychu ac i guddio fy nghrown jiwals!

Pan fyddwn i'n gweld rhywun yn nesu, byddwn yn symud y tywel, neu'r *modesty towel* fel roeddwn i'n ei alw fo a cheisio gwenu fel pe bai'n beth hollol naturiol eistedd ar lan afon efo dim byd amgenach na thywel bychan bach ar eich glin. Ymhen dim gwelsom ddynes a hogyn bach efo hi a dyma'r hogyn bach yn dechrau chwerthin nes ei fod yn sâl, a'i fam yn rhoi uffar o glec iddo fo. Ond fedrech chi ddim gweld bai ar yr hogyn bach. On'd oeddwn i'n edrych yn rêl lob?

Roeddem wedi bod yno rai oriau a phawb yn dechrau diflasu ac aeth

Emyr yn ôl i dŷ'r ddynes i weld oedd y dillad yn barod. Daeth yn ôl efo'r dillad oedd dal fymryn yn damp. Ond roedd pawb erbyn hyn wedi cael llond bol o eistedd wrth fedd yr hen Lloyd George ac felly bu rhaid i mi roi bob dim amdanaf yn hanner gwlyb. Tynnais bocedi'r trowsus allan gan fod y rheiny'n socian o hyd.

Roedd pawb ar eu cythlwng a dyma bicio i Gricieth er mwyn cael *fish and chips* cyn troi am adref. Gwelais arwydd yn dweud bod cychod yn mynd allan i'r môr a dyma'r tri ohonom yn camu i'r cwch er mwyn cael seibiant ar y tonnau. Dylwn fod wedi meddwl nad oedd y dŵr a fi'n ffrindiau mynwesol y diwrnod hwnnw gan i'r cwch ddiffygio o fewn dim a gwrthod yn lân â symud yr un fodfedd. Oeddwn i am orfod mynd i'r dŵr unwaith yn rhagor? Bu bron i hynny ddigwydd, ond diolch i'r nefoedd daeth cwch arall atom. Bu'n rhaid ein trosglwyddo ni o un cwch i'r llall a hwnnw'n ysgwyd o un lle i'r llall yn y dŵr. Aethom adre'n o handi wedi hynny ac roedd hi'n rhyddhad cyrraedd yr ardd a theimlo'r pridd o dan fy nhraed unwaith eto. Diwrnod i'w gofio oedd hwnnw yn sicr.

❦

Mae cefndir Gwenda a minnau'n dra gwahanol. Roeddwn i'n hogyn bach o'r wlad a hithau'n hogan o'r dref. Er nad oes fawr o bellter rhwng Sir Fôn a Bangor, mae byd o wahaniaeth rhwng y ddau le. Ar 10 Medi 1966, priododd y ddau ohonom yn Eglwys Dewi Sant, Bangor. Er fy ymlyniad a'm dyled i'r capel, symudais i'r eglwys ar ôl priodi, yn yr un modd ag y symudodd fy nhad o'r eglwys at y capel i blesio fy mam.

Ar ôl priodi symudodd y ddau ohonom i fyw am ddwy flynedd i Lanfairfechan gan rannu tŷ efo modryb i Gwenda, cyn prynu byngalo newydd sbon ar Stad Siglan yn Llanfair-pwll yn 1967. Cafodd ein mab Alwyn, neu Richard Alwyn a bod yn fanwl gywir, ei eni tra oeddem yn Llanfairfechan a chyrhaeddodd ein merch, Sharon, ar ôl i ni symud i Lanfair-pwll. Rydw i'n cofio'r meddyg yn dweud y byddai'r Gwyddelod yn falch iawn ohonom gan fod Alwyn a Sharon yn rhannu'r un pen-blwydd, sef diwrnod Sant Padrig.

Tair mil a hanner a dalon ni am ein tŷ newydd. Talwyd can punt yn ychwanegol i osod cwpwrdd crasu. Roedd y tŷ'n apelio ataf yn bennaf am fod yna dalp o dir ynghlwm wrtho a hwnnw heb ei drin o gwbl gan

yr adeiladwyr. Roeddwn yn gweld cyfle i gychwyn gardd o'r newydd. Ar ôl prynu'r býngalo yn Llanfair-pwll, roedd angen enw iddo. Roeddem yn awyddus i gael enw i'r tŷ fyddai'n cyplysu'r ddau ohonom. Yr enw cyntaf a ddaeth i'r meddwl oedd defnyddio 'Gwen' yn Gwenda a'r 'wyn' yn Medwyn. Ond doedd 'Gwenwyn' ddim yn enw addawol i'n cartref cyntaf nac ychwaith yn gychwyn da i fywyd priodasol. Cytunwyd ar 'Llanor' fel cyfuniad o Langristiolus a Bangor, ac mae'r enw ar ein cartref hyd heddiw.

Wedi priodi a sefydlu cartref i'm teulu bach newydd, gwyddwn fy mod i wedi hen ffarwelio â chyfnod llencyndod. Roeddwn i'n oedolyn a chanddo gyfrifoldebau. Er gwaethaf y ffaith fy mod i'n asthmatig, roeddwn i'n dal i ysmygu. Roedd pawb yn ysmygu'r adeg honno. Roeddwn i'n un am drio pethau gwahanol. Pan glywais i gyntaf am *snuff*, bu'n rhaid i mi ofyn beth yn union oedd o a chael fy synnu o glywed bod angen ei stwffio fyny'r trwyn! Finnau'n meddwl os oeddech chi'n ei stwffio fo i fyny eich trwyn, peth rhyfedd na fasa fo'n dod allan pen arall! Ond roeddwn i'n chwilfrydig, ac roedd rhaid i mi ei drio fo. Roedd yr hogyn bach yn dal i lynu at y dyn. Dyma fi'n cael peth a'i ffroeni. Sôn am disian! Doedd o'n dda i ddim i mi. Byddwn yn mynd am beint ar nos Wener yr adeg hynny, ar ôl gwaith, i'r Four Crosses. Dyma drio sigârs i weld a allwn i roi'r gorau i ysmygu! Penderfynu cymryd sigâr ar nos Wener. Castella oedd hi. Tanio'r sigâr fawr yma a smocio ei hanner hi. Byddai'r hanner oedd ar ôl ym mhoced fy *sportscoat* tan y nos Wener ganlynol. O dipyn i beth doedd un Castello ddim yn gwneud y tro, byddai'n rhaid prynu mwy.

Dechreuodd Gwenda gega. Byddem yn mynd allan weithiau i Blas Coch ar nos Sadwrn yn ein dillad gorau. Byddai fy siaced yn drewi o arogl sigâr, arogl drwg, anghynnes. Dywedodd Gwenda os oeddwn i'n smocio gymaint â hynny o sigârs, basa waeth i mi smocio sigaréts ddim! Dyma fynd yn ôl ar sigaréts wedyn. Pibell wedyn. Petersons fyddwn i'n ei licio; pibell bren oedd hi. Roedd yna dro ynddi hi fatha un Sherlock Holmes. Roeddwn i wrth fy modd efo honna – un dda oedd hi. Roeddwn i'n edrych y part ynddi hi, tan es i Woolworth ym Mangor ryw ddiwrnod. Roeddwn i'n cario Sharon ar fy mraich a doedd hi ond yn rhyw dair oed, os oedd hi'n hynny.

Gwenda a finnau ar ôl i ni ddyweddïo; y ddau ohonom ar ddiwrnod ein priodas yn 1966; y teulu tu allan i Eglwys Dewi Sant, Glanadda, Bangor. O'r chwith i'r dde: Nhad, Owen Richard Williams; Nain Penrallt, Elisabeth Williams; mam Gwenda, Gwyneth Williams; fi a Gwenda; tad Gwenda, Richard Gwilym Williams (Dic Bangor); Mam, Eunice Williams a Nhaid, Richard Williams

Roeddwn i'n ei chario hi a'r bibell yn fy ngheg a mwyaf sydyn dyma hi'n troi rownd a rhoi pelten i'r bibell nes ei bod hi'n bownsio o'm llaw i ar hyd llawr Woolworth a gwreichion tân ymhobman fel y ffeiarwyrcs yn Llwynysgaw ers talwm! Sôn am gywilydd!

Ymhen ychydig wedi hynny, roeddwn i'n gorwedd ar y soffa yn y tŷ, a'r bibell yn fy ngheg i, a'r peth nesaf, dyma sudd anghynnes o waelod y bibell yn llithro i lawr fy ngwddw i. Roeddwn i'n meddwl fy mod i'n marw. Sôn am besychu! Roeddwn i'n sâl fel ci! A dyma ddweud, 'That's it!' Lluchiais y bibell. Roeddwn i wedi trio pob math o ffyrdd i stopio smocio, a doeddwn i ddim yn licio'r ffaith mod i'n smocio. Dyma afael yn y paced Embassy Regal a lluchio hwnnw i ben y wardrob. A fanno fuodd o tan i mi gael hyd iddo ymhen rhai blynyddoedd pan oeddwn i'n peintio'r llofft a chlirio top y wardrob. Chymerais i ddim un sigarét wedi hynny ac mae hynny dros ddeugain mlynedd yn ôl.

Rydw i'n falch iawn i mi lwyddo i goncro'r sigaréts. Tydy pobl ddim yn sylweddoli pa mor gryf a pha mor niweidiol ydyn nhw mae nicotin yn wenwyn pur. Rydan ni'n ei ddefnyddio yn y diwydiant garddwriaethol. Rydan ni'n defnyddio'r hyn a elwir yn Nicotine shreds i ladd pryfetach ac mae o'n lladdwr go iawn. Daw mewn tuniau, fel baco bras. Rhaid gwisgo menig wrth gwrs, ac yna ei daenu ar goncrid y tŷ gwydr bob rhyw bum troedfedd a matsian ynddo fo wedyn; cychwyn ei danio fo yn un pen, y pen pellaf, ac at y drws a chau'r drws wedyn. Rhaid ei adael o tan y bore er mwyn iddo fygu'r tŷ gwydr. Mae'r mwg yn lladd y pryfetach i gyd. Mae o'n gythraul o stwff. Os gall ladd pryfetach mor effeithlon, mae'n saff o wneud niwed gwirioneddol wrth ei anadlu i'r ysgyfaint. Sglyfaeth o stwff mae'n rhaid, yn doedd?

Rydym wedi bod yn tu hwnt o hapus fel teulu yn Llanfair-pwll. Bûm yn ffodus o gael bod yn rhan o sawl cymdeithas yn y pentref. Pan roedd y plant yn fach ymunais â chwmni drama capel Llanfair-pwll. Wenna Williams oedd yn cynhyrchu ac roedd hi'n wych. Daeth o dan ddylanwad John Gwilym Jones yn y coleg ym Mangor. Arthur Williams oedd un arall oedd yn y cwmni. Roedd o'n byw un tŷ oddi wrtha i yn Stad Siglan. Mae Arthur yn dal i actio ac yn cael hwyl arni efo'r Theatr Fach. Roedd gan Wenna amynedd ac roedd yn rhaid iddi wrth hwnnw efo'n criw ni, criw o hogiau gweddol ifanc efo'i gilydd. Roedd yna dipyn o rialtwch ond roedd Wenna'n cael trefn arnom. Roedd gen i barch mawr ati hi. Byddai'n

fy rhybuddio'n aml, 'Ty'd ti yn ôl wsos nesa heb ddysgu'r part 'na – mi fydd 'na le!' Byddwn wedyn yn mynd adre ffwl spid i ddysgu fy leins!

Mae'n rhaid fy mod i'n ddysgwr go lew. Fel llawer i beth arall, pan mae'r pwysau'n drwm rydw i'n tueddu i gyflawni petha'n well. Taswn i'n gwybod bod angen dysgu rhywbeth am dri mis, a taswn i'n ei ddysgu o rŵan, buaswn yn anobeithiol ac wedi ei anghofio mewn dim! Mae o'n cadw'n ffres yn fy mhen ar y munud olaf.

Er mai rhoi trefn ar yr ardd roeddwn i eisiau ei wneud yn fwy na dim, doedd y ddrama ddim yn amharu rhyw lawer ar y garddio oherwydd mai gwaith dros y gaeaf oedd actio'n fwy na heb. Roedden ni'n dechrau dysgu rhywle tua mis Hydref a pherfformio wedyn rhywle tua mis Chwefror am wn i, yn y cyfnod cyn iddi brysuro yn yr ardd.

Buom yn perfformio mewn sawl neuadd a chapel drwy Sir Fôn Roeddwn i'n hogyn tenau, smart adeg hynny ac wrth fy modd yn cael perfformio o flaen cynulleidfa. Byddai Wil Ifans o Rostrehwfa'n dod atom i wneud y colur. Argian, roeddwn i'n teimlo fel Laurence Olivier yn cael colur yn festri'r capel! Roedd o'n rhywbeth mawr. Byddai'r neuadd yn Llanfair-pwll yn llawn bob tro. Dwi'n cofio fi'n actio rhan mewn drama am y fyddin rhywdro, a minnau'n meddwl fy mod i'n gythraul o foi yn fy siwt armi a strap lledr ar ei thraws. Roeddwn i'n cael rhyw ddihangfa wrth actio, ond rhaid cyfaddef fy mod i'n ei ffeindio hi'n anodd cusanu ar y llwyfan. Dydy rhywun ddim wedi arfer â chael cynulleidfa wrth gusanu, nadi?

Llanor yn ei flodau

Un o gymeriadau mawr Sir Fôn yn ystod y blynyddoedd hynny oedd Ifan 'Eis Crîm'. Roedd o'n byw yn Llanfair-pwll ac yn enwog drwy'r sir am ei hufen iâ. Bu ganddo gwt bach yn gwerthu hufen iâ am flynyddoedd yn un o'r cilfachau parcio ar y ffordd i Borthaethwy. Pan fyddai'n mynd â'i fan i Sioe Môn ym mis Awst, byddech yn lwcus cael hufen iâ gan fod y rhes aros mor sobor o hir ganddo. Ar ôl ciwio am hydoedd, cael cornet a hwnnw'n felyn a blas tebyg i gwstard arno.

Byddai Ifan yn dod o gwmpas Llanfair-pwll yn ei fan a chanu cloch. Mewn hen feudai yn Llanfair-pwll y byddai Ifan yn paratoi'r hufen iâ. Fasa fo byth yn pasio rheolau iechyd a diogelwch heddiw. Bu'n hel llefrith wedyn a phan fyddai'n dod rownd ymhen hir a hwyr ar nos Wener i gael ei dalu, byddai'r hen greadur wedi'i dal hi'n rhacs. Doedd o ddim yn cofio weithiau faint oedd arnoch chi iddo fo. Roedd o'n hel diod yn o drwm. Bu farw'r hen greadur y tu allan i'w dŷ. Roedd wedi cael gormod i yfed a hithau'n noson rewllyd. Roedd pawb yn gwybod am Ifan 'Eis Crîm' ac roedd ei hufen iâ yn fendigedig. Roedd hi'n chwith mawr gan Gwenda a minnau, a'r plant pan gollon ni Ifan 'Eis Crîm'.

O'm holl atgofion am fagu'r plant, daw un atgof yn ôl i mi'n gyson. Pan oedd Alwyn, fy mab, yn ei arddegau, roedd ar dân eisiau ymuno â'r fyddin. Fedrwn i yn fy myw â'i gael i newid ei feddwl. Gwyddwn yn iawn fod digon yn ei ben o. Buasai wedi gallu aros yn yr ysgol a mynd i'r coleg. Ond na, doedd dim yn tycio. Roedd o'n benderfynol o gael mynd. Fe wnes i hyd yn oed wrthod arwyddo'i ffurflen ymuno a bu dadlau brwd. Anghofiaf i fyth y noson yr es i'w lofft o. Nos Sul oedd hi, a dyna lle roedd o'n eistedd ar sil y ffenest yn edrych allan ar y Fenai.

'Be ti'n neud yn fama?' gofynnais iddo.

'Jyst hel meddylia,' atebodd.

'Be ti am neud efo'r armi 'ma? Wyt ti wedi penderfynu? Wyt ti am aros yn yr ysgol ta be?'

A dyma fo'n edrych i fyw fy llygaid a dweud, 'Nacdw. Dwi'n mynd. Os nad ydw i am gael mynd, yna dwi am joinio'r Foreign Legion.'

Roeddwn i wedi dychryn. Roedd Rhyfel Ynysoedd y Falkland newydd ddarfod a'r Gwarchodlu Cymreig wedi colli llawer o hogiau. Diolch i Dduw, fydd o ddim eisiau mynd i'r Gwarchodlu Cymreig ar ôl hyn, meddwn i wrthyf fy hun. Ond roedd o'n fwy penderfynol nag erioed. Yn rhyfedd iawn, pan wnaeth o gais, roedd y Gwarchodlu Cymreig yn llawn.

Rhaid bod llawer o hogiau Cymreig eraill o'r un farn ag o. Efallai fod gweld yr hyn ddigwyddodd yn Ynysoedd y Falkland wedi eu gwneud yn fwy penderfynol. Dwn i ddim. Fodd bynnag cafwyd lle iddo a chafodd wireddu ei ddymuniad.

Daeth y diwrnod. Es i fy ngwaith yn gynnar ac yn ôl adre erbyn toc wedi deg er mwyn mynd ag Alwyn i ddal trên un ar ddeg o Fangor. Cyrchais o i'r orsaf, y fo a'i fag a'i roi ar y trên. Fedrwn i ddim dweud gair. Roedd gen i lwmp yn fy ngwddw yn poeni mai dyma efallai fyddai'r tro diwethaf fyddwn i'n ei weld o. Gwyddwn fod yna bosibilrwydd na fuaswn efallai yn ei weld byth eto.

Ysgydwais ei law ac roedd y dagrau'n cronni. Roedd Alwyn druan yn methu dweud dim chwaith. Dyma droi fy nghefn arno ac i'r car ac yn syth i'r swyddfa. Cerddais i mewn i'm swyddfa a daeth Dafydd John, fy mhennaeth ar y pryd, ataf gan ofyn sut aeth y ffarwelio. Fedrwn i mo'i ateb o. Dyma ddechrau crio. Crio fel babi bach. Diawl o brofiad oedd hwnnw.

Criw Cwmni Drama'r Capel yn Llanfair-pwll adeg perfformio Gŵr Llonydd *gan John Gwilym Jones yn 1969-70. O'r chwith i'r dde yn y rhes gefn: Ken Lewis, fi, John Thomas; yn y rhes ganol: Mrs David Jones, Audrey Parry, y cynhyrchydd Wenna Williams, Rowenna Thomas, Bleddyn Williams; yn eistedd yn y rhes flaen: Jean Plemming, Mrs Fraser Owen, Arthur Williams, Leslie Williams ac Elwyn Evans*

I'R PRIFFYRDD A'R CAEAU

Yn fy swydd fel Arolygwr gyda'r NOID, roedd gofyn mi deithio
tipyn o gwmpas y wlad i ffactris mawr eraill fel Hawker Siddeley yn
Lostock a Farnborough tra oedd un o'r arolygwyr eraill ar ei wyliau.
Roedd gen i hiraeth am Gwenda pan fyddwn i ffwrdd o gartref. Felly
penderfynais geisio am swydd efo'r hen Gyngor Ynys Môn a chael swydd
fel technegydd yn yr Adran Briffyrdd o dan y Syrfëwr Sir, William
Rowlands yn 1967. Dyn swil a chwrtais oedd William Rowlands, ond
yn beiriannydd sifil heb ei ail a phawb â'r parch mwyaf iddo. Y joban
gyntaf gefais i ganddo oedd dylunio tros ei fraslun o bont sydd bellach
yn croesi afon Cadnant, rhwng Porthaethwy a Llandegfan. Yn 1974,
bu newidiadau mawr mewn llywodraeth leol gydag Ynys Môn, Arfon
a Meirionydd yn uno fel un sir enfawr a chefais fy symud i ranbarth
dwyreiniol y sir, i swyddfa yn Llandygái. Mae'n rhaid mai camgymeriad
oedd creu anghenfil mor fawr gan y bu newid yn ôl i gynghorau llai yn
ddiweddarach.

Buan iawn y canfu'r syrfëwr nad oedd gen i fawr ddim diddordeb
mewn tarmac na choncrid. Dyrchafodd fi i fod yn brif swyddog â
chyfrifoldeb dros ddatblygu polisïau lleiniau'r priffyrdd drwy Wynedd
i gyd. Yr her fwyaf oedd sut i atal chwyn yn y lleiniau. Mae yna restr o
saith ohonynt y mae'n rhaid, o fewn y gyfraith, eu cadw mewn trefn. Mae
llysiau'r gingroen (*ragwort*) yn un ohonynt – gall hwnnw ladd ceffylau os
ydyn nhw'n ei fwyta. Cydlynais holl arolygwyr y priffyrdd i gydweithio
â fi gan fynd allan yn yr haf a marcio ar fapiau lle roedd y blodau melyn
yma'n drwch ac yn bla. Doedd dim posib eu lladd nhw'r adeg hynny. Yr
unig ffordd y gellid ceisio eu difa oedd mynd allan efo bagiau bin a'u
codi nhw i gyd. Y drwg oedd y byddai darn o'r gwraidd yn cael ei adael
ar ôl. Fy mwriad i oedd eu taro yn y gwanwyn a thrwy gynllunio manwl
roedd posib eu chwistrellu. Gweithiais ar y cynllun hwn gyda chwmni
Monsanto. Dyma'r cwmni enwog a greodd Roundup, chwynladdwr llwyr
sy'n cynnwys y cemegyn *glyphosate*. Dyma'r unig chwynladdwr sydd
wedi ei gymeradwyo gan Gymdeithas Iechyd y Byd (WHO). Gellir ei
ddefnyddio yn rhywle. Mae o'n trawsleoli i mewn i'r gwreiddyn ond dydy
o ddim yn gwenwyno'r pridd. Gellwch hau hadau'r un diwrnod oherwydd
dydy o ddim yn aros yn y pridd, dim ond yn y planhigyn ei hun.

Cyflwynodd Monsanto'r hyn roedden nhw'n ei alw'n *Quality Circle* oedd yn cynnwys y contractwr oedd yn rhoi'r cemegyn, a'r cyngor oedd yn creu'r polisïau. Trwy weithio gyda'n gilydd, fe weithredom y *Quality Circle* yng Ngwynedd a daeth hwn yn batrwm drwy'r wlad i gyd. Cefais gyfle i fynd ar sioe ar y lôn efo Monsanto i wahanol gynghorau am wythnos gyfan. Bu'n brofiad gwych. Roeddwn i'n *roadie*! Roedden ni'n mynd i un lle, gweithio'n galed ar y lleiniau'n gosod sgriniau ac ati cyn mynd i aros mewn gwestai cyfforddus. Fore trannoeth, byddem yn codi'n gynnar i deithio i'r lle nesaf. Roedd hyn yn gymaint mwy cyffrous i mi na gweithio mewn swyddfa ac roeddwn i'n gwybod ein bod ni'n gwneud daioni. Roedd Gwynedd yn elwa, ac roedd pobl o'r tu hwnt i Gymru yn dod i wybod amdanom hefyd.

Rydw i'n cofio un cynllun arbennig a weithredwyd gen i ar hyd yr A55. Roedd pobl yn dod o bell ar hyd yr A55 i Ysbyty Gwynedd fel cleifion ac fel ymwelwyr. Meddyliais mor braf y buasai hi petasai'r cleifion a'u teuluoedd yn cael gweld cennin Pedr yn y gwanwyn ar hyd lleiniau'r A55 wrth deithio i'r ysbyty. Roedd gen i gyllid i wneud manion bethau, ond dim ond cyllid bychan oedd o. Roedd angen mwy i weithredu fy nghynllun yn effeithiol. Roeddwn i'n dipyn o fêts efo Basil Hamson – fo oedd cynorthwydd y Syrfëwr Sir – a dyma egluro fy nghynllun a gofyn am fwy o arian. Roeddwn i angen oddeutu £3,500. Cytunodd i ariannu'r cynllun. Bu'n rhaid i mi addasu tractor, achos doedd dim posib plannu'r bylbiau â llaw, neu buaswn wedi bod wrthi hyd at dragwyddoldeb! Cefais fenthyg tractor gan ffarmwr, rhoi peipiau i lawr fel eu bod fel gwŷdd drwy'r peth, ac wedyn roedd posib rhoi'r bylbiau lawr tiwb yn syth i'r ddaear. Mae'r cennin Pedr i'w gweld heddiw ar hyd llain ganol yr A55 wrth nesu at Ysbyty Gwynedd ac maen nhw'n wledd i'r llygad. Cefais wireddu fy mreuddwyd yn fanna.

HARLEY STREET A'R SEIRI RHYDDION

Yn ystod y cyfnod hwn, gofynnodd Iori Wyn, ffrind a chyd-weithiwr i mi, a fuaswn i'n ymuno â'r Seiri Rhyddion gan y credai y byddwn yn 'gwneud un da' ac nad oeddwn i'n rhy ifanc nac yn rhy hen. Awgrymodd hefyd y gallwn gael cymorth i drin y broblem barhaol oedd gen i efo fy nghlustiau.

Ymhen hir a hwyr ymunais ac mewn mater o rai misoedd, cefais alwad i fynd i Harley Street i weld arbenigwr.

Teithiais i Lundain efo Gwenda ac wedi cyrraedd, dyma ddynes yn ein cyfeirio at gwpwrdd cornel a drws iddo. Roedd y cwpwrdd cornel yma wedi ei addasu'n lifft! I fyny â ni a chyfarfod dyn hyfryd o'r enw Valentine Hammond. Roedd o a'i ystafell yn bictiwr o broffesiynoldeb. Ystafell fawr a desg wydr a dim byd ar y ddesg fawr ond dalen o bapur plaen gwyn ac ysgrifbin. Dim byd arall yn yr ystafell wedyn, ar wahân i sedd i fi a Gwenda. Doeddwn i ddim yn obeithiol iawn. Roeddwn i wedi cael blynyddoedd o geisio'n ofer datrys problem fy nghlustiau. Roeddwn i'n grediniol y byddai'n awgrymu i mi gael *hearing aid*. Ond er syndod i mi fe'i clywais yn dweud, 'We are going to operate.'

'What?!'

'Come through!'

Roedd ganddo ystafell yn llawn goleuadau a'r geriach i gyd. Archwiliodd fi eto a dweud, 'We've learnt a lot over the past few years and we can replace the eardrum, and while we're at it we'll take out the little bones – anvil and stapes, and if those are rotten we can use plastic ones, and we can use a pig's membrane as an ear drum.'

Gofynnais iddo a olygai hyn fy mod i felly'n mynd i ddechrau rhochian fel mochyn! Chwarddodd gan ddweud, 'It will be a major operation. We'll have to cut your ear right down and go in from the back. Are you happy to do it?'

'Yes. I have every faith in you. I've had enough of this problem.'

Mewn â fi'r prynhawn hwnnw i'r Ravenscourt Park Hospital a chael llawdriniaeth yn syth. Dyna beth ydy mynd yn breifat yndê? Bûm yn yr ysbyty am bythefnos beth bynnag, os nad tair wythnos, a bandais gwyn o amgylch fy mhen. Bu'r llawdriniaeth yn llwyddiant ac ymhen hir a hwyr cefais yr un driniaeth ar y glust arall. Nid Valentine Hammond wnaeth honno. Roedd gan yr ail foi gysylltiad â Chymru ac roedd yn gwneud gwaith i'r teulu brenhinol hefyd. Pan fu'r Fam Frenhines bron â thagu ar asgwrn cyw iâr rhywdro, y meddyg hwn ofalodd amdani hi. Er na chofiaf ei enw, rydw i'n gallu ei weld o'n glir o'm blaen i heddiw. Roedd ganddo fo fwstásh tebyg i James Robertson Justice, yr actor ar y ffilmiau *Carry On*. Hen foi clên oedd o. Bu'n rhaid naddu'r asgwrn yn y glust oedd wedi dechrau pydru. Dydy fy nghlyw i ddim yr hyn y dylai fod ond mae'n ddeng gwaith gwell na fasa fo wedi bod heb y driniaeth. Rydw i'n mynd bob chwe mis i Ysbyty Gwynedd i gael archwiliad ar y ddwy glust a'm clyw hyd heddiw.

Drwy ymuno â'r Seiri Rhyddion cefais wared â phroblem ddiflas oedd wedi fy mhoeni er pan oeddwn i'n blentyn. Rhoddodd ansawdd gwell i'm bywyd yn ddi-os. Mae llawer o feirniadu ar y Seiri Rhyddion, ond rydw i wedi mwynhau'r gymdeithas yn fawr. Dydw i ddim wedi mopio fy mhen efo'r sefydliad a dydw i ddim wedi elwa'n ariannol ohono chwaith. Ond mi ydw i wedi elwa ohono drwy gyfarfod â rhai o'm ffrindiau mynwesol drwy fod yn aelod. Mae'r Seiri Rhyddion yn gwneud llawer o waith da, gan gyfrannu pentwr o arian at achosion teilwng. Mae'r Eglwys Gadeiriol ym Mangor, er enghraifft, wedi cael rhai miloedd o bunnoedd. Roedd yr holl beth yn gyfrinach ers talwm. Mae'r gymdeithas yn llawer mwy tryloyw erbyn heddiw ac yn fwy agored.

GWOBRAU

Er gwaetha'r datblygiadau yn fy ngyrfa a'm bywyd personol, roedd y garddio'n dal i fod yn fagned. Roeddwn i wedi arfer mynd efo Nhad i sioeau i'w helpu gyda'r casgliadau y byddai'n eu paratoi. Dysglau arddangos o dair moronen neu dair taten fyddai'r rhain i gychwyn. Pan briodais a chael darn o dir fy hun, fi oedd yn symbylu pethau wedyn ac yn awyddus i geisio symud ymlaen. Byddwn yn annog Nhad i gystadlu a gwthio'r ffiniau. Dyma benderfynu mynd i Sioe Berffro. Sioe gymharol fach oedd hon, ond byddai Nhad a minnau ar ein traed trwy'r nos yn paratoi bocsys a siapiau gwahanol er mwyn dal y cennin. Doedd y cennin fawr mwy na fy mys i, ond roeddwn i'n meddwl eu bod nhw'n wych! Dyma fynd i'r sioe, ac ennill. Does dim byd yn well i symud rhywun yn ei flaen nag ennill, ac eto, gall colli roi sbardun i rywun wneud yn well hefyd.

Sioe Môn yn dod wedyn, y flwyddyn nesa, a chael Dic, tad Gwenda, i'n cynorthwyo. Roeddwn i wedi cael syniad yn fy mhen y buasem yn medru cario triongl blodfresych a'r bwrdd i gyd efo ni. Roedd Dic wedi bod yn brysur yn gwneud bwrdd fel drws a cholyn i ddal y triongl blodfresych.

Ar ôl straffaglio i'w wneud o, meddwl wedyn – beth goblyn oedd arna i'n gwneud y ffasiwn beth! Roedd yna ddigon o fyrddau yna! Mae dysgu drwy gamgymeriadau'n hollbwysig. Does dim gwell mewn gwirionedd nag ysgol brofiad.

Aethom i'r sioe yn fore iawn i osod ein llysiau. A dweud y gwir roedd hi'n berfeddion nos, tua hanner awr wedi tri o'r gloch y bore. Dyma ni'n gweld rhyw foi mwstashog yn dod i mewn yn cario llwyth o brennau ar ei ysgwydd gan ofyn i ni ein dau, 'Ble ma'r casgliad llysia 'ma?' 'Yn fanna,' meddwn innau. Dyma fy nhad yn gofyn i mi'n ddistaw, 'Pwy 'di hwnna? Gofyn iddo pwy ydy o.' Roedd fy nhad yn swil ac felly dyma fi'n gofyn, 'O ble dach chi'n dwad?'

'O Landyrnog.'

'Dew! Chi 'di Davies!' meddai Nhad. Argol roedd Nhad wedi dechrau crynu. Davies Llandyrnog oedd *y* tyfwr gorau ar y pryd yng ngogledd Cymru. Doedden ni erioed wedi ei gyfarfod, ond roedden ni'n gwybod amdano fo. Gwyddai Nhad ein bod am ei chael hi'r diwrnod hwnnw, a cholli wnaethon ni. Daethom yn ail iddo. Roedd Nhad yn torri'i galon braidd, ond roedd y profiad wedi fy ngwneud i'n fwy penderfynol. Fe gollon ni'r flwyddyn wedyn eto, ond gyda chryn ddyfalbarhad, fe guron ni o . . . yn rhacs. Ac o hynny ymlaen doedd ganddo fo ddim gobaith. Roeddwn i wedi darllen yn helaeth, wedi gweithio'n galed ac roeddwn i wedi bod yn benderfynol o wneud pethau'n well. Gall colli, yn enwedig colli ddwywaith yn olynol, dorri calon ambell un, ond roeddwn i'n benderfynol nad oeddwn am roi'r ffidil yn y to.

Ddaeth o ddim i Sir Fôn am ddwy neu dair blynedd wedyn. Yna penderfynodd Nhad a minnau fynd i'w batsh o i Sioe Dinbych. Honno oedd y sioe sir a rhoesom ni chwip din go iawn iddo fo! Cawsom dros bymtheg gwobr gyntaf. Daeth Roberts o Ruthun, sef symbylydd Davies, atom a gafael yn llaw Nhad a'i hysgwyd gan ddweud, 'Gwrandwch, rydach chi wedi mynd yn rhy dda i mi 'wan. Chi ydy'r tyfwr.' Dyma fo'n troi ataf fi a dweud, 'A chi ydy'r un sy'n meddwl petha.'

A dyna gadarnhau'r hyn roedd Nhad a minnau wedi'i amau'n ddistaw bach sef ein bod ni nid yn unig yn dipyn o fêts, ond hefyd yn dipyn o dîm.

Roeddwn i wedi dechrau tyfu llysiau yn fy ngardd fy hun erbyn hyn a dyma ddechrau mentro ar gasgliadau mwy. Un flwyddyn dyma benderfynu mentro ymhellach ac ehangu fymryn ar ein gorwelion, aethom

i'r Amwythig am dro. Rydw i'n cofio mynd o gwmpas y babell yn Sioe Amwythig a rhyfeddu at arddangosfa'r llysiau oedd yno. Roedd y rhain yn well nag unrhyw beth roeddwn i wedi ei weld yn Sir Fôn, nac yng ngogledd Cymru o ran hynny. Roedd yna dro yn y babell ac rydw i'n cofio mynd rownd y gornel a gweld llysiau fel petaen nhw o blaned arall! Welais i erioed y fath arddangosfa. Roedd y nionod gymaint â fy mhen i a'r cennin fel pastynnau.

Dyma edrych ar yr arwydd o flaen yr arddangosfa a gweld baner The National Vegetable Society. Cymdeithas gymharol newydd oedd hi'r pryd hwnnw. Fe'i ffurfiwyd hi yn Llundain yn 1960 gan ryw hanner dwsin o ddynion oedd o'r farn bod safonau beirniadu'n anobeithiol mewn sioeau. Roedden nhw yn llygad eu lle; doedd dim y fath beth â beirniaid cenedlaethol bryd hynny. Byddai sioeau drwy'r wlad yn dewis pen garddwr o rywle fel Plas Newydd neu'r Faenol gan feddwl y byddai hwnnw'n siŵr o wybod ei bethau. Byddai'r pen garddwr yn dod yno i feirniadu ac fel

Efo mwy o wobrau allan yn yr ardd tua 1986

arfer rhyw andros o datw mawr fyddai'n ennill, dim math o ffurf na siâp i'r llysieuyn. Doedd gan y beirniad ddim rheolau'n ganllaw iddo, dim ond mynd yn ôl ei fympwy. Newidiodd pethau gyda sefydlu'r Gymdeithas Lysiau Cenedlaethol.

Fanno fuon ni yn Sioe Amwythig y diwrnod hwnnw yn siarad ac yn rhyfeddu. Ymaelododd Nhad a minnau yn y fan a'r lle. Prynais bob dim oedd ganddyn nhw ar eu stondin; beiros, bathodynnau, llawlyfrau – pob math o bethau. Roeddwn i eisiau dysgu, roeddwn i'n llwglyd am wybodaeth ac eisiau dysgu, dysgu. Roeddwn i wedi dysgu hynny fedrwn i gan Nhad, ond doedd ganddo fo mo'r wybodaeth roeddwn i ei hangen i fynd â fi dros gopa'r bryn. Adref wedyn a methu aros i gael darllen y llyfrau, a mynd drwyddyn nhw a gweld enwau pobl roeddwn i wedi clywed amdanynt a'u cynghorion nhw ar sut i dyfu llysiau i'r safon orau bosib; pobl fel Martin Robinson, y tyfwr hadau llysiau nodedig a Ron Fletcher aelod amlwg o'r Gymdeithas Lysiau a Bill Hargreaves sef ysgrifennydd y Gymdeithas Lysiau Genedlaethol ar y pryd.

Deuai llawlyfr o'r wasg bob chwarter a byddwn yn edrych ymlaen yn eiddgar at dderbyn hwnnw. Byddwn wedi ei ddarllen a'i lyncu i gyd mewn dwyawr. Bu hwnnw'n hwb garw i neidio ymlaen i dyfu pethau'n well a deall mwy am y pridd. Roedd Nhad yn llygad ei le; yn fanno, yn y pridd mae'r gyfrinach i gyd os oes yna un yn rhywle. Rhaid trin y pridd yn iawn felly. Wedi ymaelodi â'r gymdeithas lysiau, ymunais wedyn â'r Gymdeithas Arddwriaethol Genedlaethol neu'r RHS, sef cymdeithas a sefydlwyd dros ddau can mlynedd yn ôl.

Ychydig a feddyliwn i'r adeg honno y byddwn innau ymhen rhai blynyddoedd yn gyfrannwr cyson i gylchgronau garddio fel *Garden News* a *Kitchen Garden* yn ogystal â bod yn gadeirydd un o bwyllgorau hynaf y gymdeithas sef y Pwyllgor Ffrwythau, Llysiau a Pherlysiau ac yn un o'r panelwyr sy'n rhoi llawlyfr y Royal Horticultural Society at ei gilydd. Y llawlyfr yma ydy'r beibl sy'n gosod safonau beirniadu llysiau, blodau, ffrwythau, ac yn wir, pob agwedd ar dyfu yn yr ardd. Mae'n rhaid cyfaddef bod yr RHS wedi bod yn bwysig iawn i mi. Sioe Môn oedd yr RHS i Nhad fel i amryw o rai eraill yn y cyfnod hwnnw. Mae'n siŵr gen i mai mynd i Chelsea am y tro cyntaf ddaeth â'r RHS yn flaenllaw iawn yn fy meddwl i, fel y gwnaeth Sioe Amwythig ddod â'r Gymdeithas Lysiau Cenedlaethol i sylw fy Nhad a finnau cyn hynny. Creodd Sioe Flodau Chelsea gryn

Yn y gegin efo paned

argraff arna i a gwelais sut y gallai'r RHS drefnu unrhyw beth – does yna neb tebyg iddyn nhw. Mae Sioe Chelsea fel Wimbledon. Gofynnwch chi i unrhyw yrrwr tacsi yn Llundain pryd mae eu tymor nhw'n dechrau a'r ateb gewch chi ydy, pan ddaw'r sioe flodau i Chelsea.

Rydw i'n meddwl bod y ffaith fy mod i eisiau gwybod mwy ac yn hoff o drefnu pethau wedi bod o help mawr i mi ddatblygu fel garddwr. Mae rhywbeth newydd i'w ddysgu bob dydd, bob tymor, bob blwyddyn. Rydw i'n licio trefnu pethau. Pan oeddwn i'n gweithio, fi fyddai'n trefnu'r parti Dolig bob amser yn y swyddfa. Un felly ydw i. Dydw i ddim yn gwybod pam – mae o'n rhan ohonof. Dyna beth ydy garddio yn y bôn, sialens yn erbyn natur, achos fedra i ddim rheoli natur, ond mae'r her o'i deall hi a cheisio ei meistroli a rhoi trefn arni'n rhoi boddhad mawr i mi. Ond mae yna siomedigaethau mawr i'w cael hefyd. Rydw i'n cofio tynnu moron o'r ardd i'w cael i sioe, mae'r diwrnod cyn sioe yn un llafurus. Rhaid codi tua saith yn bore a'r rwtîn fyddai mynd i dynnu pannas gyntaf gan fod yna dipyn o waith efo'r rheiny. Byddai'n rhaid tynnu'r pannas yn ara deg, yn gyfan i gyd, ac yna eu golchi bob un a hithau'n tynnu at amser cinio erbyn gorffen y gwaith hwnnw. Moron byr wedyn. Mynd ati i'w tynnu nhw a'r rheiny wedi fforchio. Diawl! Eu lluchio nes eu bod nhw'n glanio yn y gwrych. Mae'n siwr bod Gwenda'n fy nghofio i'n rhuo mewn rhwystredigaeth y tro hwnnw. Dychmygwch y siom o fod wedi methu cael un foronen ddigon da i wneud set a chithau wedi bod wrthi'n eu tyfu ers mis Mawrth, mis Ebrill a'u tynnu nhw ym mis Awst, mis Medi a chael diawl o ddim byd, dim ond i'w bwyta. Roedden nhw'n ddi-siâp i gyd.

Yr ochr arall i'r geiniog ydy pan fyddwch chi'n tynnu moronen neu banasen allan o'r drym a honno'n dod ac yn dal i ddod a honno'n berffaith. Gystal ag orgasm! Mae o'n wych o deimlad pan ydach chi wedi nyrsio rhywbeth o'r cychwyn i'r diwedd ac wedi anelu am berffeithrwydd ac yn gwybod yn eich calon na chewch chi mohono fo, ond eto'n dod yn agos ofnadwy ati weithiau. Y gamp wedyn ydy mynd i'r drym nesaf a thrio cael un arall i'w matsio hi. Fel popeth mewn bywyd, mae yna uchelfannau ac iselfannau'n ddi-os yn y byd garddio. Ond does yna ddim diben torri calon. Rydw i wedi dysgu bod rhaid wrth amynedd achos rydw i'n gwybod na fedrir curo natur. Os ydy'r planhigyn wedi methu, yna mae'n rhaid mai fi sydd wedi gwneud rhywbeth o'i le. Efallai fy mod i wedi ei wthio'n rhy galed, neu os ydy o wedi rhedeg i had, mae o wedi ei drin yn anghywir.

Moron hir yn tyfu mewn peipiau mawr, mae tair ym mhob peipan blastig

Mae hi wedi bod yn rhy oer, wedi bod yn rhy wlyb, wedi cael gormod
o ddŵr, neu rhy ychydig o ddŵr; gall amryw o bethau ddod at ei gilydd
i greu siom.

Siom arall ydy pan fo rhywun yn teimlo iddyn nhw gael cam, ac mae
yna gythraul canu yn sicr yn y sioeau bach, coeliwch chi fi! Byddwn i'n flin
weithiau pan fyddai'n amlwg y dylswn i fod wedi cael cyntaf ac efallai'n
cael trydydd. Calla dawo ydy hi'r adeg honno. Mae'r beirniaid wedi gwneud
eu sylw a dyna ni. Ond mae'n waeth wedyn pan mae'r dangoswyr eraill yn
dod atoch chi ac yn dweud – 'You've been done there,' neu, 'The judge must
have been blind.' Ond dyna fo, mae'n rhaid derbyn hynny, a dwi'n gwybod
ar adegau fy mod i wedi cael cyntaf weithau a finnau'n meddwl yn onest fy
hun na'r ail ddylai fod wedi cael y cyntaf a finnau'r ail.

Bydd rhai'n gyfrwys ac yn trio twyllo wrth arddangos mewn sioeau.
Rydw i'n cofio'r hen Bryan Davies. Roedd ganddo fo flodfresychen a
thwll lle roedd y ffloret ei hun i fod, ond roedd siâp arbennig o dda arni.
Dyma Bryan yn stwffio darn o ffloret o flodfresychen arall i mewn i'r
twll ac roedd hi'n edrych yn berffaith. Daeth ataf yn gafael yn y ddwy
flodfresych gan ofyn i mi am fy marn arnynt. 'Maen nhw'n dda . . . yn dda
iawn,' meddwn innau. Cytunodd yntau, gan ddangos i mi'n slei bach y twll
lle roedd ffloret i fod. Fedrwn i ddim coelio ei fod am eu rhoi ar y fainc
i'w harddangos, ond dyna wnaeth o, gan roi ffloret rhydd yn lle'r twll.
Welodd y beirniad mo'r gwall a chafodd yr hen Bryan wobr gyntaf! Pan
sylweddolodd y beirniad ei gamgymeriad, roedd o'n gandryll a byth ers
hynny mae pob beirniad gwerth ei halen yn gafael mewn blodfresych gan
wthio'i fawd a'i fysedd er mwyn sicrhau nad oes rhywbeth yn rhydd ynddi!

Yn fuan ar ôl ymgartrefu yn Llanfair-pwll, deuthum yn weithgar gyda
Sioe Gymraeg y Borth efo'i sylfaenydd a'i threfnydd John L. Williams.
Bu 'John L' fel y byddai pawb yn ei adnabod, yn weithgar iawn dros sawl
achos teilwng yn Sir Fôn, ond gwnaeth gymwynas fawr â'r ynys wrth
sefydlu sioe arddwriaethol drwy gyfrwng y Gymraeg. Bûm yn cydweithio
ag o ar y sioe am saith mlynedd gan ddod yn ysgrifennydd arni. Mae gen i
atgofion melys am Sioe y Borth a chafwyd sawl tro trwstan. Rydw i'n cofio
perswadio fy nghyfaill Eifion i gystadlu – roedd ganddo fo dipyn o lysiau
yn ei ardd, bitrwt a chabaitsh ac ati. A dyma fi'n dweud wrtho fo, 'Duw,
tyd â chabatshan i drio i helpu'r sioe.' Daeth â'r gabatshan a'i rhoi hi ar y
bwrdd. Welais i ddim byd mor wael yn fy nydd erioed! Roedd hi'n dyllau

i gyd, roedd yna falwod wedi bod yn ei bwyta hi. Doedd ganddo fo ddim gobaith o gael cardyn o unrhyw fath. Dyma fi'n perswadio'r beirniaid, 'Be am roi cardyn coch i hon am y falwan ora mewn cabatshan?' ac fe gytunodd! Argian, roedd Eifion wrth ei fodd. Cawsom lond trol o hwyl uwchben peint yn y Four Crosses y noson honno. Mae yna lot o bethau gwirion a doniol yn digwydd a hynny'n atgoffa rhywun, er gwaethaf rhai siomedigaethau, fod yna hwyl i'w gael wrth arddio.

Yn ystod y cyfnod hwn, rydw i'n cofio i Gwenda ennill cwpan yn Sioe Gymraeg y Borth. Mae Gwenda'n ddawnus iawn wrth osod blodau. Mae ganddi hi lygad dda a bu'n gwneud dipyn o waith gosod blodau yn yr eglwys. Yn yr un sioe enillodd Sharon gwpan yn adran y plant a Nhad a finnau'n ennill efo'r llysiau. Mae'n rhaid fod blas y pridd yn rhedeg drwy wythiennau'r teulu ac mae hyd yn oed fy wyrion i heddiw yn gwneud eu

cyfraniad i'r busnes hadau sydd gen i erbyn hyn. Mae'n rhoi boddhad mawr i mi weld fy nisgynyddion yn blodeuo fel garddwyr, fel y gwnes innau o dan gyfarwyddyd a dylanwad Nhad a'm taid innau.

Ganol y saithdegau cychwynnais ar fusnes bychan yn gwerthu hadau. Dim ond un daflen oedd gen i yr adeg honno. Mae'r daflen bellach wedi tyfu'n gylchgrawn lliw llawn. Ni fu erioed yn fwriad gen i ddechrau busnes, ond un flwyddyn roedd gen i gennin wedi rhedeg i had yn yr ardd ac roedd gen i foron hir roeddwn i wedi eu plannu er mwyn cael had. Cefais ormodedd ohonynt a phenderfynais roi hysbyseb yn *Garden News*. Daeth yr archebion post i mewn fesul un ac felly y bu hi am rai blynddoedd tan i mi ymddeol flynyddoedd yn ddiweddarach a datblygu'r busnes o ddifrif.

Wrth i mi ddechrau gwneud enw i fi fy hun fel garddwr, dechreuais gael gwahoddiadau gan wahanol gymdeithasau garddio i fynd i rannu fy mhrofiad. Beti Jones, ysgrifennydd Clwb Garddio Bethesda, oedd y cyntaf i'm gwadd i roi sgwrs am arddio. Roeddwn i'n gyndyn ac yn swil o wneud, ond erfyniodd arnaf a chytunais yn groes i'r graen. Bûm yn poeni fy enaid am wythnosau ac yn dod adref o'm gwaith a'r sgwrs gyhoeddus yma'n fwrn arnaf. Byddwn yn encilio i'r ystafell fach a dechrau pendroni lle i ddechrau, lle i orffen. Dechreuwn ysgrifennu am pH y pridd ac ati gan lwyddo i ysgrifennu saith neu wyth tudalen. Dyma fi drwodd at Gwenda a'i ddarllen o iddi a sbio wedyn ar fy oriawr – dim ond pum munud oedd wedi pasio! Dydy hwn yn dda i ddim, meddwn i wrthyf fy hun. Dyma fi o fy ngwaith y noson roeddwn i fod i wneud y sgwrs gan ddweud wrth Gwenda nad oeddwn i'n teimlo'n dda. Gofynais iddi ffonio Beti a dweud wrthi bod gen i ffliw. 'Rwyt ti'n mynd!' meddai Gwenda'n stowt. 'Nacdw,' meddwn innau'r un mor bengaled. Doedd gen i ddim ffydd ynof fi fy hun. Roeddwn i'n nyrfys rec, a fy stumog i'n troi. Ond roedd Gwenda'n gwrthod ildio gan fynnu fy mod yn mynd neu buaswn yn gwneud tro sal â Beti. A mynd fu raid.

Roedd y lle'n reit llawn a finnau'n chwysu chwartiau. Dyma roi'r llyfr i lawr fel hen bregethwr cynorthwyol mawr ac agor y dudalen gyntaf a dechrau'n betrus. Fel roeddwn i'n traddodi, gwyddwn fy mod i'n diflasu'r gynulleidfa fawr oedd wedi dod yno. Roeddwn i'n gwybod yn iawn fod o'n *boring*, fel tasa chi'n sbio ar rywun yn darllen. O fewn rhyw bum munud dyma rhywun yn codi'i law a dweud, 'Ga i ofyn cwestiwn Mr Williams?' 'Cewch,' meddwn innau, ac o hynny ymlaen roeddwn i'n iawn. Atebais y cwestiwn ac wedyn daeth cwestiwn arall, ac un arall wedyn, ac aeth y llyfr i ebargofiant. Rydw i wedi meddwl dipyn am hynny. Faswn i ddim lle rydw i heddiw oni bai fy mod i wedi mynd allan y noson honno i wneud y sgwrs honno. Efallai pe na bawn i wedi mynd na faswn i byth wedi mynd i unman arall i rannu fy mhrofiad garddwriaethol. Mae fel cael damwain mewn car a gwrthod mynd i ddreifio wedyn; rhaid magu plwc a wynebu ofnau. Rydw i wedi sgwrsio wedi hynny â thros fil o bobl mewn un gynulleidfa i Sefydliad Merched Prydain yn Neuadd Dewi Sant yng Nghaerdydd. Dydy o'n poeni dim arna i erbyn hyn, ble bynnag yn y byd y byddaf. Thâl hi ddim bod yn orhyderus chwaith, ond rhaid cael rhywfaint o ffydd ynoch chi eich hun hefyd.

Dwi'n cofio, rai blynyddoedd yn ddiweddarach, mynd i Lerpwl i wneud sgwrs. Roeddwn i'n llawer mwy adnabyddus a llwyddiannus erbyn hynny ac wedi cael llwyddiant yn Chelsea. Ffoniodd cadeirydd y noson fi i ofyn beth oedd teitl fy sgwrs, a finnau'n ei ateb, 'O Langristiolus i Chelsea'. Daeth y cadeirydd ataf ar y noson yn Lerpwl a dweud ei fod wedi bod ar y ffôn efo'i frawd yn Sir Fôn y noson cynt. Holodd ei frawd ef beth oedd ei gynlluniau a dywedodd y cadeirydd wrtho, 'Dwi'n mynd i wrando ar Medwyn Williams yn sôn am fynd o Langristiolus i Chelsea.'

'Arglwydd mawr,' meddai ei frawd. 'Wyddwn i ddim bod gan Llangristiolus dîm yn chwara'n erbyn Chelsea!'

FFARWELIO Â LLWYNYSGAW

Yn ystod y cyfnod hwn, daeth cwmwl dros fywyd fy rhieni a chau pennod yn ein hanes fel teulu. Rhaid cyfaddef na fu Bodrwyn yn dda iawn efo Nhad, er gwaethaf y blynyddoedd o lafur diflino gawson nhw ganddo. Bu yno'n llafurio am dri deg wyth o flynyddoedd. Cafodd Nhad ei gam-drin a dweud y gwir. Roedd Llwynysgaw yn dechrau mynd â'i ben iddo. Roedd Nhad wedi gofyn am gael moderneiddio rhywfaint ar y tŷ i ryw fath o safon. Doedd yna ddim dŵr, dim trydan, dim toiled, dim un o'r cyfleusterau yr oedd pawb wedi dechrau eu cymryd yn ganiataol. Wrth ofyn am gael safoni rhywfaint ar y tŷ, ymateb y Foulkes oedd codi'r rhent i tua threbl yr hyn oedd o gynt. Gwyddai Foulkes yn iawn na fyddai fy nhad yn gallu fforddio codiad rhent o'r fath. Gan mai bwthyn clwm oedd Llwynysgaw, dywedwyd wrtho ei bod hi'n bryd iddo symud oddi yno. Potel o sieri gafodd o'n wobr am ei waith. Potel o Emva Cream, y sieri rhataf posib! Chafodd o ddim pensiwn, dim byd – ar ôl yr holl flynyddoedd! Y drefn oedd ei fod allan o Lwynysgaw o fewn yr wythnos. Fedrwn i ddim coelio'r peth, na choelio bod Nhad yn cael ei drin mor wael.

Yn y swyddfa nesaf ata i yn y Cyngor Sir roedd yr adran Tyddynnod Bychain. Vernon Jones oedd y pennaeth ac roedd o'n deall y rheolau. Eglurais iddo'r sefyllfa, bod fy nhad wedi colli'i waith a bod rhaid iddo fod allan o'r tŷ. Gwgodd Vernon Jones gan ddweud, 'Fedar o'm ei hel o allan.'

'Ond mae o'n deud yn yr *agreement* . . .'

'Na fedar. Fedar o ddim. Mae ganddo fo hawl i aros tan geith o dŷ.'

Bu hynny o rywfaint o help i Nhad wedyn. Cystal oedd ei garacter o a Mam yn Llangristiolus, cawsant dŷ ar rent, sef Bodhyfryd, o fewn wythnos. Mae gweld eich rhieni'n cael cam ac yn gwbl ddiymadferth yn ddigon i dorri calon dyn. Fy rhieni oedd wedi fy magu a'm meithrin i gan ganiatáu i mi flaguro. Roeddwn yn benderfynol o wneud iawn am y camwedd a ddioddefwyd ganddynt. Cefais waith i fy nhad ar y priffyrdd. Fo fyddai'n edrych ar ôl y gwrychynnod a phlannu planhigion a choed a rhyw bethau felly. Fu Mam byth yr un fath ar ôl gadael Llwynysgaw.

Gadawodd y bennod ddiflas hon argraff ddofn arnaf. Yn ystod y cyfnod hwn, cymerais ychydig ddyddiau o'm gwaith yn y Cyngor Sir i fynd i sioe fawr Chelsea. Daeth Gwenda gyda mi a chawsom weld am y tro cyntaf y ddarpariaeth wych oedd yno gan dyfwyr mwya'r wlad. Wrth gerdded o gwmpas y babell lysiau, fe'm synnwyd gan mor uchel y safon ac o'r diwrnod hwnnw plannwyd hedyn syniad yn fy mhen. Cofiais am yr hadau bach, y mwstard, y rhuddygl a'r berwr a roddodd Nhad i mi'n blentyn. Roeddwn am ddangos iddo, am ennyn balchder ynddo, a phrofi iddo na fu ei holl waith caled yn ofer. Roeddwn yn benderfynol y byddai gan fy rhieni reswm i ymhyfrydu, i fod yn falch, i godi'u pennau'n uchel. Roeddwn i am roi gwobr well iddynt na photel sieri. Roedd gen i un uchelgais fawr. Roeddwn i eisiau arddangos ac ennill yn Chelsea ryw ddiwrnod.

Hysbys y dengys y dyn
o ba radd y bo'i wreiddyn

Pe bai'n rhaid i mi ddewis fy hoff dymor mae'n rhaid i mi gyfaddef fy mod i'n hoff iawn o'r hydref. Mae'r gwanwyn hefyd yn braf, y deffro wedi'r gaeaf. Dydw i ddim yn or-hoff o'r haf. Mae'n gas gen i dywydd poeth gan ei fod yn golygu gwaith dyfrio di-ben-draw a dyna orchwyl diflas ydy hwnnw, ond mae'n rhywbeth sydd yn rhaid ei wneud. Byddaf yn hoff iawn o'r hydref wrth gynhaeafu hadau, glanhau hadau a'u sychu nhw a sbio ymlaen at y flwyddyn nesa, gan gynllunio pa sioeau ydan ni am gymryd rhan ynddyn nhw. Rydw i'n un am sbio ymlaen yn fwy nag yn ôl, ac wrth fynd yn hŷn mae hynny'n bwysig. Dyna beth sy'n dda mewn garddio dyna pam mae yna amryw o arddwyr yn byw i oed da achos dydyn nhw byth yn rhoi'r gorau iddi hi, maen nhw'n sbio ymlaen o hyd. Mae'r ffaith eu bod nhw'n cynllunio at y flwyddyn nesa yn eu gyrru nhw ymlaen. Os nad oes gennych rywbeth i edrych ymlaen ato beth arall wnewch chi? Yr unig beth fydd gennych i edrych ymlaen ato fydd eich bocs. A does 'na neb eisiau meddwl am hwnnw, yn nagoes?

Mae sawl un wedi gofyn i mi pryd mae fy mlwyddyn arddio i'n dechrau. Does yna ddim ateb hawdd i'r cwestiwn hwnnw. Rydan ni'n ôl yn y dechrau gyda'r cwestiwn, pa un ddaeth gyntaf, yr iâr ynteu'r wy? Oes yna ddechrau neu ddiwedd i flwyddyn o safbwynt yr ardd? Ers arddangos mewn sioeau mawrion, mae hi wedi mynd rŵan fel ei bod hi'n gweu ei hun o gwmpas y flwyddyn gron bron iawn. Mae'n siŵr gen i, erbyn heddiw, mai dechrau'r flwyddyn i mi ydy canol i ddiwedd mis Hydref pan ydan ni'n dechrau lluosogi'r cennin. Ac mae hwnnw ynddo fo'i hun yn bwnc difyr gan fod llawer yn meddwl bod y cennin rydw i wedi eu tyfu sydd ar fwrdd sioe wedi eu tyfu allan o hadau. Ond dydyn nhw ddim. Nid o had maen nhw wedi dod.

Rydan ni'n cael y cennin o'r hyn rydan ni'n ei alw'n *bulbils*. Mae pobl gogledd-orllewin Lloegr yn eu galw nhw'n *pips* neu *grass*; pobl sy'n tyfu cennin potiau ydy'r rhain, y cennin bach byr fel troed eliffant. Y dull y byddaf i'n ei ddefnyddio ydy cadw cennin eleni, ac wedyn pan ddaw hi'n adeg sioeau, dyweder tua mis Awst, pan ddof adre o'r sioe efo cennin, byddaf yn torri'r genhinen gan adael dim ond pum modfedd o'i gwaelod hi'n weddill. Mae Gwenda'n cael y darn uchaf i'w baratoi i'w fwyta ac mi fydda innau'n torri'r gwraidd i ffwrdd. Fydda i ddim yn torri'r *root plate*, dim ond trimio'r gwraidd i ffwrdd. Yna byddaf yn rhoi cyllell i lawr yr ochr, tynnu tri neu bedwar plyg o'r coesyn, nes ei bod hi wedi dod i'r un

Nionod mawr yn cynhyrchu had, gorchuddir y pen efo bagiau papur rhag i ni golli'r had

tewdra â'r *root plate* ei hun. Ar ôl eu tynnu i lawr i hynny, byddaf yn eu plannu mewn pot o gompost, compost di-bridd, a'u rhoi nhw'n unigol mewn potiau saith modfedd. Eu gadael nhw wedyn mewn tŷ gwydr oer dros y gaeaf ac ymhen hir a hwyr, ac mae hyn yn digwydd tua mis Medi, bydd tyfiant gwyrdd yn dod o ganol y cennin. Erbyn y gwanwyn daw dail gwyrdd a blaen pen blodyn ar ôl iddynt ailwreiddio. Llysieuyn eilflwydd ydy'r genhinen, hynny ydy, mae'n tyfu eleni ac yn mynd i had flwyddyn nesa. A dyna'r bwriad, sef hybu'r cennin i fynd i had.

Gellir gwneud hyn wrth gwrs heb fynd drwy'r broses yna sef drwy blannu cennin yn yr ardd a'u gadael ond buaswn i eisiau cael cysgod iddynt. Gall y pen fod hyd at tua thair, bedair troedfedd o uchder. Pan fo'r pen yn agor a mynd yn flodyn, o'i adael i natur, gwnaiff y blodyn yna setio. Bydd hadau arno a bydd yn cau, ac fe aeddfeda'r hadau y tu mewn iddo ac mae'n ailagor eto. Wrth iddo grebachu a sychu fe welir hadau duon y tu mewn iddo. Tasech chi'n gadael llonydd iddo buasai'r hadyn yn disgyn i'r ddaear gan adael i natur ailgychwyn y cylch. Dyna ffordd naturiol bywyd. Mae pethau'n blodeuo, maen nhw'n disgyn had ac yna'n ailgychwyn.

Yr hyn rydan ni'n ei wneud fel dangoswyr, unwaith mae'r planhigyn wedi blodeuo, ydy ei nadu o rhag gwneud yr had. Gwneir hyn trwy gymryd siswrn, neu gyllell finiog, a thorri pob un blodyn i ffwrdd, eu torri nhw i gyd fel mai dim ond y lwmp sydd ar ôl yn y canol a phigau bychain lle roedd y coesau blodau. Mewn mater o bythefnos, mae'r planhigyn yna wedi cael cymaint o sioc, mae'n tybio ei fod am farw ac na all gario ei dylwyth ymlaen. Yr hyn mae'n ei wneud ydy gwthio'r cennin allan o'r pen fel tyfiant. Mae'n tyfu wedyn fel brwsh gwyrdd a gall dyfu rŵan tua thair neu bedair modfedd.

Weithiau caf ymhell dros gant o'r rhain, y cennin bach bach yn tyfu ar y pen. Pan ddaw hi i tua chanol mis Hydref, byddaf yn torri'r pen i ffwrdd, yn mynd â nhw i'r tŷ gwydr ac wedyn pilio'r cennin bach yma oddi wrth y pen achos bydd yna *root plate* ar bob un. Toriad tyfiannol o'r fam ydy'r rhain mewn gwirionedd. Bydd pob un genhinen sydd wedi dod oddi ar y pen yna'r un fath yn union â'r fam genhinen y rhoesom ni i lawr. Mae'n hollbwysig ein bod ni'n rhoi cennin i lawr sydd efo'r siâp a'r ffurf a'r rhinweddau gorau posib; os na wneir hyn caiff effaith ar y tylwyth ddaw wedyn. Byddwn yn pricio'r rhain i gyd allan a thrwy hynny byddwn yn cael y fantais bod pob un 'run fath. Mae'r cennin yn cychwyn rhyw dair

Trawsblannu planhigion nionod ifanc

modfedd o uchder ac mae yna fwy o nerth ynddynt. Tasech chi'n cychwyn o had, buasai'n cymryd tair wythnos i egino, wythnos wedyn i sefydlu, ac efallai yn cymryd mis i ddod i faint da, ac felly mae rhywun yn ennill amser drwy wneud yn y dull hwn. A dyna sut rydan ni'n eu cychwyn nhw. Mae'r broses yna i gyd yn dechrau yn ôl ym mis Hydref pan ydan ni'n cychwyn gwreiddio'r *pips*. Rydan ni'n gwneud rhai cannoedd o'r rheiny. Rydan ni'n eu gwerthu nhw fel cennin bychan yn eu gwraidd. Dyna ran fawr o'n busnes ni rŵan.

Efo busnes Medwyn's of Anglesey, byddwn yn gweithio ar y catalog ddiwedd Awst, gan drio'i gael o i'r argraffwyr ganol mis Medi fan bellaf. Rydan ni wrthi fel lladd nadredd yn ceisio darganfod yr hyn sy'n newydd, yr hyn rydan ni eisiau ei roi yn y catalog, yr hyn sydd wedi darfod a'r hyn nad yw'n gwerthu ac yn y blaen. Rydan ni'n trio cael y catalog allan i'r cwsmeriaid erbyn diwedd mis Medi. O fis Hydref ymlaen, mae'n mynd yn ras wyllt o ran gwerthu a dosbarthu'r hadau tan tua mis Mawrth.

Mae'n siŵr nad ydw i, wrth fynd yn hŷn, yn dal i fod cweit yr un *hungry fighter* ag yr oeddwn i. Mae Alwyn, fy mab, yn ysgwyddo tipyn o'r pwysau rŵan ac mae yntau eisiau symud pethau ymlaen a datblygu. Rydw i'n dal i gael mwynhad o arddio ond mae o wedi mynd yn fwy o fusnes rŵan nag y buaswn i erioed wedi ei ddychmygu. Byddaf yn dweud yn aml pan fyddaf yn rhoi darlith fod hyn yn hobi aeth allan o bob rheolaeth tua phymtheng mlynedd yn ôl. Mae hynny'n ffaith. Dydw i ddim yn gwybod beth ddigwyddith yn y dyfodol ond rydw i'n gweld Alwyn yn mynd â hwn yn fusnes mawr iawn – mae o'n cael pleser fel finnau o'r ardd. Bu yn y fyddin am dros ddwy flynedd ar hugain gan deithio i bob math o wahanol lefydd fel yr Almaen, Gogledd Iwerddon, Canada, Botswana, Irac a Bosnia. Daeth i ddiwedd ei wasanaeth a phan ddaeth yn ôl adre roedd o'n dal i gofio'r cyfnodau pan oedd o'n blentyn yn dod i sioeau efo Nhad a fi. Mae'r diddordeb wedi'i wreiddio'n ddwfn ynddo fo hefyd.

Does gan fy merch, Sharon, ddim cymaint o ddiddordeb er ei bod hithau, fel ei mam, yn ddawnus efo blodau. Aeth i'r coleg garddwriaethol yn Llaneurgain yn 1987 i astudio blodeuwriaeth. Bu â'i bryd ar agor siop flodau ym Mangor ac roeddwn i'n barod i roi help iddi, i'w hybu hi yn ei blaen. Yn anffodus cawsom alwad ffôn yn ein hysbysu bod cymdeithas adeiladu wedi cynnig mwy o arian i rywun arall. Cafodd Sharon siom enfawr a rhoddodd y gorau i'r syniad o gychwyn busnes.

Mae'n debyg bod Alwyn wedi dangos mwy o ddiddordeb gan y byddai'n cael ei lusgo efo fi a Nhad i sioeau. Dyna'r cwbl mae o wedi ei wneud er pan oedd yn blentyn ifanc oedd mynd i ardd Taid neu fynd i fy ngardd i. Roedd garddio o'i gwmpas o ymhobman a siarad am sioeau, sioeau, sioeau rownd y ril. Ar y pryd, roedd rhywun o'r gred mai rhywbeth i ddynion oedd arddangos mewn sioeau, nad oedd o'n addas i ferched. Cymaint mae pethau wedi newid erbyn heddiw, a merched yn cystadlu am y gorau efo dynion.

Pysgota oedd pethau Alwyn pan oedd o'n hogyn ond byddai wrth ei fodd efo'r ardd. Byddai'n gofyn i mi'n blentyn, 'Dad, tisio fi balu'r pridd? a finnau'n ymfalchïo ei fod yn dangos diddordeb ac mor barod i helpu. Byddwn yn rhoi hyn a hyn o bres poced iddo am helpu. Ond yr hyn y byddai Alwyn ei eisiau yn fwy na dim oedd casglu pryfed genwair i fynd i bysgota a'r munud y byddai wedi cael llond bwced, byddai'n diflannu!

Er y diléit pysgota, byddai wrth ei fodd yn dod efo fi i sioeau yn hogyn bach. Rydw i'n ei gofio'n eistedd yn amyneddgar a distaw wrth ochr y bwrdd arddangos, a finnau'n meddwl ei fod o'n hogyn da, ond disgwyl am bres oedd y cena bach. Byddai'r teulu'n dod rownd yn eu hald, yn rhoi rhyw ddeuswllt iddo fo a byddai yntau'n eu rhoi yn ei sanau. Yn rhyfedd ddigon byddai Richard, mab Alwyn, yn gwneud yn union yr un peth pan oedd yntau'n hogyn bach. Y munud y byddai rhywun yn rhoi pres iddo, byddai'n eu cuddio nhw yn ei sanau'n ddiogel.

Mae'n rhyfedd sut mae rhai aelodau o'r teulu'n etifeddu'r un diddordebau a rhai eraill yn dilyn eu trywydd eu hunain. Mae'n codi'r cwestiwn oesol o natur neu fagwraeth. Cyfarfu Alwyn â'i wraig, Alina, y tu ôl i senotaff Gorymdaith y Marchlu adeg ail ymarfer Gorymdaith y Frenhines yn 1991. Ganwyd efeilliaid iddynt yn ysbyty Altnagelvin yn Ninas Deri ar 3 Rhagfyr 1992. Rhoddwyd yr enw Owain Richard ar un efaill er cof am fy nhad a'r enw Richard Gwilym ar yr efaill arall er cof am dad Gwenda gan mai Richard oedd enw'r ddau hen-daid – Owain rydyn ni'n galw un a Richard yw'r enw ar y llall. Mae'n rhaid bod efeilliaid yn y gennynau yn rhywle, gan fod fy mam innau'n un o efeilliaid. Ganwyd merch i Alwyn ac Alina wedyn, sef Bethan, yn Ballymoney ar 22 Rhagfyr 1993. Mae Owain yn bendant wedi etifeddu'r hoffter o arddio. Mae Richard yn hollol wahanol i Owain, does ganddo yntau ddim oll i'w ddweud wrth arddio, mae Richard wrth ei fodd yn mynd i'r *gym* ac â'i fryd ar ddod yn un o ddynion cryfa'r byd! Dydy pawb ddim yn gwirioni 'run fath, nacdyn? Peth da yw hynny hefyd.

Pan oeddwn i'n rheolwr ar y dynion yn yr adran briffyrdd gyda'r cyngor yn y swyddfa yn Llandygái, deuthum i adnabod Ken Jones neu Ken Bryn fel y'i gelwid. Fo oedd un o'r gweithwyr ar y tractor. Byddai'n dod ataf i'r gwaith am sgwrs a buan iawn y darganfûm ei fod yn arddwr a'i fod yn tyfu pob math o lysiau ar ei gae yn Llanllechid. Es i weld ei gae a dywedodd wrthyf y cawn dyfu blodfresych fy hun yno pe tawn eisiau. Bu'n garedig iawn wrthyf drwy fenthyg rhes neu ddwy o dir i mi. Byddwn yn tyfu'r blodfresych a'u rhoi mewn potiau, rhyw ddau, dri chant efallai, wedyn amser plannu byddwn yn mynd i le Ken. Y fargen a wnaed rhyngom oedd fy mod i'n cael yr hyn roeddwn i ei eisiau ar gyfer sioe ac unrhyw beth oedd yn sbâr, roedd o'n cael ei werthu fo.

Byddem yn tyfu blodfresych da yna. Dydw i ddim yn gwybod sut gan mai cae o lechi oedd o mewn gwirionedd. Ond roedd Ken yn adnabod ei dir ac yn medru'i drin o'n iawn. Byddai'n cael y gorau allan ohono gan wybod beth i'w roi fel bwyd i'r pridd. Ond pe byddai'n haf sych, byddai'n broblem cael dŵr. Rydw i'n cofio un tro cael benthyg *bowser* dŵr o Landygái a Ken yn mynd â fo adref efo tractor a'i lenwi â dŵr. Roedd y cae ar echel a byddai Ken yn mynd â'r dŵr i dop y cae, agor y tap ac wedyn ei symud dipyn bach fel bod y dŵr yn rhedeg lawr y rhesi. Arbedodd hynny'r dydd. Un fantais i'r cae oedd ei fod dros fil o droedfeddi uwchben y môr. Doedd dim llawer o bryfetach yna ac felly roedden ni a'r blodfresych yn cael llonydd go lew.

Byddem yn mynd i gae Ken ar ambell nos Sul, efo'r três o botiau blodfresych. Rydw i'n cofio Alwyn a'r efeilliaid yn dod efo fi i roi help i mi. Y munud y cyrhaeddwn y cae byddwn yn gwneud twll a mynd ar hyd y rhes, a byddai Owain yn dod ar fy ôl i helpu i gau'r rhesi. Byddai Richard, yr efaill arall, yn eistedd ar ei ben-ôl yn cnoi gwair ar ben y rhes. Doedd y diddordeb ddim ynddo fo o'r dechrau ac felly mae hi wedi bod. Fedrwch chi ddim gorfodi eich diddordebau chi ar rywun arall. Rydw i'n meddwl ei fod o'n rhywbeth sydd ynddoch chi, yn eich genynnau yn rhywle. Mae'n rhaid bod gennych chi hefyd yr awydd angerddol i weithio efo natur ac i gwffio yn ei herbyn er mwyn ceisio anelu at berffeithrwydd, er eich bod yn gwybod bod hynny'n rhywbeth na fedrwch chi byth ei gyflawni. Dyna fydda i'n ei ddweud yn fy nghatalog hadau, 'I strive for

perfection, but settle for excellence.' Ond dydy hynny ddim digon da gan Gwenda, Mae hi'n fy ngwthio o hyd i drio cael fy mwrdd arddangos mor agos at berffeithrwydd ag sydd bosib.

Gall pob math o anawsterau godi wrth geisio tyfu llysiau, yn enwedig wrth geisio'u tyfu ar gyfer eu harddangos. Rydw i'n cofio codi un bore Sadwrn, agor y llenni, a gweld cwningen yn yr ardd. Roedd hi tua dechrau mis Mai, a'r moron yn tyfu'n braf, yn barod ar gyfer sioe. Doeddwn i erioed wedi cael cwningen yn yr ardd o'r blaen. Allan â fi yn fy mhyjamas mewn cyfyng gyngor sut oeddwn i'n mynd i'w dal hi. Dyma gael gafael ar focs cardbord go drwm. Roeddwn i ryw dair llath oddi wrthi hi. Roedd hi'n ddof iawn ac roeddwn i'n barod i luchio'r bocs drosti. Es yn nes ati hi, a dyma hi'n sgrialu. Dyma fi i'r tŷ. Roedd gan Alwyn wn slygiau *pump-action*, ond doedd gen i ddim slygiau. Gwyddwn fod fy ffrind, Jim, yn mynd i Fangor y diwrnod hwnnw. Gofynnais iddo ddod â bocs o slygiau yn ôl i mi – rhai dwbl. Daeth Jim â nhw acw ar ei ffordd o Fangor. Dyma fynd â'r gwn i lawr a'i roi yn y tŷ gwydr efo'r slygiau. Es yn ol i'r tŷ i wylio'r teledu. Byddwn yn codi bob hyn a hyn i edrych drwy'r ffenest. Ymhen hir a hwyr fe'i gwelais i hi. Lawr â fi i waelod yr ardd ar flaenau fy nhraed a chodi'r gwn â chlec. Arglwydd, mi gododd y gwningen i'r awyr! Roeddwn i'n swp sâl. Wyddwn i ddim beth i'w wneud ac roeddwn i'n ysgwyd i gyd. Es i'r tŷ i nôl bag bin du, gafael yn y gwningen a'i rhoi ynddo. Arglwydd, dyma hi'n disgyn allan ohono fo! Roeddwn i'n meddwl ei bod hi'n fyw. Roeddwn i wedi dychryn am fy hoedl. Ond wedi gweld, roedd yna dwll yng ngwaelod y bag – doedd hi ddim yn fyw. Y ddilema nesaf oedd beth oeddwn i'n mynd i'w wneud â chorff y gwningen? Es â hi yn y car, ar hyd lôn Penmynydd. Gafaelais yn y bag a'i lluchio i ganol cae ac adref a fi wedi cynhyrfu'n lân.

Y bore Sul canlynol, roeddwn i yn yr eglwys, ac ar ddiwedd y gwasanaeth, a minnau ar fy ffordd allan, dyma wraig yn dod ata i, 'I tell you what, my daughter has lost her pet rabbit. You haven't seen it, have you?' Roeddwn newydd ddod allan o dŷ Duw a dywedais gelwyddau. 'Naddo wir,' meddwn innau. 'Os gwela i hi, mi adawa i chi wybod.' Ond roedd hi'n fater o'r gwningen neu fy llysiau i. A'r llysiau sy'n curo bob tro!

<hr />

Teulu'r allium

5

A HEUIR A FEDIR

BEIRNIADU

Arweiniodd fy ymweliad â'r sioe yn Amwythig gyda Nhad nid yn unig i mi ymaelodi â'r Gymdeithas Lysiau Cenedlaethol (NVS) ond hefyd i gystadlu ym mron pob un o bencampwriaethau'r gymdeithas. Bu'r ymweliad hwnnw â'r sioe yn Amwythig yn ysbrydoliaeth fawr i mi. Ar ôl magu profiad a hyder, penderfynais, rai blynyddoedd yn ddiweddarach, ymuno â phwyllgor cangen y gogledd o'r gymdeithas. Byddai'r gangen yn cyfarfod yr adeg hynny yn Neuadd Milton ym Manceinion. Byddwn i'n teithio i'r pwyllgorau yno ar ddydd Sadwrn ar fy nghostau fy hun. Doedd yna ddim cangen yng Nghymru bryd hynny. O dipyn i beth darganfûm fod y gymdeithas lysiau yma'n cynnig arholiadau ar gyfer beirniadu. Roeddwn erbyn hynny, wedi magu digon o brofiad fel garddwr ac fel arddangoswr mewn sioeau i gysidro'r elfen feirniadu. Roedd o'n arholiad ymarferol a theori.

Es yno un bore Sadwrn, a chael fy ngosod fel plentyn bach mewn ysgol i eistedd y tu ôl i ddesg a goruchwyliwr yn sefyll o'm blaen. Rhoddwyd y papurau arholi ar y ddesg ac roedd gen i a'r rhai eraill oedd yn sefyll yr arholiad, ddwy awr i ateb y cwestiynau. Ar ôl hynny, bu'n rhaid mynd i ystafell arall lle roedd yna sioe smal wedi ei gosod allan yn fyrddau o ddosbarthiadau o wahanol lysiau. Bydden nhw'n trio rhoi rhyw bedwar ym mhob dosbarth. Byddai yna bedwar plât o datw, pedwar plât o fitrwt ac yn y blaen. Roedd dau feirniad profiadol yno, a'r drefn oedd y bydden nhw wedi beirniadu'r platiau o flaen llaw, gan farnu pa blât oedd yn haeddu'r wobr gyntaf ym mhob dosbarth. Ein tasg ni wedyn oedd ceisio gwobrwyo'r un fath â'r beirniaid profiadol.

Pasiais y tro cyntaf ac roeddwn i'n hynod o falch o gael tystysgrif i'm cymhwyso fel beirniad. Agorodd hynny ddrysau i mi feirniadu llu o sioeau bach i gychwyn, sioeau fel rhai Bethesda a Phen-y-groes. Ers hynny, rydw i wedi beirniadu bron iawn bob un sioe leol cyn cael fy nyrchafu flynyddoedd yn ddiweddarach i sioeau mawrion. Deuthum yn gadeirydd y Gymdeithas Lysiau am y cyfnod hiraf erioed hyd yma, a hynny o 1998 hyd at 2011.

Mae rheolau pendant i lynu wrthynt wrth feirniadu. Mae gan bob llysieuyn bwyntiau. Y cyfanswm mwyaf posib o bwyntiau i lysiau ydy ugain pwynt. Rhoddir yr ugain pwynt yna am ba mor anodd ydy hi

i dyfu'r sbesimen perffaith. Y ffaith amdani ydy nad oes y fath beth â sbesimen perffaith. Dydw i erioed wedi rhoi marciau llawn i lysieuyn yn fy mywyd achos mae hynny'n amhosib ac mae'n amheus gen i a oes yna rywun arall wedi gwneud chwaith.

Mae helogan, tatw, cennin a nionod mawr yn llysiau sy'n anodd eu tyfu i safon uchel ac felly rhoddir marciau allan o ugain iddynt. Nodir pymtheg pwynt fel nod i ymgyrraedd ato ar gyfer tyfu nionod bach a deg pwynt i letys ac yn blaen am eu bod yn haws i'w tyfu. Ceir pedair adran o fewn yr ugain pwynt, sef: cyflwr, maint, unffurfiaeth a siâp. Mae'n faes difyr ac yn faes sydd wedi ei brofi dros flynyddoedd. Merched sy'n gyfrifol am ddod â'r system hon o feirniadu i fodolaeth. Ers talwm gyrrwyd merched allan i siopa gan ofyn iddynt ddod â llysiau y bydden nhw'n hoffi eu coginio yn ôl i'r gegin. Mae hyn, wrth gwrs, yn seiliedig ar yr hyn rydan ni'n ei fwyta. Mae pobl yn tueddu i gredu nad ydy llysiau a dyfir yn arbennig ar gyfer sioe o anghenraid yn dda i'w bwyta. Ond maen nhw'n bell, bell ohoni. Y ffaith ydy eu bod nhw'n llawer gwell na'r hyn fedrwch chi ei brynu mewn siop gan eu bod wedi cael y fath ofal a chariad gan y tyfwr. Maen nhw wedi cael eu tynnu o'r ddaear pan maen nhw'n ffres ac ar eu gorau.

Pan ddaeth y merched yn ôl a dangos taten, y daten ddelfrydol oedd un oedd yn ffitio yn eu llaw. Doedden nhw ddim eisiau lwmp o daten fawr a doedden nhw ddim eisiau taten fach fel marblen chwaith. Eu hangen

Y dyddiau cynnar a finnau mor falch o fy nionod mawr

oedd cael taten iawn, rhyw dair, bedair modfedd o hyd, lled cledr eu llaw. Doedd y merched ddim eisiau llygaid dwfn yn y daten chwaith. Mae'n well cael llygad ar wyneb y daten fel nad ydy hi'n cael ei phlicio i ffwrdd a difetha'r startsh. Yr un fath efo cyflwr; dydy'r sawl sy'n coginio ddim eisiau lympiau yn y daten gan beri iddi fod yn ddi-siap. Dydy rhywun ddim eisiau hen grachod mewn taten ychwaith, a dyna ydy gofynion y gystadleuaeth mewn gwirionedd; cyflwr, maint, unffurfiaeth a siâp. Yn ddelfrydol, buasai unrhyw gogydd yn dewis llond hambwrdd o datws union yr un fath. Mae'n gwneud synnwyr a dyna sut y datblygwyd y system bwyntiau gyda chystadlu.

Tydy'r beirniaid ddim yn blasu'r llysiau; nid siop bwtshar ydy hi lle torrir y cynnyrch yn ddarnau i'w trio. Daw'r blas yn sgil y cyflwr ac felly mae cyflwr y llysieuyn o'r pwys mwyaf. Rhaid i'r llysiau gael eu codi cyn hwyred â phosib a'u dangos ar y bwrdd yn berffaith ffres. Gall y beirniaid farnu hynny wrth edrych ar y llysieuyn a'i deimlo. Mae helogan ar gyfer sioe, er enghraifft, yn fawr a chanddi lawer o goesynnau. Wrth afael ynddi, mae'n clecian yn eich llaw ac felly mae hi i fod. Os prynwch chi helogan ac mae hi fel rwber yn eich llaw, wel, pwff! Rhowch hi 'nôl. Mae hi'n hen! Mae gan natur ei ffordd ei hun o ddangos i bobl, os ydy pobl ddigon craff i edrych. Pan mae pysen yn ffres ar y goden, neu'n tyfu ar y gangen, mae yna wawr las arni fel cewch chi ar rawnwin. Pan mae'r bysen yn dechrau heneiddio, mae'n dechrau crebachu ac mae'r wawr las yn dechrau mynd oddi arni – dengys hyn fod y bysen yn hen. Ceir yr un nodweddion gyda chiwcymbr. Os gafaelwch chi ym mlaen trwyn ciwcymbr a chanfod ei fod yn feddal, yna rydych yn gwybod ei fod wedi bod oddi ar y goeden ers tipyn ac mae'n arwydd da os gwelir *courgette* a thipyn o flodyn arno fo, gan ei fod yn brawf ei fod o'n ffres.

Rydw i'n mwynhau beirniadu a chystadlu am fy mod i'n licio'r elfen o gystadleuaeth. Wrth fynd yn hŷn, mae'n debyg fy mod i'n mwynhau'r beirniadu fwyfwy. Mae o'n llai o bwysau, yn llai o waith caled. Wedi dweud hynny, rhaid bod yn gwbl gydwybodol wrth feirniadu. Mewn sioe genedlaethol, gall y cynnyrch fod wedi dod o bob cwr, a garddwr o'r Alban yn cystadlu yn erbyn garddwr o dde Lloegr neu o Gymru. Maen nhw i gyd o'r safon uchaf ac mae'n fraint cael gweld a gafael yn y llysiau sydd wedi cael y fath ofal a neb arall ond y garddwr wedi eu cyffwrdd o'ch blaen chi. Dydy enwau'r cystadleuwyr ddim yn wybyddus; y cwbl y mae'r beirniad yn ei gael ydy cerdyn ac ar y cerdyn mae rhif y gystadleuaeth, rhif y dosbarth a rhif y dangoswr. Mae'r rhif yna'n cyfateb yn y llyfr efo enwau'r cystadleuwyr. Dydw i fel beirniad ddim hyd yn oed yn gwybod beth sydd yn y llyfr.

Cychwyn o'i chwr hi fydda i wrth feirniadu, gafael yn y daflen a chychwyn gyda'r rhif cyntaf. Byddaf yn cerdded o gwmpas yr ystafell yn hamddenol i ddechrau gan sugno'r hyn a welaf i mewn – dyma'r argraff gyntaf pan ydw i'n ceisio gosod y safon. Fel arfer mae'r ystafell arddangos yn wag ar gyfer y beirniadu, a dim ond yr ysgrifennydd a'r cadeirydd sydd yno. Gyda'r pencampwriaethau cenedlaethol bydd yno ryw chwe beirniad. Weithiau bydd yna ddegau o ymgeiswyr, ac wedyn mae'n dipyn o waith didoli'r safon. Rhaid setlo, bwrw iddi a pheidio â phanicio, peidio â chael eich gorlethu gan y dasg o'ch blaen a bod â digon o ffydd a hyder ynoch chi eich hun i ddygymod â'r gwaith.

Mae pob dangoswr am geisio arddangos ei waith mewn cyflwr mor ffres â phosib. Y peth diwethaf wna'r ymgeisydd cyn y daw'r beirniad i'r ystafell fel arfer ydy gosod y llysiau, dyweder y moron, a sicrhau eu bod yn wynebu'r ffordd orau ar gyfer y beirniad. Mae'n syniad chwistrellu mymryn o ddŵr ysgafn y munud olaf fel bod y moron yn ymddangos yn llaith yn hytrach nag yn sych, rhoi papur cegin a mymryn o ddŵr eto oddi tanynt i gadw'r olwg ffres arnynt. Ar ôl i'r dangoswyr glirio'r ystafell, daw'r stiwardiaid o gwmpas yr ystafell efo bag bin a thynnu unrhyw bapurau neu hen dyweli. Pan fydda i'n beirniadu, byddaf yn gwneud pwynt o beidio â beirniadu'r moron gyntaf, oherwydd pan mae moron yn wlyb, tydy'r marciau a'r sgriffiadau ddim i'w gweld. Efallai ei bod hi'n hen foronen wan wedi cael ei rhwbio efo sbwng. Fedrwch chi ddim gweld y gwendidau yma pan mae'r foronen yn wlyb. Mae hi'n hawdd iawn i feirniad wneud camgymeriad a rhoi'r wobr anghywir. Ar ôl bod o gwmpas yr arddangosfa, byddaf yn gadael oddeutu chwarter awr, hanner awr weithiau, cyn mynd o gwmpas eto. Mae'n hawdd gwneud camgymeriad a thrwy hynny wneud cam â'r dangoswr. Pwy feddyliai fod beirniadu'n broses mor gymhleth?

Weithiau gall beirniaid anghydweld. Mae'r NVS fel arfer yn beirniadu mewn timau o ddau. Gall un beirniad fod yn uchel ei gloch gan lethu ei gydfeirniad. Yn Sioe Fawr yr Hydref yn Llundain, ceir oddeutu wyth beirniad a fi ydy'r canolwr drostynt. Fy swyddogaeth i fel canolwr ydy sicrhau bod y dosbarthiadau'n iawn, a fi fydd yn dewis pa feirniaid fydd yn cydweithio â'i gilydd. Byddaf yn gwybod i raddau pa rai ydy'r beirniaid gorau o brofiad o'u gweld nhw wrthi. Byddaf yn gosod y rheiny fel arfer yn y dosbarthiadau mwyaf anodd, ac wedyn yn gadael llonydd iddyn nhw fynd ymlaen efo'r gwaith. Wedi iddynt wneud dosbarth neu ddau, af o gwmpas i edrych ar eu canlyniadau. Naw gwaith allan o ddeg maen nhw'n ei chael hi'n iawn.

Rydw i'n cofio mynd o gwmpas arddangosfa fel canolwr rai blynyddoedd yn ôl, a gweld bod yna rywbeth o'i le. Roedd yna bâr o flodfresych yn y dosbarth, ond doedd dim synnwyr bod y rhai y dyfarnwyd y wobr gyntaf iddyn nhw'n haeddu'r wobr gyntaf; doedd yna ddim cysondeb a dim unffurfiaeth rhwng y ddwy flodfresychen. Roedd un yn llai na'r llall, doedd hi ddim mor wyn â'i phartner ac wedyn roedd gen i'r hawl i alw'r beirniaid yn ôl cyn i'r cyhoedd ddod i mewn, cyn i'r penderfyniad olaf gael ei wneud. Dyma nhw'n dod yn ôl a dyma fi'n gofyn iddyn nhw edrych yn fanwl eto ar y pâr o flodfresych. Cytunwyd rhyngom fod y beirniaid wedi methu â sylwi ar y gwendid. Mae'n hawdd gwneud llanast wrth feirniadu, ac mae'n bwysig yn fy nhyb i fod canolwr yno i wirio rhai penderfyniadau. Gall pob un ohonom wneud camgymeriadau; bodau dynol ydym i gyd. O dan bwysau sioeau mawrion gall camgymeriadau ddigwydd. Rydw i'n credu bod yr RHS wedi cymryd cam doeth iawn o ddefnyddio canolwyr, yn enwedig pan fo cymaint yn y fantol.

Rydw i wedi beirniadu dosbarthiadau yn sioeau'r Roial Welsh ac yn Chelsea fwy nag unwaith yn ogystal â Tatton Park, Hampton Court a'r Birmingham NEC. Yr unig sioe nad ydw i wedi cael gwahoddiad i feirniadu ynddi hyd yma yn rhyfedd iawn ydy Sioe Môn. Buaswn wrth fy modd yn cael beirniadu yn honno gan mai yn fanno y cychwynnodd y cyfan mewn gwirionedd.

AGOR Y DRWS I CHELSEA

Ganol i ddiwedd yr wythdegau roedd Nhad a finnau yn Sioe Môn yn gosod casgliad o lysiau, naw o bob math. Wedi i ni eu gosod, daeth gŵr ataf a gofyn, 'Medwyn Williams 'dach chi?' Cyflwynodd y gŵr ei hun i mi fel David Walters, Prif Weithredwr Sioe Amaethyddol Cymru yn Llanelwedd. Gofynnodd i mi a fuasai gen i ddiddordeb rhoi arddangosfa lysiau yn y Roial Welsh. Roeddwn i wedi dychryn. Gofynnais iddo ai arddangosfa debyg i'r un oedd gen i yn Sioe Môn oedd ganddo mewn golwg. Arddangosfa o ryw bedair i chwe throedfedd o led oedd honno. 'O na. Pymtheg troedfedd o led,' atebodd yntau. Roeddwn i wedi dechrau chwysu'n barod. Gwyddwn fod Sioe Llanelwedd yn ystod mis Gorffennaf, ac roedd hynny cyn Sioe Môn. Cynigiodd dalu fy nghostau i fynd i Lanelwedd. Cytunais i gysidro'r cynnig. Dyma fynd adre'r noson honno, rhoi pin ar bapur a thrio gweithio allan beth yn union fedrwn i ei dyfu erbyn mis Gorffennaf. Ond er y chwysu, gwyddwn fy mod yn barod ac yn awchu am yr her.

Cefais bwt bach o ardd gan Mrs Burrows, Wern Gethin yn Llanfair-pwll er mwyn ceisio ehangu ar y posibiliadau tyfu. Bu Nhad o gymorth amhrisiadwy i mi wrth baratoi a cheisio tyfu llysiau ar gyfer eu harddangos yn Llanelwedd. 1987 oedd y flwyddyn gyntaf i mi gystadlu yn y Roial Welsh. Ddaeth Nhad ddim efo fi i Lanelwedd. Toedd o fawr o drafeiliwr – dyn ei filltir sgwâr oedd o. Dyma fynd amdani a gweithio'n hynod o galed. Doedd gen i fawr o syniad am gymhlethdodau paratoi ar gyfer sioe fawr fel hon, heb sôn am deithio a chario'r llysiau gryn bellter o Sir Fôn i waelodion Powys. Roedd rhaid ystyried y labeli, cofio'r cadachau du, y bocsys a gadwai'r holl lysiau, a cheisio cadw'r llysiau i gyd yn ffres ar yr un pryd. Dydy pobl ddim yn sylweddoli'n aml iawn, y munud rydw i'n torri pysen neu godi moronen neu dynnu letysen ei bod hi'n marw o'r munud hwnnw ymlaen. Yn aml iawn, rydw i'n sefyll o flaen yr arddangosfa'n ceisio cadw pob dim mor ffres â phosib, fel ymgymerwr angladdau o flaen cyrff.

Wnaeth Gwenda a finnau ddim gadael Sir Fôn tan yn hwyr ar y nos Sadwrn, ac felly doedd gennym ni ond y dydd Sul i gael trefn ar bethau. Roedd y beirniadu'n digwydd ar y dydd Llun. Roedd hi'n berfeddion nos Sul arnom yn ceisio darfod popeth, dim ond y ddau ohonon ni. Bu'r ymdrech yn werth chweil. Cawsom y fedal aur fawr. Mae yna rai sioeau'n cyflwyno medal aur fawr yn ogystal â medal aur. Buom yn cystadlu yno am bum mlynedd yn olynol ac ennill y fedal aur fawr bob tro yn ogystal â gwobr am ddangosiad gorau'r sioe. Roedd ennill y fedal aur fawr gyntaf yn garreg filltir a finnau'n gweld y drws i Chelsea'n agor fymryn.

Oeddwn, roeddwn i'n dal i fod â'm bryd ar arddangos yn Chelsea. Dyma'r freuddwyd oedd yn fy ngyrru i ddal ati. Chewch chi ddim gwneud cais i fynd i Chelsea fel tasech chi'n mynd i sioe arall fel Sioe Môn er enghraifft. Rhaid i chi brofi i'r RHS eich bod chi'n gallu rhoi arddangosfa sydd o safon deilwng i'r sioe bwysicaf, y sioe fwyaf mawreddog yn y byd.

Ceisiais bob sut. Gyrrais luniau atyn nhw am ymron i bum mlynedd. Steven Bennet oedd rheolwr sioeau'r RHS bryd hynny ac roeddwn yn ei adnabod yn bur dda; ond gwrthododd i mi arddangos yn Chelsea. Roedd rhaid i mi fwrw fy mhrentisiaeth fel pawb arall a mynd i'r sioeau eraill oedd yn cael eu cynnal gan yr RHS.

Yr RHS ydy'r corff llywodraethol i arddwriaeth drwy'r byd. Elusen ydy'r RHS a'i nod yw hybu garddio i'r cyhoedd yn gyffredinol gan roi pwyslais yn ddiweddar ar annog plant mewn ysgolion i ymddiddori mewn garddio. Tymor yr haf ydy tymor y sioeau'n draddodiadol, ond gall y sioeau mawr gael eu cynnal unrhyw adeg. Mae sioe fawr RHS Caerdydd ym mis Ebrill, yna Sioe Wanwyn Malvern, wedyn Chelsea, wedyn Hampton Court, wedyn Tatton a Sioe Hydref Malvern i gloi. Mewn cystadlaethau i'r garddwr cyffredin i ddangos ei dair moronen neu beth bynnag, mae'r rhan fwyaf o'r sioeau hynny'n dechrau o fis Awst ymlaen i tua diwedd mis Medi. Mae rhai'n mynd drwodd i'r Hydref.

Ffenestr siop yr RHS ydy Sioe Chelsea. Datblygwyd sioeau eraill ganddynt yn sgil Chelsea. Hampton Court ydy'r sioe arddwriaethol fwyaf yn y byd. Mae hi'n fwy na Chelsea o ran maint, ond bod Chelsea'n fwy mawreddog. Ar ôl ennill y fedal aur fawr yn Llanelwedd, dyma benderfynu mynd i arddangos yn Hampton Court yn 1996. Roeddwn i'n recordio rhaglen arddio deledu Gymraeg o'r enw *Torchi Llewys* efo Clay Jones a Siân Lloyd yn Hampton Court yr un pryd ag yr oeddwn i'n arddangos yno am y tro cyntaf. Roedd fy arddangosfa wedi cael ei beirniadu a bwriais ymlaen efo'r ffilmio. Pwy ddaeth i sefyll yn fy ymyl ond Steven Bennett, a dyma alwad ffôn yn dod iddo'n holi pwy oedd wedi ennill yr arddangosfa orau, a dyma fo'n dweud, 'The Best Display has gone to Medwyn Williams.' Gofynnais iddo, 'Does that mean a gold?' Dyma fo'n holi ar y ffôn eto, 'Was it a gold medal?' a daeth yr ateb yn gadarnhaol. Roeddwn i ar ben fy nigon a Clay a Siân hefyd, chwarae teg iddynt, yn fy llongyfarch yn wresog. Yr eisin ar y gacen oedd cael ein gwobrwyo â gwobr werthfawr y Tudor Rose, sy'n cael ei chyflwyno'n flynyddol i'r RHS gan Urdd y Brodwyr ym Mhalas Hampton Court am yr arddangosfa orau. Ar ôl hynny roedd y drws ar agor fymryn yn lletach. Roedd Chelsea'n bosibilrwydd gwirioneddol rŵan.

Yr her ar gyfer Chelsea ydy dangos llysiau mis Awst ym mis Mai. I wireddu hyn, gwyddwn y byddai'n rhaid cael lle o ansawdd da i dyfu fy llysiau. Gwyddwn y gallwn dyfu rhai pethau'n gynt yn fy nhwneli 'poly' a'm tai gwydrau, ond gwyddwn yn fy nghalon hefyd, i wneud hyn yn iawn, y buasai'n rhaid i mi gael tŷ gwydr mwy. A diawcs fel digwyddodd hi, roeddwn i'n dod allan o'r eglwys yn Llanfair-pwll rhyw fore Sul, a chychwynnais sgwrs â Charles Ellis. Roedd o'n byw yn y pentref a'r ddau ohonom wedi bod yn canu yng nghôr yr eglwys, ac wedi dod yn dipyn o ffrindiau. Er hynny, wyddwn i ddim beth oedd ei swydd bob dydd ac wrth dynnu sgwrs, dyma ddechrau ei holi. Eglurodd wrthyf mai fo oedd rheolwr tai gwydr sefydliad ymchwil Prifysgol Bangor ym Mhen-y-ffridd, Penrhosgarnedd. Bûm yn ddigon digywilydd a gofyn a oedd yna unrhyw obaith y gallwn gael bwrdd yn un o'r tai gwydr i dyfu llysiau ar gyfer Chelsea. Chwarae teg iddo, cytunodd. Cefais ryw dair llath i ddechrau ond fel cwcw mewn nyth, roeddwn i wedi hel pawb allan o fewn blwyddyn neu ddwy hyd nes yr aeth tŷ gwydr rhif tri yn dŷ gwydr Medwyn Williams! Bu'r coleg yn eithriadol o dda wrthyf gan hyd yn oed siarsio'r myfyrwyr pan oeddwn i'n paratoi ar gyfer sioe i beidio dod ar fy nghyfyl. Byddai ambell diwtor yn dod ataf i ofyn a gâi'r myfyrwyr ddod i weld fy ngwaith, ac yn wir roedd y tŷ gwydr yn werth ei weld, yn llawn o lysiau hyd at yr ymylon.

Roedd Pen-y-ffridd yn lle delfrydol, dim ond lled cae bron o Ysbyty Gwynedd. Byddwn yn aml yn clywed yr hofrenyddion yn hofran uwchben gan fy nwyn yn ôl i'm dyddiau gyda'r Mudiad Amddiffyn Sifil. Roedd Pen-y-ffridd yn berffaith heblaw am un peth, doedd dim pridd yna. Llawr concrid oedd o i gyd. Roedd hynny i ddyn tyfu llysiau yn groes i'r graen. Bu'n rhaid i mi fod yn ddyfeisgar. Sut oeddwn i'n mynd i dyfu'r llysiau hirion yma, y pannas pedair troedfedd, y moron tair neu bedair troedfedd, betys, mwli ac ati heb bridd? Doedd ond un peth amdani sef cael peipiau. Lle bynnag welwn i rai, ar ochr lôn, mi fyddwn i'n sgrownjio peipiau. Byddwn i'n gofyn i gontractors am sbarion. Peipiau chwe throedfedd oedd y rhai delfrydol ac yna byddwn yn eu llifio. Bu rhaid i mi brynu llwythi ac roedd hi'n gêm ddrud. Gwariais tua chan punt, oedd yn ffortiwn rai blynyddoedd yn ôl, a hynny dim ond i'w llifio nhw yn y diwedd!

Bûm yn ffodus o adnabod saer da o'r enw Wil Jones. Wil Bach fyddwn i'n ei alw fo. Roedd o'n byw ar yr allt i fyny at orsaf Llangefni. Penrallt oedd enw ei le fo ac roedd o'n saer bendigedig, yn saer mainc go iawn, saer henffasiwn. Byddai Wil yn barod iawn i'm cynorthwyo. Byddwn yn mynd â llond car o'r peipiau yma at Wil a byddai yntau wedyn yn eu rhoi drwy gylchlif a'u llifio yn eu hanner. Byddwn innau wedyn yn rhoi dau hanner at ei gilydd, tâp o'u hamgylch ac wedi adeg y sioe byddwn yn gallu hollti'r tâp a chael y gwreiddyn i gyd.

Dechreuais wedyn feddwl am botiau, tybiau, blychau, gwlâu wedi eu codi, beth bynnag fedrwn i gael gafael arno, er mwyn dal compost i dyfu'r llysiau. Mae gan bridd fwy o elfennau hybrin a mwy o agwrn cefn iddo na chompost. Byddwn i wedyn yn gorfod bwydo'n rheolaidd â gwrtaith hylif. Roedd yn rhaid cadw llygad ar bryfetach. Tasg go anodd oedd cadw bob dim yn lân heb farciau arnyn nhw, yn enwedig y planhigyn wy neu'r *aubergine*. Maen nhw'n boen. Dydw i erioed wedi medru cadw'r dail yn berffaith ar *aubergine* fel y buaswn i'n licio. Dyna'r unig blanhigyn na fedrwn ei roi ar fy mwrdd arddangos achos roeddwn i'n gwybod yn iawn y buasai'r beirniad yn gweld y brychau allanol, er bod y ffrwyth ei hun yn berffaith.

Oni bai am Ben-y-ffridd yr adeg honno, dydw i ddim yn meddwl y buaswn i wedi medru cyflawni gymaint ag yr ydw i wedi ei wneud.

Y Cambridge Greenhouse oedd yr enw ar y math o dŷ gwydr oedd ym Mhen-y-ffridd. Roedd yna dri thŷ gwydr mewn un. Roedd yna un tŷ gwydr mawr a hwnnw wedi'i rannu'n dair ran gan ddau bartisiwn gwydr, a phob un o'r tair ran â thymheredd gwahanol ynddi. Roedd o'n un da, yn unigryw, a chanddo nodweddion inswleiddio gwych. Roedd yna gymaint o amrywiaeth o lysiau a finnau'n cael y cyfle i gael pethau mwy anodd eu tyfu, llysiau fel *aubergines*, *okra* – pethau na fuaswn i wedi gallu eu tyfu'r adeg honno o'r flwyddyn fel arall.

Galluogodd Pen-y-ffridd fi i gael pethau fel pupur a tsilis yn barod ar gyfer mis Mai. Roeddwn i'n awyddus i dyfu ac arddangos llysiau lliwgar fel hyn. Mae'n dal i fy rhyfeddu y gellir meithrin llysiau mor lliwgar o hadau bychain di-nod. Rydw i wedi chwilio am wahanol lysiau o bob math erioed, ar hyd y byd i gyd. Dyna lle mae'r cyfrifiadur a'r we yn dod yn handi.

Efo'r tatw a'r tŷ gwydr newydd yn y cefndir, mae'r to ar agor 90 gradd

Chwilio am siapiau a lliwiau oedd y flaenoriaeth ynghyd â'r posibilrwydd o'u tyfu nhw hefyd wrth gwrs. Am fod gen i gymaint o ddefnydd ym Mangor – tri thŷ gwydr o dan yr un to efo tri gwres gwahanol, ac am nad oedd dim pridd yno, roedd o'n gweithio o'm plaid. Y rheswm am hyn oedd os nad oedd rhywbeth yn dod yn dda, byddwn i'n gafael yn y potyn a'i symud o i dŷ gwydr poethach neu os oedd o'n dod yn rhy sydyn, byddwn yn ei dynnu'n ôl i dŷ arall.

Bûm ym Mhen-y-ffridd am ymron i ddeng mlynedd a bu'n gymorth amhrisiadwy i mi. O dipyn i beth, bu'n rhaid i'r Brifysgol roi'r gorau i gadw'r tai gwydr ym Mhen-y-ffridd a symudwyd i Abergwyngregyn. Mae gen i dŷ gwydr yno o hyd sy'n caniatáu i mi gael mwy o adnoddau i dyfu efo gwres a golau. Ond y bwriad ydy symud popeth i'r cae sydd gen i yn Llanedwen, ger Llanfair-pwll, erbyn hyn. Chwe acer a hanner o dir sydd gen i i gyd a hwnnw'n dir o ansawdd ardderchog, y tir gorau gewch chi. Rydw i'n troi dwy acer drosodd i dyfu'r amrywiaeth o lysiau sydd ei angen ar gyfer y sioeau. Mae graddfa'r pridd, sef ansawdd y pridd ei hun, yn wych am fod yna dipyn o grit ynddo fo, dipyn o dywod a thipyn o glai.

Y tanc plastig sy'n dal dŵr ar ôl cael ei bwmpio o'r ddaear

Mae daearegydd wedi esbonio wrthyf fod tir Sir Fôn fel marmor neu fel map. Mae ganddo bob dim, pob math o graig fedrwch chi feddwl amdano fo, ac mae o'n newid yn sydyn o un man i'r llall. Rydan ni wedi twrio twll dwfn er mwyn sefydlu tanc dŵr newydd yno. Mae yna bwmp yn y gwaelod yn pwmpio'r dŵr i'r tanc ac mae yna bwmp arall yn y tanc yn pwmpio'r dŵr i'r tir. Mae gennym ni ddwy linell yn dod allan ohono fo, un lein yn ddyfrhad a'r llall yn dod yn syth i'r tap. Mae'n ddŵr hyfryd i'w yfed, wedi dod o grombil daear Môn.

Mae un peth yn sicr, heb yr adnoddau angenrheidiol ym Mhen-y-ffridd i ddechrau ac wedyn yn Abergwyngregyn yn ychwanegol i'r hyn oedd gen i eisoes, faswn i byth wedi llwyddo i wireddu breuddwyd oes ac mae fy nyled i Brifysgol Bangor yn enfawr.

GWIREDDU BREUDDWYD

Unwaith i mi ennill yn Sioe Hampton Court, roedd y drws ar agor led y pen i mi gystadlu yn Chelsea. 1996 oedd y flwyddyn gyntaf i ni gystadlu yn Chelsea. Mae'n debyg, o'r holl sioeau garddwriaethol, mai Sioe Chelsea ydy'r uchafbwynt. Hon ydy *y* sioe. Roedd pob math o emosiynau'n corddi yn ystod y misoedd yn arwain at y gystadleuaeth, teimladau o gyffro, o obaith ac o ofn. Roedd hi'n dipyn o gambl i gystadlu'r tro cyntaf hwnnw achos doeddwn i ddim wedi gwneud *trial run* o fath yn y byd ar dyfu planhigion ar gyfer Chelsea y flwyddyn cynt.

Y broblem fwyaf oedd cael y dyddiadau'n gywir efo'r hau er mwyn eu cael yn barod erbyn mis Mai. Roeddwn i eisiau dros 45 o wahanol fathau o lysiau ac roedd gofyn i'r rheiny i gyd groesi'r lein efo'i gilydd ac angen eu hau naw mis oddi wrth ei gilydd, rai ohonyn nhw. Roedd llysiau fel cennin a nionod yn cael eu hau ym misoedd Gorffennaf neu Awst y flwyddyn cynt yn barod ar gyfer mis Mai. Y peth olaf i'w blannu oedd rhuddygl, bum wythnos cyn Chelsea. Yn y cyfamser roedd pob dim arall yn y canol a'r rheiny hefyd angen croesi'r lein efo'i gilydd i gyd. Dyna sy'n eithriadol o anodd ydy eu cael nhw i gyd yn barod yr un pryd. Mi fyddwn i'n codi ambell i fore'r adeg hynny fel bollt, wedi dychryn, yn meddwl fy mod i wedi anghofio hau'r peth a pheth. Byddwn yn mynd lawr grisiau i'r offis

gyda thoriad gwawr a gafael yn y dyddiadur a gweld, diolch i Dduw, mai'r wythnos wedyn yr oedd angen ei wneud o! Os collir mwy na phythefnos o amser hau, mae'n amhosib dal i fyny wedyn.

Dyma lle daw'r dyddiaduron i'r adwy. Rydw i'n cadw dyddiaduron garddio ers blynyddoedd maith, ac mae gen i lond bocseidiau ohonynt yn y garej. Roedd rhaid i mi weithio yn ôl o'r dyddiadau oedd gen i ar gyfer sioeau ganol i ddiwedd mis Awst a gweithio yn ôl ar gyfer hau a chael y stwff yn barod ar gyfer mis Mai. Ond doedd o ddim mor hawdd â hynny i weithio'r union ddyddiadau; roedd angen cymryd sylw hefyd o hyd y dydd. Mae dyddiau mis Ionawr a mis Chwefror yn fyr dros ben a wyddwn i ddim ar y pryd sut fyddai'r planhigion yn ymateb i olau trydan uwch eu pennau er mwyn ymestyn y dydd o ddeg awr o olau, dyweder, i un awr ar bymtheg. Ond argian, bûm yn hynod o lwcus, achos dim ond rhyw ddau beth wnaeth fethu â datblygu mewn pryd. Ffa dringo a ffa Ffrengig oedd y rheiny. Doedd y ffa dringo ddim yn barod a'r ffa Ffrengig yn rhy fuan. Roeddwn i wedi eu bwyta nhw, wythnos cyn Chelsea! Roedden nhw'n blasu'n fendigedig, ond roeddwn i wedi camamseru'r hau.

Mae'n anodd dros ben amseru tyfu'r hyn rydw i'n ei alw'n blanhigyn cnwd sengl. Cymerwch nionyn – dim ond un tro gewch chi arno fo. Does yna ddim nionod bach, fel y cewch chi efo pys. Pan mae pys yn tyfu, mi gewch chi un ar y gwaelod ac mi ddaw un arall ar ei hôl hi. Yr un fath efo moron, dim ond un gewch chi, ond efo ffa dringo, mae yna bentyrrau'n dod. Mae'n haws o lawer cael y rheiny bob amser. Ond roeddwn i gymaint allan ohoni yn y flwyddyn gyntaf yn Chelsea, doedd y rheiny ddim wedi dod yn barod hyd yn oed, neu doedden nhw ddim digon da beth bynnag.

Wrth edrych yn ôl rŵan, dydw i ddim yn gwybod sut y gwnes i o, ac roeddwn i'n gweithio'n llawn amser yr adeg honno. Dim ond Gwenda a fi aeth i Chelsea. Ond roeddwn i'n benderfynol fy mod i am fynd. Roeddwn i mor awyddus i gael y llysiau mor ffres â phosib. Wnaethon ni ddim cychwyn o Sir Fôn tan y dydd Sadwrn ac roedden nhw'n beirniadu fore Llun. Roedd hi'n hwyr nos Sadwrn arnom ni'n cyrraedd; doedd gynnon ni ond y dydd Sul i osod ein harddangosfa ac roedd rhaid i ni ddarfod cyn hanner dydd ar y dydd Llun. Dau o'r gloch y prynhawn oedden nhw'n beirniadu'r adeg honno. Roedd hi'n andros o job rhoi'r stwff i gyd at ei gilydd. Roedd yr arddangosfa'n llai'r adeg honno hefyd, pymtheg troedfedd, dim ugain fel rydan ni'n gwneud rŵan.

Wrthi'n pori drwy'r catalogau hadau adeg Dolig

ONION
VENTO F1

CHILI
RED DEMON

GLOBE BEET
CHIOGGIA

RUNNER BEAN
STENNER

SALAD BLUE

HARLEQUIN
X CHARLOTTE & PINK
FIR APPLE

45

FLORENCE
FENNEL
RONDO F1

ROMANESCO
GITANO F1

ONION
RED BARON

Rydw i'n cofio cyrraedd Llundain ar ôl taith hir ac araf rhag aflonyddu gormod ar y llysiau a Gwenda a finnau'n teimlo'n gynhyrfus iawn. Roedd gynnon ni label fawr i'w rhoi ar ffenestr y fan, yn ôl y cyfarwyddiadau, yn nodi rhif ein stondin, pa rodfa ac yn y blaen. Mae'r RHS yn gwneud eu gorau i hwyluso pethau i'r cystadleuwyr drwy adael iddyn nhw barcio yn o agos at ble maen nhw'n cystadlu. Ond maen nhw'n eich gwylio chi fel barcud, cofiwch. Unwaith rydach chi wedi gwagio'r fan, mae'n rhaid i chi fynd â hi oddi yno'n go handi ar draws i faes parcio Battersey, a fanno mae hi'n cael ei chadw am yr wythnos.

Ar ôl setlo yn y babell arddangos, roedd y cynnwrf yn codi. Y cyffro a'r adrenalin, mae'n debyg, oedd yn ein gyrru ymlaen. Pe bai rhywun wedi ceisio dweud rhywbeth wrth Gwenda a fi am hanner nos ar y nos Sul pan oedden ni wrthi'n trio dod i ben â'r gwaith, mi fasa 'na helynt wedi bod. Roedd y ddau ohonon ni'n ffraeo fel ci a chath. Byddai'n rhaid i mi gerdded oddi wrthi bob hyn a hyn rhag myllio, a cherdded i fyny ac i lawr y babell er mwyn pwyllo a chyfri i ddeg. Mae Gwenda'n berffeithydd a byddai Gwenda eisiau gwneud rhywbeth ryw ffordd arbennig a finnau'n dadlau yn ei herbyn. Mae'n rhaid i mi gyfaddef, mae ganddi hi lygad arbennig. Mae hi'n medru cyferbynnu lliwiau efo'i gilydd fel nad ydyn nhw'n galed ar y llygad. Mae llygad dda yn bwysig wrth osod arddangosfa.

Roedd y beirniadu'n digwydd ar y dydd Llun. Mae'n rhaid i mi ganmol yr RHS. Maen nhw'n broffesiynol a chydwybodol iawn. Chawn nhw ddim dweud dim byd wrth y cystadleuwyr ar ôl i'r beirniadu ddigwydd. Mae dau reswm am hynny – dydyn nhw ddim i fod i ddweud wrth y dangoswr o flaen llaw wrth gwrs ond hefyd mae ganddyn nhw gyfarfod wedyn o'r beirniaid i gyd, ynghyd â'r canolwyr. Mae ganddyn nhw ddau neu dri chanolwr yn beirniadu'n annibynnol ar y beirniaid eto. Dyma un o ychydig sioeau'r RHS lle gall y canolwyr newid meddwl y beirniaid. Gall y panel beirniadu llysiau fod wedi pennu'r wobr arian i rywun ond y canolwr yn pennu'r wobr aur iddo. Pan ddigwydd hyn, daw'r paneli beirniadu i gyd at ei gilydd a phawb yn bwrw ei bleidlais. Dyna pam nad oes neb yn cael dweud dim byd wrth y cystadleuwyr wrth iddynt feirniadu. Pan maen nhw wedi dod i benderfyniad, mae yna dîm o staff yn ysgrifennu'r cardiau gyda'r canlyniadau arnynt drwy'r nos. Tua chwech o'r gloch y bore, maen nhw'n gollwng y cardiau ar y gwahanol stondinau fel llu o Sionau Cyrn.

Mae'r cystadleuwyr yn cyrraedd toc wedi saith, achos mae'r babell yn agor am wyth. Cyrhaeddodd Gwenda a finnau'n brydlon yn gobeithio y byddem yn cael ein gwobrwyo am ein gwaith. Wrth i'r cystadleuwyr agor eu hamlenni fe glywyd ambell floedd neu sgrech o orfoledd a rhai yn eu dagrau wedi eu siomi. Pan welodd Gwenda a finnau ein bod wedi cael y wobr aur, fe afaelon ni yn ein gilydd a gwasgu'n dynn. Roedden ni wedi gobeithio cael gwobr, ond doedden ni ddim wedi disgwyl cael gwobr aur y tro cyntaf. Doeddwn i ddim mor wybodus am y byd beirniadu'r adeg honno. Rydw i wedi beirniadu yn Chelsea ers hynny, ond doeddwn i ddim yn saff bod ein gwaith wedi cyrraedd y safon ddisgwyliedig. Pan welsom ni ein bod wedi cael y wobr aur, oedd, roedd yna ddagrau! Mae'r wobr aur gyntaf honno'n un arbennig iawn, ac nid Gwenda a finnau oedd yr unig rai oedd yn ei haeddu hi. Roedd hi'n wobr i Nhad hefyd.

Y TATW GLAS

Yn 1997, ar ein hail flwyddyn yn Chelsea, rydw i'n cofio un dyn o gwmni Lockyers Fuschias yn gosod *fuschias* yn y stondin oedd gefn wrth gefn â'n stondin ni. Roedd ganddo locsyn mawr gwyn fel Siôn Corn. Bûm yn sgwrsio dipyn ag o. Roedd Gwenda a minnau'n sefyll y tu ôl i'r rhaff yn Chelsea a hithau tua hanner awr wedi tri a chyffro mawr o gwmpas y babell fawr gan fod y teulu brenhinol ar fin cyrraedd. Roedd pawb wedi gorfod gwagio'r babell, oni bai fod gennych chi bàs arbennig. Roedd stiward y babell wedi dweud wrthyf, os oedd y Frenhines yn siarad â ni, ein bod i'w chyfarch i ddechrau fel 'Your Majesty' ac yna fel 'Ma'am'. Gwelais y Frenhines yn dod i mewn efo'r Llywydd. Gyferbyn â fi roedd bwrdd arddangos mawr sgwâr Cyngor Tref Birmingham. Er syndod i mi, daeth y Frenhines draw o arddangosfa Birmingham ac ar ei hunion tuag ataf fi. Wrth ei gweld yn dod atom cythrodd Gwenda am ei chamera gan fy siarsio i beidio â rhegi a pheidio â chwifio fy nghyllell arddio arni. Byddaf wastad yn gwisgo fy ngwregys Leatherman, lle byddaf yn cadw fy nghyllell arddio. Edrychodd y Frenhines ar fy arddangosfa lysiau a gofyn, 'Where on earth did you grow these amazing vegetables?'

'Your Majesty, I've grown them in Llanfairpwllgwyngyllgogerychwyrn-drobwllllandysiliogogoch.'

'Really?'

'Yes, Ma'am.'

Roedd hi'n gwenu arnaf. Y tu ôl iddi roedd yna dipyn o bandemoniwm gan y swyddogion diogelwch, achos doedd dim cynlluniau iddi ymweld â'm stondin i, ond roedd fy llysiau, y cennin yn arbennig, wedi tynnu ei llygaid. Dyma hi'n edrych eto ar fy llysiau a gweld bod gen i datw glas a thatw coch mewn basged. Datblygodd y sgwrs rywbeth yn debyg i hyn drwy iddi ofyn i mi'n gyntaf, 'Are those potatoes?'

'Yes, Ma'am.'

'Are they really?'

'Yes, Ma'am.'

'They're *blue* potatoes.'

'Yes, Ma'am.'

'Really?'

'Yes, Ma'am.'

'Are they blue inside?'

'Yes, Ma'am.'

'Really?'

'Yes, Ma'am.'

'And do they stay blue when they're cooked?'

'Yes, Ma'am.'

'Really?'

'Yes, Ma'am. Would you like to see one?'

'Yes, please.'

Gafaelais mewn taten a mynd i fy Leatherman, a thynnu'r gyllell a'i hagor hi. Roeddwn i'n disgwyl i rywun neidio amdana i unrhyw eiliad a'm cyrchu i Dŵr Llundain. Roeddwn yn gweddïo y buasai'r daten yma'n las. Dyma dorri drwyddi efo'r gyllell a hithau'n sefyll ychydig droedfeddi o'm blaen a dyma ddangos y daten las iddi hi. Dyma hithau'n ebychu, 'Really,' arall a finnau wedyn yn egluro wrthi, 'These are not genetically modified, Ma'am. They were discovered at the Lost Gardens of Heligan over a hundred years ago.' 'Really?' meddai hi eto. Dyma hi'n rhoi bloedd ar Prins Philip oedd ym mhen draw'r stondin efo Maer Llundain yn stydio'r pannas – nid pannas oedden nhw, ond betys gwyn, 'Philip, would you come over here and look at these blue potatoes?' Mae'n rhaid nad oedd clyw'r hen greadur yn dda iawn, a dyma hi'n rhoi bloedd arall,

'Philip! Will you come over and have a look at these blue potatoes?!'

Daeth ei gŵr atom yn ufudd. Doedd o erioed wedi clywed am y tatw glas ychwaith. Roedd gan y Frenhines rosyn yn ei llaw. Mae'n siŵr mai fi ydy'r unig un erioed i gynnig cennin iddi a dweud, 'Would you like a leek, Ma'am?' yn union fel taswn i'n ei gwadd hi i fynd i gornel y babell yn rhywle i wneud ei busnes! A dyma hi'n dweud, 'No thank you.'

'But they are organically grown, Ma'am.'

Doedd hynny ddim yn hollol wir, ond atebodd fi a'i llygaid yn pefrio, 'I'm sure they are!' Ac i ffwrdd â hi.

Mae gen i lun ohoni efo'r rhosyn a finnau efo'r cennin. Ar ôl iddi fynd efo'r tatw glas daeth holl ffotograffwyr y greadigaeth i'm hamgylchynu gan saethu cwestiynau ataf ynglŷn â beth yn union oeddwn i wedi ei ddweud wrthi a'r hyn yr oedd hi eisiau ei wybod. Eglurais iddynt ein bod ni wedi bod yn siarad am y tatw glas. A dyma rywun yn awgrymu fy mod i'n anfon

Y tatw glas enwog

tatw glas i'r palas. Daeth y gŵr o'r cwmni *fuschias* ataf a dweud, 'Do you know what? I've been doing this for twenty odd years and you're here on your second year and you get your second gold medal and the Queen. I haven't had either of them!' Roedd o'n hen foi clên. Rydach chi'n gwneud ffrindiau mawr yn y busnes sioeau yma achos rydach chi i gyd ar yr un perwyl ac yn cwffio natur a'r tywydd. Er gwaetha'r elfen gystadlu mae yno ymdeimlad o wir frawdoliaeth.

Yn dilyn yr holl ddyddiau prysur yn Chelsea, roeddwn i wedi llwyr ymlâdd ar ôl dod adre. Ar ôl seibiant am wythnos wedi'r sioe, dyma benderfynu gyrru rhai o'r tatw glas at y Frenhines. Cefais hyd i focs bach cyffredin, rhyw naw modfedd o hyd, dwy fodfedd o drwch ac o led. Rhoddais sbwng yn y bocs a gosod y tatw bach delaf welsoch chi erioed, fel wyau, chwech ohonyn nhw, ac wedyn sbwng eto ar eu pennau. Ffwrdd â fi i'r swyddfa a theipio llythyr a'i gyfeirio at: 'Your Majesty the Queen, Buckingham Palace, London.' Doeddwn i ddim yn gwybod y cod post, ond roedd rhywbeth yn dweud wrthyf y buasai'r postmon yn gwybod lle roedd Palas Buckingham! Yn fy llythyr nodais rywbeth yn debyg i hyn:

Having shown such an interest in my salad blue potatoes at the recent Chelsea Flower Show, I hereby enclose a few for you to sample.

Yn yr ail baragraff cefais yr hyfdra i ychwanegu:

Please do not peel these potatoes as they will not retain their colour when cooked. Yours faithfully . . .

Sawl gwaith rydw i wedi dychmygu'r Cwîn efo'i brat yn plicio'r tatw! Dyma gau'r bocs, rhoi'r llythyr i mewn a'i arwyddo fo a dyma Gwenda ata i a gofyn i ble roeddwn i'n mynd. 'I'r post,' medda fi, 'i bostio llythyr i'r Cwîn.'

'Roist ti dy gatalog i mewn?'

'Naddo,' meddwn innau a dyma agor y bocs a rhoi'r catalog i mewn a dyma fi lawr at Jim yn post. Roedd Jim yn gymeriad ac wedi bod yn gweithio i'r Swyddfa Bost ers dros hanner can mlynedd. Rhoddais y parsel iddo a gofyn am stampiau dosbarth cyntaf. Edrychodd ar y cyfeiriad mewn rhyfeddod a gofyn, 'Rargian! Wyt ti'n gyrru wbath i'r Cwîn?'

'Ydw. Tatw.'

'Wel, mae hi'n mynd i gael pedwar o'r rhain gen i felly,' a chydio yn ei stamp. Roedd ganddo fo stamp metal gyda'r geiriau, 'Llanfairpwllgwyngyllgogerychwyrndrobwllllandysiliogogogoch' arno. Byddai'n rhoi'r stamp ar gardiau post. Sodrodd Jim y stamp bedair gwaith ar y parsel fel nad oeddech chi bron iawn yn gweld yr enw! Ymhen rhyw ddeng niwrnod, daeth llythyr o'r palas:

I am commanded by Her Majesty the Queen to write to thank you most sincerely for your gift of salad blue potatoes.

Mae'n rhaid bod ganddi synnwyr digrifwch achos yn yr ail baragraff, ychwanegwyd:

Her Majesty took particular note of your cooking instructions.

RADIO A THELEDU

Byddaf yn hoffi cael y radio ymlaen yn y tŷ gwydr pan fyddaf i'n gweithio, gan wrando ar bob math o raglenni, rhaglenni yn Gymraeg a Saesneg. Byddaf wrth fy modd yn gwrando ar raglenni tebyg i *Talwrn y Beirdd*. Dydw i ddim yn fardd nac yn honni deall rheolau'r mesurau caeth, ond rydw i'n gallu gwerthfawrogi'r grefft a'r ddawn i greu cerddi sy'n medru cyffwrdd dyn.

A finnau wedi cael fy magu yn sain y weiarles yn Llwynysgaw, roedd y cyfle o gael defnyddio'r radio fel cyfrwng cyfoes i ledaenu fy ngwybodaeth a'm diddordeb mewn llysiau yn un roeddwn i'n ei werthfawrogi'n fawr. Cefais y cyfle cyntaf un i fod ar y radio gan yr areithiwr fu'n cystadlu yn fy erbyn yn neuadd Llangefni ers talwm, sef Hywel Gwynfryn, ar y Bwrdd Brecwast Cynnar. Yr adeg hynny byddwn i'n mynd i'r stiwdio ym Mrynmeirion i wneud dau slot, y cyntaf erbyn hanner awr wedi saith ac wedyn yn ôl erbyn tua chwarter i naw i gwblhau'r ail slot. Pynciau tymhorol oedden nhw fynychaf, lle byddwn yn trafod beth i'w wneud dros y cyfnod hwnnw yn yr ardd. Roeddwn yn eiddgar tu hwnt ac yn eithaf nerfus. Byddwn yn paratoi nodiadau'n fanwl a chydwybodol cyn pob slot.

Pan fyddaf yn gwneud gwaith radio, rwy'n ceisio cofio bod y gwrandawr eisiau gweld yr hyn rydach chi'n ei ddisgrifio. Yn union fel y byddwn innau'n creu lluniau yn fy mhen wrth wrando ar Gari Tryfan ers talwm. Roeddwn i'n ceisio disgrifio'r blodyn – sawl petal sydd arno fo, beth ydy ei liw o ac yn y blaen.

Bûm hefyd yn ddiweddarach, yn cyfrannu i raglen radio oedd yn rhyw fath o *Gardener's Question Time* yn Gymraeg. Byddai pobl yn gyrru llythyrau i'r rhaglen efo'u cwestiynau garddwriaethol i banel ohonom. Roedd y panel yn cynnwys pobl fel Carys Whelan, Clay Jones, Richard Bowering a finnau. Weithiau byddem yn cael cyfle i adael y stiwdio a mynd allan o gwmpas capeli Cymru i recordio'r rhaglen o flaen cynulleidfa fyw.

O dipyn i beth, cefais wneud ambell i gyfweliad neu eitem achlysurol ar gyfer y teledu. Rydw i'n cofio gwneud eitem a recordiwyd yn fy ngardd i, a Dei Tomos a Richard Bowering yn dod yma. Richard Bowering oedd y dyn garddio mawr yr adeg hynny, y fo a Clay Jones. Nhw oedd y ddau gawr garddwriaethol yng Nghymru. Roedd Richard Bowering yn dipyn o arwr gan Nhad ac yn arddwr penigamp. Roedd o'n gwybod llawer iawn mwy na fi am brysgwyddau a ffrwythau, ond efallai fod gen i fymryn yn fwy o wybodaeth am lysiau. Roedden ni'n gweithio'n dda efo'n gilydd. Rydw i'n cofio Nhad yn edrych ymlaen pan ddaeth Richard Bowering acw am y tro cyntaf. Daeth Nhad i'r tŷ a chofiaf Richard Bowering yn sefyll ar ei draed ac yn estyn ei law gan ddweud, 'Richard Bowering ydw i.' Atebodd Nhad, 'Ia, dwi wedi bod yn edrych ymlaen i'ch gweld chi.'

Efallai mai Richard Bowering oedd arwr Nhad, ond Clay Jones oedd fy arwr pennaf i yn y cyfnod hwnnw. Roedd o'n ddyn hynaws dros ben. Wrth recordio rhai o'r rhaglenni radio, byddem yn mynd i ambell gapel yng nghanol Cymru rywle, ym mherfeddion cefn gwlad. Byddem yn cychwyn recordio am tua saith o'r gloch y nos fel arfer ac felly'n cyrraedd yno tua chwarter i saith. Ar noson braf o haf, byddai Clay yn pwyso yn erbyn y giât, ei benelin ar y cilbost, pibell yn ei law a mwg yn mynd i fyny i'r awyr yn araf deg. Roedd o'n bictiwr braf o ddyn yn cael munud o hamdden iddo fo'i hun. Cefais dipyn o sioc pan glywais am ei farwolaeth, achos roedd o'n edrych i mi yn ddyn iach, yn ei bethau'n iawn. Ond dyna fo, dyna beth ydy bywyd. Mae gen i atgofion melys iawn o fod yn ei gwmni yn mynd i recordio'r rhaglenni garddio. Roedd honna'n joban ddifyr iawn.

Rydw i'n cofio criw ffilmio'n dod acw un tro am fod y BBC yn ffilmio Pencampwriaeth Cymru oedd yn digwydd bod yn Sioe Môn y flwyddyn honno.

Onllwyn Brace oedd yn cynhyrchu. Doeddwn i ddim yn ei adnabod o, dim ond yn gwybod ei fod o wedi bod yn chwarae rygbi dros Gymru. Dyma fo'n galw acw i wneud cyfweliad ddiwrnod cyn y sioe ac roeddwn i wedi codi'n gynnar y bore hwnnw ac wedi golchi fy llysiau i gyd yn y garej. Ond nid dod i weld y llysiau oedd Onllwyn ond i siarad â fi gan gynnig i mi a fuaswn i'n cyflwyno rhaglen arddio *Palu 'Mlaen* ar y teledu'r flwyddyn wedyn. A dyna ddigwyddodd. Roedd hi'n gyfres boblogaidd, ni oedd y rhaglen nesaf at *Pobol y Cwm* o ran ffigurau gwylio. Rhoddodd Rosemary Allen, y cynhyrchydd, gyfleoedd i mi wneud rhaglenni eraill ar arddio hefyd yn ogystal â *Gardener's World*.

Fe wnes i fwynhau bob munud o ffilmio'r gyfres *Palu 'Mlaen*. Yng ngerddi Sain Ffagan, ger Caerdydd, y byddem yn ffilmio a byddai Gwenda a minnau'n llusgo'r garafán efo ni er mwyn cael aros yno tra oedden ni'n

Anrhydeddau: fi â ffyn baglau, yn cael fy urddo i'r wisg wen yn Eisteddfod Genedlaethol Abertawe 2006, fy enw barddol yw Medwyn y Garddwr; cael Gradd er Anrhydedd o Brifysgol Bangor yn 2005

ffilmio'r gyfres. Roedd y garafán yn yr ardd, fel ail gartref i ni. Dyma oedd cyfnod braf iawn, cael codi o'r garafán yn y bore a chael mynd i'r ardd yn yr haf, a hithau'n gynnes braf a nôl ffrwythau i'w rhoi ar fy nghorn fflêcs!

Bûm yn cyflwyno'r rhaglen efo'r cymeriad hoffus Ray Gravell am ddwy flynedd hefyd. Cefais lwyth o hwyl efo Grav. Byddai'n llawn triciau ac Onllwyn yn mynd yn flin efo fo. Rydw i'n cofio Grav a minnau ar ein gliniau mewn rhes o letys a finnau'n dweud wrtho fod angen mynd i'r afael â'r rhes letys. Roedd y camera'n rowlio. 'Mae isio teneuo'r rhain,' meddwn i. 'Maen nhw'n rhy dew.' 'Beth am hwn?' meddai Grav. 'Beth am be?' meddwn innau a beth oedd yna ond rhyw falwen fawr blastig roedd o wedi ei gosod yna. 'Grav! Dwi'n deu 'tha ti rŵan, bihafia dy hun!'

Byddem ni'n gwneud yr *opening links* i'r rhaglen ar ddydd Sul yn y sièd ac roeddwn i wrth fy modd – bore braf a'r haul yn tywynnu. Byddwn i'n dechrau drwy ddweud rhywbeth yn debyg i, 'Wel, dyma ni. Croeso cynnes i raglen arall o *Palu 'Mlaen* o ardd Sain Ffagan.' Peth nesaf mi fyddai tomato'n taro ochr fy wyneb i . . . Grav wedi landio ac yn chwarae'n wirion. Roedd o'n ddyn cymhleth iawn, yn gymeriad mor hoffus ac agos atoch ac eto doedd ganddo ddim owns o ffydd ynddo fo'i hun. Bob tro byddai'n gwneud darn i'r camera, byddai'n fy holi i wedyn, 'O Medyrs! Shwd o'dd hwnna'n teimlo? O'dd e'n teimlo'n iawn i ti?'

Byddaf yn hoff o roi bet fach ar ambell Sadwrn, a byddai Grav hefyd yn licio'r ceffylau. Byddwn yn cael *tips* weithiau gan ffrind i mi a byddai Grav yn ffonio weithiau ar fore Sadwrn, 'Medyrs, Medyrs, os *tip* 'da ti i fi?' Byddwn i'n dweud beth oedd y *tip* a Grav wrth ei fodd. Wedyn byddai wedi rhoi ei bres ac yn ffonio wedyn pe byddai wedi bod yn lwcus ac yn ennill. Fyddwn i ddim yn clywed dim ganddo fo os oedd o wedi colli!

Roeddwn i'n mwynhau siarad efo'r camera – doedd o'n poeni dim arna i. Mater o arfer oedd o. Ond pan ddaeth Gŵyl Gerddi Cymru i Lyn Ebwy roedd y sianeli teledu'n awyddus i ddefnyddio'u harian i wneud eitemau o'r fan honno. Torrwyd y rhaglen *Palu 'Mlaen* yn ogystal â *Gardening Together* lle roedd fy ffrind Ivor Mace yn gwneud eitemau ar lysiau, a ddaethon nhw fyth yn ôl wedi hynny. Doedd dim rhaglen arddio yn Gymraeg am sbel wedyn. Fel roedd hi'n digwydd, roeddwn i yn y sioe yn Llanelwedd ryw ddiwrnod a chefais wahoddiad i fynd i babell S4C. Cyrhaeddais yno a dim ond fi a rhyw foi yn darllen papur newydd yn y gornel oedd yno. Dyma fi'n estyn paned a bisged a dyma'r dyn yn y gornel yn rhoi ei bapur i lawr a dweud helô wrtha i. Dyn 'Dŵr' oedd o – Huw Jones y pennaeth. O rywle, cefais yr hyfdra i ofyn iddo pam nad oedd yna raglen arddio ar y teledu, a dyma fynta'n gofyn i mi a oeddwn yn meddwl bod angen un. 'Wel oes, 'swn i'n meddwl. Mae yna rywbeth newydd yn digwydd o un tymor i'r llall bob tro, yn does?'

Roeddwn i a Clay Jones wedi sefydlu cwmni bach o'r enw Evergreen Media Productions ychydig cyn hynny yn digwydd bod, o dan gadeiryddiaeth Paul McCarthy, y fo oedd yn rheolwr gyfarwyddwr cwmni teledu lawr yng Nghaerdydd. Ymhen rhyw wythnos aeth Huw Jones i weld Paul a chomisiynu cyfres arddio ganddo. Fel yna mae pethau'n digwydd yntê? Cyfuniad o hap a damwain ac elfen fach o hyfdra. Chewch chi ddim yn y byd yma heb ofyn a pharhaodd cyfres *Torchi Llewys* efo Siân Lloyd am ddwy flynedd. Pan ddarfu'r gyfres, doedd dim pwrpas cario mlaen efo'r cwmni Evergreen. Roedden ni wedi bwriadu cynhyrchu DVDs ar arddio; yn wir, mi wnaethon ni un rhaglen ni o dan y teitl *Know your Onions* ond daeth y cwmni i ben yn fuan wedyn. Digwyddodd Onllwyn gael gafael ar hen gopïau o raglen *Know Your Onions* ac roedd o'n meddwl ei bod hi'n wastraff gadael yr holl DVDs yma mewn bocsys heb eu defnyddio. Yn ffodus iawn, llwyddais i gael cwmni Levington Horticulture i noddi'r DVDs er mwyn i ni ddarfod y rhaglen, a'u henwau nhw oedd ar ddiwedd y rhaglen.

Rydw i wedi cael y fraint o gydweithio efo rhai o enwau mawr y byd garddio dros y blynyddoedd. Cefais fwynhad di-ben-draw o gydweithio efo Alan Titchmarsh ar gyfres deledu o'r enw *The Great British Village Show*. Cystadleuaeth oedd honno mewn chwech o dai mawr o eiddo'r Ymddiriedolaeth Genedlaethol dros Brydain. Fi oedd yn gyfrifol am drefnu a dethol taflen y cystadlaethau ar gyfer y digwyddiad. Roedd yna ddosbarth i lysiau, dosbarth i ddangos blodau a dosbarth i goginio cacennau a jams ag ati. Cefais fy newis fel y pen beirniad ar y gyfres honno. Roedd yna feirniaid i'r llysiau, beirniaid i'r blodau a finnau'n cael fy ngalw pe bai yna ddadl rhyngddynt, er mwyn rhoi'r ddedfryd derfynol. Alan Titchmarsh oedd y pen dyn ar *The Great British Village Show* a James Martin, y cogydd, gydag o ac Angellica Bell, y gyflwynwraig hefyd.

Rhai lluniau yn tŷ ni; tynnwyd yr un ar y blaen yn Highgrove pan oeddwn i'n brif feirniad gyda'r rhaglen deledu The Great British Village Show. *Tu cefn mae llun o Gwenda, toes dim rhyfedd imi ddisgyn mewn cariad efo hi!*

Mae Alan yn arddwr amryddawn iawn. Dechreuodd ei brentisiaeth mewn parciau yng ngogledd Lloegr lle cafodd brentisiaeth dda. Mae'n wybodus am lysiau, blodau a phrysgwyddau, pob dim mewn gwirionedd. Mae ganddo ffordd dda gyda phobl a digon o hunanhyder i drosglwyddo'i wybodaeth ac i gyfathrebu'n effeithiol â'i gynulleidfa.

Byddem yn aros mewn gwesty'r noson cyn recordio gan y byddai'n rhaid i ni godi am chwech o'r gloch y bore i fynd i'r maes. Yno, byddai'r tîm cynhyrchu wedi creu sioe yn y caeau o flaen tai crand yr Ymddiriedolaeth Genedlaethol. Byddai'r sioe yn cynnwys pebyll o bob math ac arwydd cyn i chi fynd i mewn yn eich rhybuddio bod yna gamerâu, rhag ofn i chi fod yna efo rhywun nad oeddech chi'n awyddus i'r byd i gyd wybod amdano neu amdani, mae'n siŵr!

Roedd rownd derfynol y gystadleuaeth yn dod o Highgrove o flaen Prins Charles ei hun. Roedd o'n brofiad arbennig cael mynd i fanno. Roeddwn i wedi bod yno o'r blaen, ac wedi bod o gwmpas yr ardd efo'i brif arddwr, David Howard. Does dim dwywaith nad oes gan y Prins ddiddordeb a chydymdeimlad mawr â'r grefft o dyfu llysiau. Mae ganddo ddealltwriaeth o arddio a'r amgylchedd o'i gwmpas ond rhaid i mi gyfaddef nad ydw i'n siarad efo fy mhlanhigion, dim ond eu rhegi nhw os nad ydyn nhw'n tyfu'n iawn! Ac wrth gwrs mae ganddo fo fyddin o arddwyr i wneud y gwaith caib a rhaw drosto.

COLLI AC ENNILL

Rydw i wedi sôn eisoes fy mod yn berson cystadleuol wrth reddf. Ond er mor felys ydy ennill, fe ddaw â phwysau cynyddol yn ei sgil. Po uchaf y pren, mwyaf y cwymp. Ar ôl cyrraedd yr uchelfannau, does ond un ffordd wedyn, a lawr ydy hynny. Ond rydw i wedi bod yn ffodus tu hwnt i gael sawl llwyddiant. Mae'n debyg bod llawer o'r diolch am hynny i'r brentisiaeth a gefais fel gwneuthurwr offer, lle'r oeddwn i'n gorfod gweithio i'r un milfed o fodfedd. Ond dwi'n dal i ddweud, er fy mod yn anelu at berffeithrwydd, fe fodlonaf ar ardderchowgrwydd. A dydy Gwenda fy ngwraig byth yn setlo ar ardderchowgrwydd – mae ganddi ddyfalbarhad i ryfeddu ato. Byddaf i'n tueddu i flino ar ôl rhoi cymaint o

waith a meddwl i bethau cyn sioe, yn treulio pedwar diwrnod hir yn codi'r llysiau, gwneud yn saff bod bob dim yn ei le, bod gen i labeli, bod gen i'r pinnau, bod gen i gadair, bod gen i bob uffar o bob dim! Erbyn diwedd y diwrnod cyntaf, dwi'n dechrau fflagio, ac erbyn yr ail ddiwrnod, fe wna bopeth y tro gen i. Ar yr adeg honno mae Gwenda'n camu i mewn i'r bwlch ac yn dweud, 'Na, dydy o ddim digon da'. Bydd dadlau mawr rhyngom wedyn, a choblyn o ffrae! Cerdded i ffwrdd ac wedyn dod yn ôl ati hi a chyd-weld â hi.

Erbyn heddiw, mae gen i dîm o bobl i'm helpu wrth osod arddangosfa. Daw Alwyn a'i wraig, Alina, a'u ffrind Del i'm cynorthwyo. Mae Del yn medru trin Gwenda i'r dim, yn well na fi pan fyddaf o dan bwysau cystadleuaeth fawr. Bydd Del, fel arfer, yn nhraed ei sanau ar dop y stand, yn cymryd cyfarwyddiadau gan Mei Ledi. Ond mae Gwenda'n anobeithiol am roi cyfarwyddyd ac mae hi'n drysu rhwng ei chwith a'i dde gan fy ngyrru i'n wallgof ar adegau. Ond byddwn yn cael llond trol o

Tipyn o nionyn – Sioe Hydref Malvern

hwyl a hi sy'n gyrru'r gwaith terfynol yn ei flaen gan greu'r *Wow factor* sy'n angenrheidiol i wthio'r safonau'n uwch. Rydan ni'n dîm da.

Mae angen cadw safonau. Fedra i ddim gosod arddangosfa heb anelu at y safonau uchaf posib. Pe bawn i'n gosod arddangosfa mewn sioe fach wledig, buasai'n rhaid iddi fod o'r un safon â Chelsea. I mi, mae pob sioe yn Chelsea.

Rydan ni wedi ennill un fedal aur ar ddeg yn Chelsea erbyn hyn. Rhwng 1996 a 2010 rydw i wedi ennill y fedal aur bob tro rydw i wedi cystadlu. Yn ystod y deng mlynedd y bûm i'n cystadlu, enillais bob blwyddyn gyda'r dangosiad llysiau gorau mewn unrhyw sioe RHS drwy'r wlad. Er na wnes i arddangos yn Chelsea rhwng 2005 a 2010, roedden ni'n dangos yn sioeau eraill yr RHS, yn Sioe Malvern ac yn Tatton. Rydan ni wedi cael Gwobr y Llywydd ddwywaith yn Chelsea, sef y brif wobr yn y pafiliwn. Pan oedd yr RHS yn dathlu ei dauganmlwyddiant yn 2004 gwnaeth papur *The Times* sbloets amdanom ni gan nodi bod ein llysiau wedi ennill 'the most prestigious show in the world'.

Roeddwn i'n grediniol bod rhywun uwch na fi'n fy helpu i ar adegau, yn enwedig pan enillais wobr y Llywydd yn Chelsea. Rydw i wedi ennill y wobr hon ddwywaith ac mae'r tlws cyntaf a gawsom yn werth tair mil a hanner o bunnoedd. 2004 oedd y flwyddyn gyntaf i mi ei hennill, ac ar ôl ennill gwobr y Llywydd yn Chelsea, enillais y Lawrence Medal am yr eildro ar ddiwedd y tymor ar ôl Sioe Malvern, sef sioe olaf y flwyddyn. Yn 2004 felly, enillais dair gwobr, sef gwobr y Llywydd, tlws y Gordon-Lennox a'r Lawrence Medal – blwyddyn ardderchog oedd hi, rhaid dweud. Mae'r Lawrence Medal, sy'n aur pur, yn wobr y ceisir yn ddyfal amdani ac yn un sy'n cael ei rhoi bob blwyddyn a hynny am y dangosiad gorau yn y flwyddyn o unrhyw sioe – gall fod am ffrwythau, blodau neu lysiau. Rydw i wedi ennill dwy ohonynt a doedd hi erioed wedi bod yng Nghymru tan i mi ei hennill am y tro cyntaf yn 2001. Chewch chi ddim eich cynnwys yn y gystadleuaeth wedyn am dair blynedd. Ac felly, y munud daeth y tair blynedd i ben, enillais un arall yn Chelsea yn 2004. Dim ond un Lawrence Medal rydach chi i fod i'w chael, sef y gyntaf. Dydach chi ddim i fod i gael un wedyn, dim ond cerdyn i ddweud eich bod wedi cael y fedal aur. Ond roeddwn i wedi sefydlu'r busnes hadau, ac enw'r cwmni ar y pryd oedd

R. M. & G. V. Williams, sef Richard Medwyn a Gwenda Vaughan Williams. Dyma rai yn dweud wrtha i fod hwnnw'n enw rhy hir ar gwmni hadau, ac y dylwn feddwl am enw byr fel Fothergills, Marshall,

Suttons, Dobies, Unwins – un enw cofiadwy. A dyma newid enw'r
cwmni i 'Medwyn's'. Mae'n rhaid fy mod i wedi rhoi fy enw ar gyfer y
gystadleuaeth y flwyddyn honno fel 'Medwyn's' a wnaeth neb yn yr RHS
ddeall bod Medwyn's ac R. M. & G. V. Williams yr un peth!

Mae tlws y Gordon-Lennox yn un rydw i wedi ei hennill bob
blwyddyn am yr arddangosfa ffrwythau neu lysiau orau drwy'r wlad i
gyd. Arddangosfa Tatton Park yn 2011 oedd y tro olaf i mi ei hennill. Mae
gynnon ni ddeg o bowlenni ffrwythau'r Gordon-Lennox ac enw Medwyn's
arnynt. Beth wnawn ni efo nhw, Duw'n unig a ŵyr. Ar ôl hysbysu'r RHS
bod gennym ddeg ohonynt yn barod, fe gawsom bedwar decanter, ac mae
gen i dri gwahanol math o fas hefyd. Mae Gwenda'n dipyn o bioden fel
mae hi, ond mae hi'n dipyn o gur pen bellach rhoi lle i'r trysorau yma i gyd!

*Powlen wydr Gordon-Lennox am yr arddangosfa orau o ffrwythau neu lysiau
mewn unrhyw sioe RHS am y flwyddyn. Rydym ni wedi ennill tua dwsin o'r rhain*

Mae'n rhaid i mi gyfaddef i mi deimlo yn 2004 fod Duw yn edrych ar fy ôl. Fy rhieni oedd y peth cyntaf ddaeth i'm meddwl y flwyddyn honno yn Chelsea, wrth gerdded i mewn i'r babell, a gweld yr amlen wen a deall ein bod ni wedi cael y fedal aur eto ac agor y llythyr a darllen:

Dear Medwyn,
Congratulations, you've just won the President's Award for the best display in the horticultural marquee at Chelsea 2004 . . .

Bu Mam farw yn 1999 a Nhad yn dilyn mewn llai na deunaw mis yn 2000. Roedd Nhad yn saith deg naw mlwydd oed yn marw ac yn golled fawr i mi mor fuan ar ôl colli Mam. Cawsom gyfnod du fel teulu am ryw ddeunaw mis yr adeg honno. Wedi colli fy rhieni, fe gollon ni dad Gwenda ac Yncl Emyr, fu efo ni'r diwrnod gwlyb ond bythgofiadwy hwnnw yn Llanystumdwy. Yr un flwyddyn fe gollon ni ffrind da i mi, sef Wil Bach y saer a fyddai'n gwneud y *props* i mi ar gyfer Chelsea.

Unwaith y bu farw Mam, roedd Nhad ar goll. Byddai'n gwneud paned iddo fo'i hun a'i gadael hi i oeri ar y pentan. Byddwn i'n mynd yno ambell i gyda'r nos gan eistedd efo fo o boptu'r tân tra tynnai Nhad ar un sigarét ar ôl y llall gan wasgaru'r llwch dros bob man. Roedd Mam a Nhad yn agos, ond Mam oedd yn rheoli bob dim. Roedd Mam yn dipyn o gês. Rydw i'n cofio Gwenda'n tynnu fy llun pan ges i'r wisg werdd ac yna'r wisg wen yn yr Eisteddfod a dyma ddangos y llun i Mam a hithau'n chwerthin hyd at ddagrau gan ddweud, 'Wel 'nes i rioed feddwl y baswn i'n cal nỳn fatha mab!' Roedd hi'n dipyn o gymeriad. Roedd pawb yn gwbod amdani. Roedd hi'n ddynes ffeind ac mi gafodd hi gynhebrwng mawr. Roedd hi'n rhan fawr o'r gymuned. Pe byddai rhywun wedi marw, neu rywun wedi gwneud yn dda yn yr ysgol neu'n mynd i goleg, byddai cerdyn gan Mam i bawb bob amser yn cydymdeimlo neu'n llongyfarch. Roedd yna barch tuag ati ond doedd ganddi ddim amynedd gyda ffyliaid chwaith a byddai hi'n dweud ei dweud heb flewyn ar ei thafod. Y dyn shiwrans fyddai'n ei chael hi ganddi hi'n amlach na heb – Jim Shiwrans o Niwbwrch. Byddai Jim Shiwrans yn ei chlywed yn dweud wrth iddo fo gyrraedd at y tŷ, 'Be uffar ma hwn isio 'wan eto? Isio pres ma siŵr!' Yntau'n ateb, 'Arglwydd mawr ddynas, gadwch i mi ddod i'r tŷ gynta!'

Roedd hi'n druenus gweld Nhad ar ôl iddo fo golli ei bartner oes.

Bu farw yn sgil caledu'r rhydwelïau. Roedd o'n smocio'n drwm, sigaréts yr hen Early Bird a'r geriach yna i gyd. Rydw i'n ei gofio fo'n rhoi'r gorau i smocio am fis unwaith ac wedyn mi ddywedodd o wrtha i, 'Mae rhaid i mi ailgychwyn. Dwi'n gweld petha o flaen fy llgada. Gweld y lle ma'n mynd yn rhyfadd i gyd.' Ond does dim dwywaith y cafodd yr holl sigaréts effaith andwyol ar ei iechyd.

Y peth cyntaf roeddwn i eisiau ei wneud ar ôl ennill Gwobr y Llywydd oedd ffonio adre. Es i'n oer drosta i a sylweddoli nad oedd yna neb gartre. Aeth yr emosiwn yn drech na mi a dechreuais grio. Wrth i mi ymollwng a'r dagrau'n llifo dyma'r ffôn symudol yn canu a'r llais y pen arall yn dweud, 'Rydach chi'n fyw rŵan Medwyn ar Radio Cymru'. Mae cyfeillion a glywodd y cyfweliad byw hwnnw wedi tystio ei bod hi'n amlwg fy mod o dan deimlad mawr wrth geisio ateb cwestiynau'r holwr ar y radio. Ar ddiwedd yr eitem, dyma'r cyflwynydd yn cyhoeddi bod yna griw o Gaerdydd ar eu ffordd i Chelsea i gyfweld â fi gan fy mod wedi cyflawni

Y teulu balch adeg derbyn yr MBE

tipyn o gamp. O'r munud hwnnw dywedodd y llywydd, Syr Richard Carew Paul wrthyf, 'Your life will never be the same again . . .'

Er mor felys oedd yr ennill, roedd rhan ohonof yn gresynu i mi golli fy rhieni cyn cyflawni'r gamp honno. Yn 2006 cefais fy anrhyddeddu â'r MBE am fy ngwasanaeth i arddwriaeth, ac mae'n siŵr bod y ffaith i mi ennill deg medal aur yn olynol yn Chelsea yn rhywbeth i'w wneud â'r peth. Roedd yna rai a deimlai y dylwn fod wedi gwrthod yr anrhydedd honno, ond gwyddwn y byddai fy rhieni wedi bod yn falch iawn ohonof. Gwenda, Sharon ac Owain, yr ŵyr, ddaeth efo fi i'r palas i dderbyn yr anrhydedd. Roedd Alwyn ar y pryd yn dal yn y Gatrawd Gymreig yn Irac ac felly'n methu bod efo fi. Dewisodd Alwyn ei fab Owain i ddod i'w gynrychioli a hynny am mai Owain ydy'r hynaf o'r efeilliaid o ychydig funudau, a derbyniodd ei efaill Richard y penderfyniad yn rasol – doedd dim llawer o awydd teithio arno ar y pryd p'run bynnag.

Roedd yn brofiad arbennig iawn cael mynd i'r palas wedi ein gwisgo yn ein dillad gorau. Yn ddiarwybod i bawb, roeddwn wedi trefnu aros yn yr Hilton ac wedi llogi Mercedes mawr du i fynd â ni yno. Yn y prynhawn, cawsom wahoddiad gan ein haelod seneddol, Albert Owen, i fynd i Dŷ'r Cyffredin am de ynghyd â thaith o gwmpas yr adeilad hynafol hwnnw.

Gyda phob gwobr a phob anrhydedd, byddaf yn cofio am fy rhieni ac yn tristáu o fod wedi eu colli. Pan enillais y wobr aur am y tro cyntaf yn Chelsea, gwyddwn y byddai Nhad yn enwedig, wedi bod mor falch o'r hogyn bach a fagwyd yn nhyddyn clwm Llwynysgaw ac oedd wedi derbyn y fath glod yn sioe fawreddog arddwriaethol fwya'r byd.

TEITHIO'R BYD

Mae ffrind i mi, Ian Cannon, yn gwneud cynnyrch i'r ardd, gwlâu uchel er mwyn tyfu pethau uwchben y ddaear o'r enw Link-a-Bord. Ceudod ydy o i gychwyn a gellir ei addasu i'r maint a fynnir o ran uchder neu led ar gyfer eich planhigion. Ian yw'r dyfeisiwr a fo sy'n cynhyrchu'r darn cornel, ac mae o'n enghraifft o beirianwaith cywrain. A finnau wedi bod yn wneuthurwr offer fy hun, rydw i'n medru gwerthfawrogi crefft y ddyfais syml ond effeithiol hon. Mae'n rhaid i'r darn gwryw a'r darn benyw ffitio'n berffaith i'w gilydd. Mae'r peg sy'n dal yr ochrau at ei gilydd yn allweddol i effeithiolrwydd y ddyfais. Dyfeisiodd Ian fin compost tebyg hefyd sy'n medru cadw'r gwres i mewn, hyd yn oed yn y gaeaf, achos mae o wedi'i inswleiddio. Mae'n gwneud yr un fath efo ffrâm brifiant. Mae yna ddau wahanol fath o gromen y gellir eu prynu ar wahân. Mae'r gwres ar y gwaelod a'r CO_2 yn codi ac fe'u defnyddir gan y planhigion pan maen nhw'n fychan felly, gellir cychwyn y planhigion ynghynt.

Rydw i'n ffrindiau mawr efo Ian ac wedi ysgrifennu am ei gynnyrch yn fy ngholofnau i'r *Garden News* a'r *Kitchen Garden*. Rydan ni fel busnes yn gwerthu ei gynnyrch hefyd. Cefais wahoddiad gan Ian yn 2006 i fynd i Las Vegas. Roedd yna Ffair Werthiant Ryngwladol yno ac roedd Ian yn awyddus i wthio ei gynnyrch yn yr Unol Daleithiau. Roedd Ian eisiau i mi fynd efo fo, fel rhywun oedd â phrofiad o fod wedi defnyddio'r ddyfais i dyfu llysiau ar gyfer Chelsea. Roeddwn i erbyn hynny wedi ennill sawl medal aur, ac roedd o'n hapus i nefnyddio i er mwyn hyrwyddo ei gynnyrch.

Rhaid dweud i mi gymryd at Las Vegas, ac rydw i wedi bod yno ddwywaith eto ers y tro cyntaf hwnnw. Mae'n sych braf yno heb fod yn rhy fwll. Mae rhywbeth yn afreal am y lle mewn gwirionedd. Bûm am hydoedd yn gwylio pobl yn y casinos, yn pendroni a oeddwn i am fentro ai peidio – wel, roeddwn i ofn lluchio fy mhres a gwneud camgymeriadau. Ar ôl magu dipyn o hyder, es ar y byrddau. Mae'n rhaid i mi gyfaddef fy mod yn hoff o chwarae *pontoon* ac yn ei chwarae hi'n reit dda. *Black jack* maen nhw'n ei galw hi yn y casinos. Es i fyny i dros fil o ddoleri – roeddwn i'n ennill yn dda. Y gamp efo chwarae mewn casinos ydy gwybod pryd i roi'r gorau iddi. Bûm yn chwarae am ddwy awr, efallai dair, dwi ddim yn siŵr, ac roeddwn ar bwl lwcus. Does dim cloc yna, a dim ffenestr a wyddoch chi ddim a yw hi'n ddydd ynte nos. Mae amser fel pe bai'n aros yn ei unfan yno.

Ar wahân i dreulio ychydig o amser yn chwarae, bu'n rhaid i Ian a minnau weithio'n galed yn Las Vegas. Roeddwn i fel rhyw *roadie* iddo. Roedd y pecynnau nwyddau wedi cyrraedd yno o'n blaenau, wythnosau ynghynt efo llong. Dyma ffeindio'n safle ni yn y neuadd arddangos anferth yma a gorfod cerdded am filltiroedd cyn gosod ein stondin. Talodd yr holl waith ar ei ganfed gan i ddau gwmni mawr o America fachu dyfais arbennig Ian.

Ar ôl gweithio'n galed am dri diwrnod solet, dywedodd Ian ar y pedwerydd diwrnod ei fod am roi trît i ni a'n bod am gael mynd mewn hofrennydd dros yr Hoover Dam i weld y Grand Canyon. Roedd yna chwech ohonom yn yr hofrennydd a ffwrdd â ni. Roedd o'n brofiad bendigedig hedfan dros yr Hoover Dam ac at ymyl y Grand Canyon. Roedd yr hofrennydd wedi codi a mwyaf sydyn roedden ni uwchben y twll mawr yma yn y ddaear. Disgynnodd yr hofrennydd gan lanio ar fath o lwyfandir cyn cyrraedd y gwaelod. Roedd hi'n amlwg bod hwn yn lle glanio'r hofrenyddion achos roedd yna dri o rai eraill yno wedi parcio yno hefyd. Dyma ddisgyn o'r hofrennydd a chawsom ein cinio brechdanau ar y llethr. Aeth un hogyn ifanc, hogyn cyhyrog cryf, ar ei liniau a gofyn i'w gariad ei briodi a phawb ohonom yn llawenhau ac yn eu llongyfarch.

Ymhen ychydig wedyn dyma rywun o'r parti yn gweiddi bod yna rafftiau'n dod lawr afon y Colorado oddi tanom. Mentrais lawr y llethr a dyma fy nhroed i'n bachu mewn rhywbeth a dyma sglefrio a glanio ar fy mhen-ôl. Roeddwn i wedi dychryn o weld y dibyn mawr o'm blaen a dyma fi'n rhoi plwc i dynnu fy nhroed yn rhydd a chlywais i a phawb arall oedd yno'r glec. Roeddwn i wedi torri fy nghoes. Rhedodd pawb tuag ataf. Doeddwn i ddim mewn poen ofnadwy ar y pryd ond roeddwn i wedi glanio ar nyth o forgrug, a gallaf dystio o brofiad personol fod morgrug America'n fwy na morgrug y wlad hon! Roedden nhw'n cropian drosta i ymhobman. Rhedodd y peilot i'r hofrennydd i nôl dŵr. Meddyliais i gychwyn ei fod o'n nôl dŵr i mi, ond lluchiodd y dŵr dros y morgrug a finnau'n gweiddi, 'Stop! We might need that!' O fewn eiliadau, roedd y droed wedi chwyddo'n fawr. Bûm yn ffodus mewn gwirionedd achos taswn i wedi sglefrio ymhellach, doedd yna ddim byd i gydio ynddo, dim ond ambell i lwyn bach yma ac acw. Taswn i wedi sglefrio ymlaen buaswn wedi mynd drosodd a syrthio gannoedd o droedfeddi i afon Colorado ac i ebargofiant.

Daeth yr hogyn ifanc oedd newydd ofyn i'w gariad ei briodi ataf a rhoi ei fraich amdanaf a'm llusgo yn ôl i ddiogelwch y llwyfandir. Roedd yna Americanwr arall yno efo ni, Jimmy, fu yn y Ffair Werthiant Rhyngwladol gyda ni a bu'n dda iawn yn eistedd fel pentan lyfrau, gefn yn gefn â mi. Roedd hi'n gythreulig o boeth, bron yn gan gradd. Ffoniodd rhywun am yr ambiwlans awyr ac ymhen hir a hwyr, ugain munud dda mae'n siŵr, gwelais hofrennydd bach yn nesáu. Bach oedd y gair achos doedd o fawr mwy na bybl ac un peilot paramedig ynddo. Daeth allan o'r hofrennydd a chymryd un olwg arna i a dweud, 'There's no way you're coming in this.'

'Well, what am I going to do?' meddwn innau wrtho. 'We'll have to have a proper air ambulance.' A dyma fo ar y radio eto a hanner awr boenus arall yn mynd heibio. O'r diwedd glaniodd hofrennydd mawr a nyrs, meddyg a stretsher yn dod allan ohono.

Roedd Ian Cannon, fy ffrind, fel hen iâr a'i phen wedi torri i ffwrdd; doedd o ddim yn gwybod beth i'w wneud. Roedd o'n clwcian o gwmpas a'i ddwylo'n chwifio ymhobman. Ond roedd Jimmy'n wych yn fy helpu a'm cysuro. Rhoddwyd pigiad morffin i mi yn yr hofrennydd a dechreuais deimlo ychydig bach yn well wrth i'r nyrs siarad efo fi yng nghlydwch yr hofrennydd. Ymhen hir a hwyr, o fewn rhyw ddeng munud efallai, gallwn weld Valley Hospital, Los Angeles yn y pellter. Roedd o'n union fel pe bawn i'n sbio ar ffilm debyg i *Emergency Ward 10*. Gallwn weld stretshar a throli y tu allan a phedair o ferched mewn dillad gwynion yn disgwyl amdanaf. Aethpwyd â fi ar fy union ar y stretshar ac i mewn i'r ganolfan ddamweiniau. Y peth cyntaf ofynnwyd i mi oedd, 'Are you insured?' Dywedais fy mod i ac wedyn gofynnwyd am gael gweld fy nogfennau. Eglurais innau nad oeddwn yn eu cario efo fi rhag i mi eu colli, a'u bod yn y gwesty. Yna daeth yr ateb brawychus, 'Well, Mr Williams, we have to tell you that if you haven't got your documents with you, there's nothing we can do for you unless you sign this document to say that you are prepared to pay for everything.'

Roeddwn i mewn lle cas. Fedrwn i ddim symud, ac yn sicr fedrwn i ddim mynd yn ôl i'r gwesty yn Las Vegas. Dywedodd y llawfeddyg wrthyf fod y toriad yn fy nghoes yn un drwg iawn. Roedd y ffaith i'r ddamwain

Golygfa anhygoel o'r Hoover Dam; ond damia, cael fy nghario 'nôl o'r
Grand Canyon a nhroed mewn bag plastig

ddigwydd mewn lle mor anhygyrch, gan beri oedi lle y gellid bod wedi trin y goes, wedi cymhlethu pethau. Ac ar ben hynny roedd fy nghoes wedi chwyddo'n fawr. Rhoddodd y llawfeddyg y dewis i mi aros yn yr ysbyty am bythefnos er mwyn iddyn nhw roi llawdriniaeth i mi neu fy mod i'n hedfan adref a'i drin o yng Nghymru. Doeddwn i ddim eisiau aros mewn ysbyty yn America am gyfnod mor hir a dywedais wrtho fy mod am fynd adref. Gosododd y meddyg blaster o Paris y ddwy ochr i fy nghoes a thunelli o wadin. Y perygl mawr oedd y gallwn ddatblygu *thrombosis* neu glot. Roedd y goes yn ddrwg ac wedi chwyddo fel bybl mawr anghynnes a honno'n ddu-las.

Bu'n rhaid i mi fynd yn ôl am y tridiau oedd gen i'n weddill i gael pigiadau yn fy stumog i deneuo'r gwaed. Dyma gyrraedd yn ôl i'r Hilton yn Las Vegas a Jimmy'n fy helpu eto a Ian Cannon yn dal mewn panics o gwmpas y lle. Wedi cyrraedd fy llofft, dyma chwilio am fy nogfennau a gweld fy mod i wedi fy insiwrio trwy gwmni Tesco. Dechreuais boeni a oedd yr insiwrans yma'n un dilys. Roedd yna rif ffôn argyfwng yng Nghanada ar y ddogfen a deialais y rhif ac egluro'r hyn oedd wedi digwydd. O fewn ugain munud i'r alwad ffôn daeth galwad arall gan y cwmni o Ganada'n dweud eu bod wedi uwchraddio'r daith adref i'r dosbarth busnes ar yr awyren. Gwyddwn wedyn fod pethau'n iawn a hynny'n rhoi rhyw fath o dawelwch meddwl i mi bod y cwmni insiwrans wedi delio efo'r ysbyty ac nad oedd problem.

Treuliais weddill fy nghyfnod yno yn fy llofft yn y gwesty yn Las Vegas. Fedrwn i wneud fawr ddim ond gorweddian yn fy llofft am dair noson ac roedd hynny'n brofiad diflas ar y naw – roeddwn i'n gwbl anabl. Fedrwn i ddim hyd yn oed newid fy nillad heb gymorth, a bu Jimmy'n dda iawn efo fi. Y cyfan fyddai Ian druan yn ei wneud fyddai agor drws y llofft a gofyn, 'Are you alright? Alright,' a chau'r drws ar ei ôl. Efallai ei fod yn feistr ar ddyfeisio cynnyrch i'r ardd, ond roedd o'n anobeithiol mewn argyfwng! Ar ben y cyfan roedden ni wedi archebu tocynnau ar gyfer cyngerdd mawreddog yn Las Vegas, a'r rheiny wedi costio'n agos i gan punt a finnau'n methu mynd.

Ffoniais Gwenda o'm llofft i dorri'r newydd fy mod wedi torri fy nghoes a hithau'n dweud yn syth ei bod am hedfan draw i America ata i. Eglurais wrthi nad oedd diben iddi hi wneud hynny a finnau'n cychwyn am adre mewn tridiau. Dywedais wrthi am ganslo bob dim yn fy nyddiadur am beth bynnag bedwar mis a hithau'n gofyn wedyn, 'Beth am Hampton Court? 'Dan ni fod yn Hampton Court ym mis Gorffennaf.'

'Fedrwn ni ddim neud o. Rhaid i ti anghofio fo.'

'Mi 'na i neud o!'

Cefais i a'm ffyn baglau hedfan adref yn y dosbarth busnes. Roedd pawb arall yn sipian y gwin coch Ffrengig gorau a finnau'n methu cael dim gan fy mod i ar dabledi.

Pan gyrhaeddais adref aethpwyd â fi i Ysbyty Gwynedd a ffotograffwyr wrth y drws, wedi clywed am fy anffawd. Doeddwn i ddim mewn hwyliau i gael tynnu fy llun ar gyfer papur newydd mae'n rhaid dweud. Daeth arbenigwr ataf a dweud ei fod wedi bwrw golwg dros luniau'r pelydr-X a dweud ei fod yn meddwl y gallai wneud rhywbeth gydag ambell i sgriw yma ac acw yn y goes. Doedd y ffaith iddo ddweud ei fod yn 'meddwl' y gallai wneud rhywbeth ddim yn fy llenwi â hyder. Gofynnais am gael ail farn ac aethpwyd â fi yn fy mhyjamas mewn ambiwlans i Fodelwyddan. Dyna un o'r penderfyniadau doethaf i mi ei wneud. Gwyddel oedd yr arbenigwr yn Ysbyty Glan Clwyd. Daeth i'r ystafell ddamweiniau, agor y llenni ac eistedd i siarad efo fi. Cymerodd ataf a finnau ato yntau'n syth bin ac roedd gen i ffydd lwyr ynddo fo.

Wedi'r holl firi, a finnau'n dechrau mendio yn yr ysbyty ac wedi cychwyn cerdded eto, daeth yr arbenigwr ataf cyn i mi adael. 'You're a lucky man,' meddai.

'I know. I've had you.'

'No, not that, I was contemplating cutting your leg off, below the knee because it was that severe. I didn't think it would hold. That's why I've put seven screws in.'

Yn naturiol, roeddwn i'n hynod o ddiolchgar iddo. Erfyniodd yntau arnaf i ddilyn ei holl gyfarwyddiadau wrth i mi wella, ac fe wnes. Daeth Gwenda â gwely i lawr grisiau i mi ar ôl i mi gyrraedd adref. Rhoddodd ffrind i mi flociau pren o dan y gwely fel bod fy nhraed i at i fyny ac mi fendiodd. Mae'r sgriws yn dal yn y goes. Dydw i ddim wedi cael dim munud o drafferth efo hi.

Roedd hi'n ddiwedd Mai arnaf yn dychwelyd o Las Vegas ac felly doedd dim llawer o amser cyn Sioe Hampton Court. Rhyw fis go lew oedd i fynd ac roedd angen troi'r tir. Roedd y cyfnod hwnnw'n ofnadwy o rwystredig i mi. Bu'n rhaid i mi drio mynd o gwmpas y tŷ gwydr mewn cadair olwyn wrth drin y nionod. Roedd un o'r hogiau oedd yn gweithio i mi yn fy ngwthio o gwmpas y tŷ gwydr a phlanc o dan fy nhin i ddal fy nhroed i fyny a finnau'n trio dweud wrth bawb beth i'w wneud.

Gwenda wnaeth yr arddangosfa i Hampton Court y flwyddyn honno tra oeddwn i'n eistedd a'm troed ar y pwffi mewn plastar, ffôn bach yn fy llaw yn rhoi cyfarwyddiadau iddi hi ar lle i osod bob dim. Rhaid i mi dynnu fy het i Gwenda. Cafodd y wobr aur a'r Tudor Rose Award am y gorau yn y sioe. Ond doeddwn i'n disgwyl dim llai ganddi, chwarae teg.

❧

Roeddwn i'n eistedd yn fy offis rhyw brynhawn ym mis Hydref a chanodd y ffôn. Acen Americanaidd oedd gan y llais yr ochr arall yn dweud, 'Good afternoon, we're talking to you from Cincinnati in Ohio. We'd like you to come down and do a display for us like you do in Chelsea.' Fy ymateb greddfol oedd dweud, 'Pull the other leg, it's got screws in!' A rhoddais y ffôn yn ôl yn ei grud. Roeddwn i'n grediniol mai un o'm ffrindiau oedd yn chwarae tric â mi. Ymhen pum munud canodd y ffôn eto a'r un llais yn dweud, 'Please don't put the phone down, we're serious. We're phoning you from Cincinnati.'

Siaradais gyda'r Americanwr a deall ei fod yn gwbl o ddifrif. Roedden nhw'n cynnig talu fy nghostau i gyd i fynd draw yno. Ceisiais egluro wrtho fod fy stondin arddangos yn ugain troedfedd ac arni ddeugain o wahanol fathau o lysiau a thros gant ac ugain o wahanol ddysglau. Roedden nhw'n gofyn rhywbeth amhosib. Ynteu oedden nhw? Gofynnais pa bryd y cynhelid yr arddangosfa a chael gwybod mai diwedd Ebrill y flwyddyn ganlynol oedd hi. Roedd hynny fis o flaen Chelsea! Roedd Chelsea'n ddigon o hunllef ynddo fo'i hun heb sôn am fynd fis cyfan ynghynt i America! Ond mae'n rhaid fy mod yn hoffi her, neu'n hoffi cur pen! Cytunais, ac rydw i wedi bod yn Cincinnati ddwywaith.

Y tro cyntaf, doedd gynnon ni ddim e-byst na dim byd felly. Bu'n rhaid i ni anfon lluniau a finnau'n sylweddoli'n raddol fy mod i wedi cytuno i wneud tasg maint mynydd. Fedrwn i ddim paratoi'r llysiau i gyd i'w cludo i America. Ac felly gofynnais iddyn nhw ddarparu rhywfaint o'r llysiau eu hunain a dyma nhw'n gwarantu y byddai popeth yn iawn. Penderfynais innau y buaswn i'n tyfu'r cennin, y nionod mawr, betys hir, moron hir, pannas, ychydig o nionod bach a rhyw ychydig o datw fy hun. A dyna ni. Wel mi oedd gwneud dim ond hynny'n ddigon o boen oherwydd mae dod allan o awyren yn America efo afal yn eich llaw yn ddigon o broblem, ond roedd gen i focseidiau o lysiau amrywiol, yn doedd? Roedd angen meddwl sut y buaswn i'n cael y llysiau yma drosodd i America. Bu'n rhaid trefnu pethau efo'r Adran Diogelwch Cartref yn America ac efo DEFRA yn y wlad hon. Gosodwyd amodau arnom y byddai'n rhaid i swyddogion DEFRA weld bob dim roedden ni'n bwriadu mynd efo ni i America. Roedden nhw hefyd eisiau gweld bob dim yn tyfu ddeuddydd cyn i mi hedfan. Dim ond ar ôl hynny y bydden nhw'n penderfynu pa lysiau roeddwn i'n cael eu tynnu. Mae'n rhaid eu bod yn poeni fy mod yn cuddio draig goch ynghanol y betys a bod honno am redeg yn rhemp ar hyd peithdiroedd Amercia a chroesfridio efo rhywbeth arall! Dywedwyd wrthyf pe bai unrhyw bryfetach neu arwydd o bla ar fy nghynnyrch na fyddwn yn cael caniatâd o fath yn y byd i fynd i America. Daeth eu harolygydd acw a thynnu rhai o'r llysiau a'u harchwilio.

Roeddwn i wedi darganfod, wythnos cyn i'r arolygydd ddod acw bod gen i *western flower thrip* ar fy nghennin; pry bychan bach ydy hwn, bron iawn na ellir ei weld efo'r llygad. Yr hyn a wna'r pryfyn hwn ydy bwyta'r *epidermis*, sef haen uchaf y ddeilen. Golyga hyn bod y ddeilen yn troi yn y pendraw o fod yn wyrdd i fod yn arian. Gellir cael miloedd o'r diawliad ar blanhigion pan ddechreuan nhw fridio. Gallant ddifetha eich holl waith. Roeddwn i wedi dechrau poeni, beth oeddwn i i wneud? Dyma fi adref ac i'r sièd. Roedd gen i gybolfa o wahanol blaladdwyr. Cymysgais ddos dwbl a rhedeg i'r tŷ gwydr yn y nos pan oedd y coleg wedi cau i chwistrellu gan sibrwd wrth y pryfaid, 'Marwch, y diawlad!'

Dychwelais i'r tŷ gwydr fore trannoeth a dyna lle'r oedd y pryfed yn gwenu arna i. Roedden nhw'n cropian yn braf ymhobman. 'Reit!' meddwn i. 'Mae hyn yn siriys rŵan.' Adre â fi eto a chymysgu dau fath o gemegyn, dwbl yr hyn oedd fod, a diolch i'r drefn fe wnaeth hwnnw'r job. Fuaswn i ddim mor hael â phlaladdwr fel arfer, ond yn yr achos hwn, doedd dim gymaint o ots achos doedd yna neb yn mynd i'w bwyta. Gwyddwn yn iawn, unwaith roedd y llysiau wedi mynd i America, ac wedi i'r sioe ddarfod y byddai'r Adran Diogelwch Cartref yno'n eu lluchio a'u llosgi i gyd. Roedd hynny ar un olwg yn fy ngwneud i'n flin achos gwyddwn y byddai gen i nionod mawr da yn mynd yn wastraff.

Sioe flodau oedd hon yn Cincinnati, ac roedd hi'n sioe naw diwrnod. Doeddwn i erioed cyn hynny wedi gosod llysiau am gyfnod mor hir. Chwe diwrnod ydy Sioe Chelsea ac mae hynny'n ddigon hir. Y tro cyntaf, roeddwn i wedi gosod y cennin i fyny'n bwynt ac mi roeddan nhw wedi melynu bron iawn i'r stem erbyn y diwrnod olaf a doedd dim y medrwn wneud am y peth.

Yr ail dro yr es i yna, gyrrais fy mab, Alwyn, a'm chwaer Sarah draw yno o flaen Gwenda a fi ar ryw fath o reci ryw ddiwrnod o flaen llaw i sicrhau bod pob dim yn iawn – roedd angen pedwar ohonom i wneud y job yma. Pan gyrhaeddodd Gwenda a finnau'r maes awyr yn Cincinnati daeth dyn diogelwch a gwn wrth ei ochr draw atom a gofyn, 'Are you Mr Williams?'

'Yes.'

'We've been expecting you, Mr Williams. We believe you've got vegetables.'

'Yes.'

'Well we're sorry, but we've got to inspect them.'

Roeddwn i'n gwybod y gallai hyn ddigwydd. Roedd y bocsys llysiau wrthi'n cael eu tynnu o'r awyren. Roeddwn i wedi cael bocsys pren wedi eu gwneud yn arbennig, ac roedden ni'n hedfan efo Delta Airlines ac roedden ni wedi gorfod ffonio Delta rhag blaen i weld pa faint bocsys oedd yn dderbyniol. Os ydw i'n cofio'n iawn 102 o fodfeddi oedd y maint i fod. Pe bai'r bocs yn fwy na'r maint priodol chaech chi ddim mynd â fo ar yr awyren. Sicrheais fod y saer wedi gwneud y bocsys i faint 101 o fodfeddi ac wedyn yn gosod sgriws a chaead ar eu pennau. Roeddem wedi pacio'r cennin i gyd mewn Bubble Wrap, moron a ballu mewn bocsys gwahanol, pedwar, bump o focsys. Roedd gen i sgriwdreifar yn fy mag awyren – fasach chi ddim yn cael cario hwnnw heddiw, ond mi gaech chi'r adeg hynny. Dyma dynnu'r caead i ffwrdd ac agor y polythen o dan drwynau dau ddyn diogelwch arfog. Dyma nhw'n edrych i mewn i'r bocs ac ebychu: 'What the heck are those?'

'Parsnips,' meddwn i'n strêt.

'Hey! Tom! Come and have a look at these parsnips! Have you ever seen parsnips like these before?'

Roedd y pannas yn bedair troedfedd o hyd ac roedd y ddau'n rhyfeddu at eu maint. Dyma un o'r dynion yn gwenu arna i ac yn dweud, 'That's fine!'

Anadl o ryddhad, roeddwn i'n meddwl bod popeth yn iawn. Dyma agor bocs arall oedd yn llawn moron. Cafwyd yr un sgwrs eto a'r dyn diogelwch yn dweud, ar ôl i mi egluro mai moron oedden nhw, 'We don't have carrots like that in America!'

'Well we do in Wales,' meddwn innau'n hy. Gwaeddodd ar ei fêt gan droi ataf i a dweud, 'I'm sorry you can't bring these carrots in. You're not allowed. It's a banned vegetable in the State of Ohio.'

'What do you mean, "banned"?' meddwn i. 'They're both the same family, the carrot and the parsnip.'

Ond fasa waeth i mi fod wedi siarad â wal ddim. Ceisiais egluro mai dim ond ar gyfer eu harddangos oedden nhw, ond wnâi o ddim caniatáu i mi ddod â fy moron i mewn i Ohio ar unrhyw gyfri. Er gwaethaf y gynnau oedd gan y dynion, roeddwn i'n flin a dyma fentro pwsho'n lwc drwy ychwanegu, 'So what's going to happen to them?'

'They'll be quarantined and eventually destroyed.'

'I suppose they'll be destroyed by consumption!' meddwn i.

Y peth nesaf a archwiliwyd ganddynt oedd y betys hir. A chafwyd yr un ymateb eto, 'You can't bring them in.'

Rhoddodd hynny'r caibosh ar fy arddangosfa i, a dweud y gwir. Ffoniwyd y Seneddwr a'r Cyngreswyr gan drefnwyr y sioe mewn ymgais i weld a allent fy helpu. Ond yn ofer. Cefais dipyn o fraw wrth i mi sylweddoli cymaint o bŵer oedd gan America i atal unrhyw beth a fynnent rhag dod mewn i'r wlad.

Wedi i ni adael y maes awyr cefais fwy o newyddion drwg gan Alwyn – yntau'n fy rhybuddio nad oeddwn i'n mynd i fod yn hapus efo safon warthus y llysiau roedden nhw wedi eu cael i ni. Roedd Alwyn yn llygad ei le. Pan agorais i'r bocs tomatos a gawson nhw i ni, gallwn weld na wnaent y tro o gwbl. Tomatos cyffredin crwn oedden nhw ac yn feddal a rhai ohonynt yn slwtsh. Gwnaeth trefnwyr y sioe bopeth o fewn eu gallu i'n cynorthwyo. Doedd dim byd yn ormod iddynt ac aeth un ohonynt â ni o gwmpas gwahanol warysau. Bu'n rhaid ymweld â sawl warws cyn bodloni. Mae gynnon ni well safon o domatos nag sydd ganddyn nhw. Cefais foron mewn bag, yn union fel pe tasech chi wedi eu prynu mewn archfarchnad – bag rhwyd a blaen y moron wedi torri a ballu. Bu'n rhaid i mi ddefnyddio hynny oedd gen i o amynedd a syniadau i greu'r arddangosfa orau allwn i.

Gweithiodd yn iawn. Ond y bore wedi darfod y gosod a chael y feirniadaeth, dyma ni'n cerdded i mewn a gweld hoel pawennau ar y

cadach du. Wrth edrych i fyny i dop fy stondin gwelais fod chwarter y
côn o domato roeddwn i wedi ei greu, wedi ei fwyta i gyd. Roedd 'na
racŵn wedi bod yna yn y nos ac wedi ei fwyta fo i gyd. Ond o leiaf roedd
o wedi cael ei feirniadu. Dyma fi'n trio twtio'r arddangosfa orau medrwn
i. Yn y babell roedd cwmni wedi gwneud car allan o rwyllau gwifrog ar
siâp Cadillac, ac wedi ei wneud o allan o India corn i gyd er mwyn dangos
ffordd newydd o gael tanwydd allan o India corn. A myn uffar i, pan es i
yna roedd y racŵn wedi bwyta bympar y car. Doedd yna ddim byd ar ôl
ond weiren. Dyma banig mawr ac wedyn bob tro roedden ni'n mynd o 'na
gyda'r nos, byddai'r stiwardiaid yn dod â'r trap arbennig yma – trap racŵn.
Ddalltais i erioed a ddalion nhw o ai peidio ond cawsom lonydd wedi hynny.

Roedd hi'n ddifyr gweld sut roedd pethau'n cael eu trefnu mewn gwlad
wahanol. Cawsom ein trin yn *champion*; gwesty mawr, car ein hunain,
cawsom ffôn hyd yn oed fel y gallem gysylltu efo nhw. Ond roedd yr holl
beth yn gythreulig o boenus ac roeddem o dan bwysau aruthrol. Faswn i
byth yn gallu ei wneud o yn yr oed rydw i rŵan. Wedi dweud hynny, roedd
o'n brofiad anhygoel a rydw i'n falch iawn fy mod i wedi ei wneud o. Un
fel yna bues i erioed. Dydw i erioed wedi gwrthod cynnig. Mae cynnig
rywbeth fel yna sy'n sialens efo llysiau, fel cadach coch i darw, mi af i
amdano fo. Wna i byth wrthod her.

Mae Alwyn, fy mab, yn sgut am her hefyd. Ers i Alwyn ddarfod efo'r
fyddin ac ymuno â mi yn y busnes garddio, mae ei fryd wedi bod ar dyfu'r
bwmpen fwyaf posib. Ond fel pe bai hynny ddim yn ddigon o sialens, mae
o'n awyddus i hwylio ar draws y Fenai yn y bwmpen hefyd! I wneud hynny,
mae angen pwmpen o leiaf bum can pwys gan fod rhaid i wal y bwmpen
fod ddigon trwchus i gario ei bwysau. Dydy o ddim wedi llwyddo hyd yma
er iddo gael pwmpen bron iawn i wyth can pwys y llynedd. Ond un bore
aeth Alwyn i'r twnnel 'poly' a chanfod fod y bwmpen wedi hollti odditani.
Unwaith y digwydd hyn, mae'r aer yn mynd i mewn i'r bwmpen, ac yn
sydyn iawn does dim mwy o dyfiant ac mae'r bwmpen yn dechrau pydru.

Pan dorrodd y newyddion fod Alwyn yn awyddus i hwylio mewn
pwmpen, cawsom alwad ffôn gan Fwrdd Croeso Ynys Manaw yn cynnig
llety i Alwyn a'r criw ar ôl cyrraedd yno! Sôn am 'Fuoch chi 'rioed yn
morio?' Ond dydy'r môr a finnau ddim yn ffrindiau mynwesol, fel y
gwyddoch. Mae gen i ffrindiau, Hughie a Doreen MacLeod, sy'n byw
yn Oban, ar ochr ddwyreiniol yr Alban. Gwaith Hughie ydy pysgota am

gorgimychiaid. Aeth Gwenda a minnau draw yno am wythnos o wyliau rai blynyddoedd yn ôl, a hithau'n haf braf. Cyrraedd yno'n hwyr ar nos Wener a Hughie'n gofyn i mi a hoffwn fynd efo fo yn y bore i bysgota yn ei gwch.

Newydd fynd i gysgu oeddwn i a dyma ddwylo anferth Hughie yn fy ysgwyd am bedwar o'r gloch y bore roedd rhaid mynd i'r môr a doedd dim troi'n ôl. Y joban gyntaf gefais i oedd cario llond bin sbwriel o gyrff a phennau hen bysgod i'r cwch bach oedd i fynd â ni at ei gwch mawr. Roeddwn i'n teimlo fel cyfogi a finnau heb eto gael paned o de i'm deffro. Ffwrdd â ni i'r môr mawr a Hughie'n tynnu'r cewyll corgimwch i mewn i'r cwch a'u gwagio. Ymhen tipyn, aeth y cwch yn dawel ac roedd golwg ddigon poenus ar wyneb Hughie. Dyma fo'n troi ataf a dweud, 'The engine's broken down. I'll radio the lifeboat.' Ymhen ychydig funudau dyma fo'n dweud fod y batri wedi marw. Ceisiais beidio dangos fy mraw a dweud, 'Well, send some flares up.' Gwelwais pan ddywedodd, 'I haven't got any.' Dyma ofyn yn grynedig, 'Have you got some lifebuoys then?'

Pwmpen wedi ei gorchuddio efo fleece *er mwyn cael y tyfiant gorau posib*

Ateb negyddol a gefais i'r cwestiwn hwnnw hefyd. Roeddwn i'n dechrau poeni go iawn a dyma fi'n harthio arno, 'What sort of fisherman are you?'

Roeddwn i'n poeni o ddifrif ac yn teimlo'n reit sâl a minnau heb gael brecwast o gwbl a'r cwch yn siglo o ochr i ochr ac yn symud yn llawer rhy sydyn allan i'r môr mawr. Roedd pethau'n edrych yn ddu, yn enwedig a minnau'n methu nofio! Ynganwyd yr un gair rhwng Hughie a finnau, a doedd dim i'w wneud ond gobeithio am y gorau. Daeth dyddiau cynnar ysgol Sul Horeb yn fyw i'm meddwl ac ambell frawddeg megis, 'Ni fethodd gweddi daer erioed â chyrraedd hyd y nef.' Coeliwch fi, gweddïais yn daer am yr awr nesaf tra ysgubwyd y cwch yn ddidrugaredd tuag at y gorwel.

Ymhen hir a hwyr iawn, gwelais sbotyn bach yn symud ar y gorwel ac o dipyn i beth roedd yn nesu atom. Llamodd fy nghalon o weld mai bad achub oedd yn dod yn agosach. Mae'n rhaid bod Hughie wedi medru cael arwydd rywsut i'r tir mawr. Pan ddaeth y cwch anferth atom a finnau'n straffaglu'n grynedig i fyny ei hystol at ei bwrdd, y peth cyntaf ofynnodd un o'r criw i mi oedd, 'Name and address please?' A dyma fi'n dweud, 'Medwyn Williams from Llanfairpwllgwyngyllgogerychwyrndrobwll-llandysiliogogoch.' Ymateb anghrediniol y gŵr oedd, 'What the hell are you doing *here*?'

Mae fy nyled yn fawr i'r bad achub, ac fel arwydd o'n gwerthfawrogiad, trefnodd Hughie noson yn Oban yn y neuadd lle traddodais ddarlith yno a'r elw i gyd yn mynd at Gronfa'r Bad Achub. Er i mi gael fy magu ar ynys, mae mawredd a rhyferthwy'r môr yn fy nychryn. Ar y tir y byddaf yn fy elfen, yn ôl at fy ngwreiddiau ar dir cadarn Ynys Môn ac yno byddaf yn teimlo'n ddiogel a hapus fy myd.

HAF O HYD

Bob bore byddaf yn codi tua saith, mynd i lawr grisiau a chyn mynd at fy nghyfrifiadur, byddaf yn greindio coffi. Does yna ddim byd tebyg i oglau coffi ben bore. Tyfais ffa coffi am gyfnod. Roedd gen i ffrind ym Manceinion – Eidalwr oedd o o'r enw Emilio Degisi. Roedd o wedi archebu planhigion sioe gen i, helogan a chennin. Glaniodd acw ryw fore Sadwrn, ac roedd ganddo ddau blanhigyn bach mewn potiau, dim mwy na rhyw ddwy fodfedd a hanner. Eglurodd mai planhigion coffi oedden nhw ac y byddai gen i goffi o fewn dwy flynedd. Doeddwn i'n coelio dim o'r hyn roedd o'n ddweud. A dyma fi'n eu gadael nhw ar y fainc ac anghofio amdanyn nhw i bob pwrpas, rhoi joch o ddŵr iddyn nhw bob hyn a hyn wrth basio. O dipyn i beth fe dyfon nhw a finnau'n dechrau meddwl y buasai'n syniad i mi botio'r rhain yn eu blaenau. Aeth i bot dwy droedfedd ar draws yn y diwedd gan dyfu'n fawr a chryf, a chawsant gartref yn un o dai gwydr Pen-y-ffridd ym Mangor.

Mae o'n blanhigyn hardd. Daw'r dail sy'n dod oddi ar y canghennau i hongian am i lawr – maen nhw'n hir, rhyw chwech i wyth modfedd â sglein arnyn nhw. Ar hyd canol pob cangen mae'r blodau gwyn yma'n datblygu. Mae'r gangen yn llawn o flodau gwyn a chanddynt y persawr mwyaf bendigedig. Pe tasech chi'n medru ei botelu fo, gallech wneud eich ffortiwn, dwi'n siŵr.

Byddwn yn agor y tŷ gwydr yn y bore, yn mynd i mewn a byddai'r arogl mor drawiadol. O'r blodau, wrth gwrs, y daw'r aeron, neu'r ffeuen. Mae'r aeron yn datblygu o'r blodyn fel ffrwyth bach, sy'n wyrdd i gychwyn, wedyn maen nhw'n troi yn felyn ac yn oren ac yn goch. Unwaith maen nhw wedi troi'n goch, mae angen hel yr aeron. A dyna ydy'r gwahaniaeth rhwng coffi da a choffi gwael. Mewn gwlad fel Ethiopia, maen nhw'n rhoi canfas ar lawr, yn ysgwyd y brigau ac mae'r aeron yn disgyn ar y llawr. Yn gymysg â'r rhai coch, mae yna rai gwyrdd, rhai melyn, rhai oren sydd weithiau heb aeddfedu'n iawn. Y dull gorau, mae'n debyg, ydy cynaeafu'r coffi pan maen nhw wedi troi'n goch. Cefais gnwd da a hynny'n denu'r wasg i roi sylw i nghoffi i.

Doedd dim tymor arbennig i'r cnwd achos roeddwn i'n eu tyfu mewn dull didymor; roedd gen i dŷ gwydr a goleuadau a gwres yn doedd? Mae'n haf o hyd yn fanno. Dau blanhigyn coffi oedd gen i, dyma fi'n eu cynaeafu nhw i gyd, yn eu hel nhw i gyd yn goch a'u rhoi nhw ar hambwrdd. Es i â nhw i le cynnes, poeth, yn un o'r tai gwydr ym Mangor, a'u gadael nhw ar silff nes roedden nhw wedi crebachu'n sych grimp. Pan fyddwch chi'n edrych ar ffeuen goffi, mae yna ddau wyneb fflat, dau hanner. Yr hyn fyddwn i'n ei wneud wedi i'r rhain sychu i gyd ydy eu rhostio nhw. A dyna lle mae'r gyfrinach; yn y rhostio y daw'r blas. Os gwnewch chi eu gor-rostio cewch flas coffi cryf a chwerw. Yr hyn y dylech ei gael ydy *rotisserie*, sy'n troi rownd a rownd. Doedd gen i ddim byd felly, y cyfan oedd gen i oedd plât a'u rhoi nhw o dan gril gan obeithio am y gorau ac wedyn greindio – a dyna chi'r coffi. Roedd o'n hyfryd. Aeth y stori ar hyd ac ar led Cymru. Bu'r teledu acw, cylchgrawn y *Garden News*, y papurau newydd ac wedyn dyma Sioe Llangollen yn gofyn faswn i'n mynd â sampl efo fi i'w roi i ddyn oedd â pheiriant coffi ar faes y sioe. Dywedodd hwnnw wrthyf ei fod o'n goffi bendigedig. Ond, wrth gwrs, pan chwalwyd tai gwydr Pen-y-ffridd, bu'n rhaid i'r planhigion fynd. Roedden nhw'n rhy fawr i fynd i unlle arall, roedd rhaid cael tŷ gwydr, efo digon o uchder achos roedden nhw'n goed erbyn hyn, yn cyrraedd y nenfwd. Doedd dim diben eu trawsblannu i'r ardd achos fedren nhw ddim goroesi rhew. Mae gen i blanhigion o hyd sy'n gywion o'r ddau blanhigyn gwreiddiol hynny.

❦

Daw enwogrwydd â thomen o waith gweinyddol yn ei sgil. Wrth eistedd o flaen fy nghyfrifiadur, mae'n rhaid i mi ymateb i lwythi o e-byst yn ddyddiol. Cefais e-byst gan gynhyrchwyr rhaglen deledu yr *Hairy Bikers* a chytunais i ffilmio eitem ar eu cyfer. Ychydig fisoedd yn ôl derbyniais e-bost gan y cogydd enwog Raymond Blanc. Roeddwn i wedi ei gyfarfod yn Chelsea'r flwyddyn cynt. Mae'n ŵr clên a dymunol tu hwnt. Roedd o wedi gwirioni efo ciwcymbr melyn golau oedd gen i o'r enw Delizia. Mae'n fath cymharol newydd, a tydy o ddim ar y farchnad yn gyffredin eto. Does ganddo ddim croen o gwbl bron iawn. Roedd yr e-bost ganddo yn fy ngwahodd i'w westy enwog Le Manoir aux Quat'Saison, ger Rhydychen. Roedd o'n awyddus i mi roi sgwrs i hanner cant o westeion yn un o ystafelloedd preifat y gwesty er mwyn rhannu fy mhrofiadau'n tyfu llysiau cyn cael pryd pum cwrs gyda'r gwesteion. Cytunais yn syth. Bûm yn trafod yn hir efo Alwyn pa lysiau ddylwn i fynd efo fi. Gwyddwn fod Raymond Blanc nid yn unig yn rhoi pwyslais ar flas ei brydau, ond hefyd ar eu diwyg.

Bu'r profiad o gael aros yng ngwesty Le Manoir ym Mehefin 2012 yn un bythgofiadwy i Gwenda a minnau. Wedi cyrraedd yr adeilad hynod, daeth dau *valet* at y car gan ein cyfarch, 'Mr Williams. Just leave everything to us.' Pan gyrhaeddodd Gwenda a minnau ein llofft roedd ein bagiau yno a'm siwt yn hongian ar hangyr. Er mawr gywilydd i Gwenda, roedden nhw hefyd wedi mynd â hen fag Tesco blêr o'r car oedd yn llawn o'i hen esgidiau a'i wellingtons hi! Cawsom ystafell orau'r gwesty. Yn wir, roedd hi'n fwy nag ystafell, ac yn debycach i fyngalo gyda'n patio preifat ein hunain. Bu Gwenda'n ddigon hy â gofyn i'r gŵr bonheddig a'n tywysodd i'n hystafell pwy fu'n cysgu yn yr ystafell yn ddiweddar, a sibrydodd yntau mai Liz Hurley a'i chariad fu yno ddiwethaf am wythnos gron gyfan. Gofynnodd Gwenda wedyn, o ran diddordeb, faint fyddai o'n costio fel arfer i aros yn y fath le. Dywedodd y gŵr wrthym fod yna restr aros o dros ddwy flynedd ar gyfer y llofft hon ac y byddai'n costio rywle ymhell dros fil o bunnoedd am un noson yno.

Roedd yno dri theledu, un ohonynt yn deledu *aqua* yn y bath a chwaraewr DVDs hefyd! Marmor oedd yr ystafell ymolchi ac ynddi'r gawod fwyaf a welais erioed a phen y gawod mor fawr â chaead bin. Roedd yno ddau sinc a phob math o sebon a bagiau bach gwyn i ni gael mynd ag unrhyw sebon adre efo ni os mynnem. Ac yn olaf, roedd wardrob yn yr ystafell digon mawr i gynnal parti ynddo.

Mewn rhan arall o'r 'byngalo' roedd ystafell fwyta a pharlwr. Yn y pen draw roedd yna lond dysgl o ffrwythau a'r ceirios mwyaf dwi wedi'u gweld erioed, ynghyd â bocs mawr o siocled a photel o Champagne. Ym mhen arall yr ystafell roedd powlen yn llawn *sugared almonds* a phob un yr un maint yn union. Cafwyd *decanter* yn llawn o Madeira ac yna'r eisin ar y gacen oedd yr ystafell wely ei hun. Roedd yna dri gris i gyrraedd y gwely oedd ar lwyfan. Ar obennydd y gwely, roedd cerdyn wedi ei ysgrifennu gan Raymond Blanc ei hun yn ein croesawu ni.

A ninnau'n gegrwth, gadawodd ein tywysydd ni gan ein hysbysu y byddai swper yn cael ei weini am hanner awr wedi saith a gofyn i ni fynd i'r bar oddeutu saith. Dyma Gwenda a minnau'n gwisgo'n dillad gorau ac i lawr i'r bar. Roedd y sawl oedd yn gweini yn werth eu gweld – roedd gan bob gweinydd gwin fathodyn o rawnwin arian. Daeth un ohonynt ataf a gofyn beth faswn i'n licio. Gofynnais am wydraid o win coch a Gwenda'n dweud ei bod awydd *brandy shandy*. Edrychodd y gweinyddwr yn syn arni ac fe esboniais i mai brandi efo dipyn o lemonêd oedd hi ei eisiau, gan ychwanegu fy mod yn meddwl bod hyn yn wast o frandi da! Daeth y gweinyddwr gwin yn ei ôl a'r fwydlen a'r rhestr win. Roedd y rhestr win mor fawr â'r llyfr ffôn! Gofynnodd y gweinyddwr, 'What preference would you have for your wine?' 'I like red. Chilean,' meddwn i.

Agorodd y dudalen. Cefais waith cuddio fy syndod gan feddwl yn ddistaw bach fy mod i wedi gwneud llanast o bethau. Can punt oedd y botel rataf a welwn ar y rhestr ac roedd yna ambell un am dair mil o bunnoedd! Edrychais ar y gweinydd gan sibrwd, 'Listen, before we go any further I don't want to embarrass you and I certainly don't want to embarrass myself. Would you mind checking with the reception – I've been invited to give a talk here tomorrow, I'd just like to know what the position is.'

'Certainly sir.' Ac i ffwrdd â fo.

Daeth yn ei ôl ymhen rhyw dri munud a dweud, 'Mr Williams, everything you want is free, there is no charge.' Roedd hynny'n rhyddhad mawr i mi a gofynnais am win y tŷ, y rhataf oedd yno gan nad oeddwn i am iddynt dybio fy mod yn farus. Roedd *brandy shandy* Gwenda wedi costio £28!

Pan aethom drwodd i'r ystafell fwyta, ceisiai Gwenda a finnau ganfod unrhyw fai ar y lle, ond methu wnaethom ni. Roedd popeth yn berffaith. Cawsom bryd saith cwrs arbennig a'r cynnyrch wedi dod o'r ardd yno. Wrth i ni ddechrau ar ein cwrs cyntaf daeth gŵr a gwraig go gefnog yr olwg atom a dweud, 'You're Medwyn Williams, aren't you?' Cydnabyddais mai fi oedd y person hwnnw gan godi i ysgwyd llaw. Dywedais wrthi, 'I presume you're here for my talk tomorrow?'

'No, no. I just follow you.'

Eisteddodd heb ddweud gair ymhellach wrthom drwy'r nos.

O'r holl gyrsiau godidog a gawsom, pwdin Gwenda sy'n aros yn y cof. Roedd hi wedi gofyn am hufen iâ. Weles i erioed ddim byd yr un fath ag o erioed – palet artist oedd o wedi'i wneud o bêstri neu fisged â graen lliw brown arno. Roedd y cogydd wedi'i wneud o fel darn o bren efo twll ynddo fo lle basa'r artist yn rhoi ei fawd. Arno roedd chwe phelen o hufen iâ crwn lliw paent gwahanol: gwyn, melyn, gwyrdd, glas, ac wedyn brwsh wedi ei wneud o garamel a blewiach y brwsh wedi'u gwneud o rywbeth arall bwytadwy a thiwb paent hefyd. Roedd yr holl beth yn bictiwr, yn llythrennol ac roedd Gwenda'n teimlo'n bechadurus yn ei fwyta gan mor artistig yr oedd wedi ei gyflwyno. Mae'n debyg bod yno dros ddeg o gogyddion pwdinau'n unig! Mae'r lle'n anhygoel.

Tra oeddwn yno, cefais fy nhywys o gwmpas y gerddi gan y pen garddwr.

Gan mai mis Mehefin oedd hi, doedd yr ardd ddim wedi dod i'w llawn dwf. *Constant cropping* sydd yn yr ardd, stwff salads gan fwyaf. Wrth gerdded yn ôl at y tŷ, fedrai Gwenda a minnau ddim llai na rhyfeddu at y byrddau twt a'r llieiniau gwynion ar y patio gyda photeli Moët et Chandon

ar bob un. I mewn â ni i gymysgu a chymdeithasu â'r bobl oedd wedi talu i ddod yno am bryd pum cwrs ac i wrando ar fy sgwrs. Y peth nesaf daeth Raymond Blanc ei hun i mewn i'r ystafell a draw ataf ar ei union gan ysgwyd fy llaw a gafael ynof yn dynn. Roedd hi'n hawdd sgwrsio efo fo a buan y canfuom fod gennym sawl peth yn gyffredin. Bu'n sgwrsio â mi am ugain munud dda yn adrodd hanes ei fywyd a gwelsom bod magwrfa'r ddau ohonom wedi bod yn debyg ar lawer ystyr. Bu'n rhaid iddo yntau weithio yn yr ardd pan oedd yn blentyn er mwyn sicrhau bod bwyd ar y bwrdd. Roedd ei dad, fel fy nhad innau, wedi rhoi hadau bychan iddo'n blentyn er mwyn eu plannu yn yr ardd, a'r profiad hwnnw wedi'i serio ar ei gof.

Rhyfeddais o weld bron i hanner cant o bobl wedi dod i wrando ar fy sgwrs a rhaid dweud i mi fwynhau cael rhannu fy mhrofiadau gyda nhw. Fel gyda phob sgwrs y byddaf yn ei rhoi, ceisiaf ychwanegu tipyn o hiwmor wrth addysgu fy nghynulleidfa am effaith gwrthocsidyddion arnom ni, manteision bwyta llysiau, yn enwedig rhai lliw. Mae yna fwy

Math newydd o letys, Salanova Ensor - bwyd maethlon yn ogystal â bod yn wledd i'r llygad

o wrthocsidyddion mewn blodfresych lliw, er enghraifft, nag sydd mewn rhai gwyn. Cewch flodfresych piws, rhai melyn, rhai oren a rhai gwyrdd hefyd wrth gwrs. Byddwn ni fel teulu yn eu tyfu a'u bwyta i gyd. Mae'r rhai melyn yn hyfryd dros ben ac yn dod â lliw braf i'r plât. Ro'n i'n falch o weld bod Raymond Blanc yn Le Manoir hefyd yn rhoi pwyslais ar liw ar ei blatiau.

Mae'n rhaid i'r sgwrs a alwais yn 'The Road to Chelsea' fynd yn iawn gan iddynt ofyn i mi a fyddai gen i ddiddordeb mynd yno eto mewn rhyw ddwy flynedd. Cytunais. Buaswn yn ffŵl i wrthod y fath brofiad, yn byswn?

❦

Ychydig fisoedd wedi fy ymweliad â Le Manoir, derbyniais lythyr gan Gyfarwyddwr Gardd Fotaneg Genedlaethol Cyrmu'n fy ngwahodd i gael fy nghynnwys mewn arddangosfa ar 'Inspirational Horticulturalists – Rooted in Wales'. Cyflwynwyd yr arddangosfa hon yn sioe yr RHS yng Nghaerdydd yn Ebrill 2013, ac yna yn yr Ardd ei hun.

Yn ogystal ag ymateb i lythyrau ac e-byst, rydw i hefyd yn ysgrifennu'n gyson i gylchgronau garddio. Rydw i wedi bod yn ysgrifennu ar gyfer *Garden News* ers pum mlynedd ar hugain bellach. Mae hynny wedi bod yn gryn dipyn o waith gan fy mod yn tueddu i drafod materion tymhorol yr ardd yn fy erthyglau. Rydw i wedi gorfod twyllo tipyn wrth ysgrifennu gan fy mod i'n trafod pynciau garddwriaethol sydd i'w cyhoeddi ymhen dau efallai dri mis. Byddai'r golygydd yn dod draw i dynnu fy llun a byddai'n rhaid bod yn ofalus nad oes lluniau cennin Pedr yn y cefndir mewn erthygl i'w chyhoeddi yn rhifyn yr haf!

Rydw i wedi bod yn potsian efo blogio hefyd, ond does gen i ddim yr amser i'w wneud yn iawn. Faswn i ddim yn meindio cael rhywun i redeg blog ar fy rhan. Gallai blog fod yn ddefnyddiol er mwyn i mi gael trosglwyddo gwybodaeth i bobl. Ond mae'n bosib cael eich boddi gan yr holl beth. Mae pobl yn fy e-bostio'n ddidrugaredd yn gofyn am gyngor am eu rhiwbob ac am hyn a'r llall ac arall heb sylweddoli bod ysgrifennu paragraff fel yna, a'i gael o'n iawn, yn cymryd amser.

Prosiect mawr 2012 oedd mynd i'r Sioe Amaethyddol yn Llanelwedd. Roeddwn i'n awyddus i arddangos yno eto, er mwyn cau'r cylch yn grwn,

os liciwch chi. Oherwydd dyma lle'r enillais fy aur am y tro cyntaf o'r holl sioeau rydw i wedi arddangos ynddyn nhw. Er mwyn cynllunio at arddangos fy llysiau yn y Roial Welsh ganol Gorffennaf, roedd yn rhaid i mi hau fy mhannas ganol mis Ionawr yn barod at yr haf.

Rhaid cyfaddef i mi deimlo'n emosiynol yn y Roial Welsh y tro hwn. Roeddwn wedi penderfynu mynd yno'n rhannol i ddiolch i'r sioe am y gwahoddiad cyntaf hwnnw ges i gan David Walters. Hebddo fo yn fy mherswadio fi i arddangos yno yn y lle cyntaf, y tebyg ydy na fuaswn i byth wedi mynd ymlaen a gwneud Chelsea a Hampton Court a'r holl lefydd eraill. Hynny oedd yr hwb mawr i symud ymlaen.

Cefais y fedal aur fawr a gwobr y dangosiad gorau yn y sioe. Roedd yn ddiddorol cael arddangos mewn sioe yng Nghymru eto oherwydd ychydig iawn o Gymry ddaw i sioe fel Chelsea, ac felly dim ond rhai o'm cyd-wladwyr sydd wedi gweld drostynt eu hunain y gwaith dwi'n ei wneud.

Gwenda a finnau o flaen ein harddangosfa yn Sioe Frenhinol 2012

Roedd llawer ohonynt yn gegagored. Dywedodd sawl un wrthyf nad oedd ganddynt yr ansoddeiriau i ddisgrifio fy arddangosfa. Roedd ambell un yn meddwl mai plastig oedd y llysiau! Meddyliwch!

I unrhyw un a fu yn y sioe honno yn 2012, gallant dystio i'r tywydd poeth a gafwyd. Yr unig wythnos chwilboeth drwy'r flwyddyn bron. Bu rhai cannoedd yn sâl o ganlyniad i'r gwres mawr. Er i ni gael tywydd sobor yn y misoedd yn arwain at y sioe, rydw i'n lwcus bod y rhan fwyaf o'r llysiau dwi'n eu tyfu ar gyfer y sioe hon ym mis Gorffennaf yn rhai sydd wedi eu tyfu yn y twneli 'poly' neu yn y tai gwydr. Felly mi weithiodd pethau'n o lew.

Er fy llwyddiant, ni fu'r sioe o unrhyw fudd ariannol i mi. Clywyd sawl un yn datgan yr un gŵyn. Does yna ddim gymaint yn mynd i'r babell flodau yn y blynyddoedd diweddar. Cafodd pabell flodau Sioe Llanelwedd ei chynhebrwng mawr pan agorodd Tatton Park. Mae Sioe Tatton gan yr RHS yn digwydd yr un pryd â'r Sioe Frenhinol a phobl wedyn yn gorfod penderfynu i ba sioe maen nhw am fynd. Ychydig iawn o gwmnïau sy'n medru gwneud y ddau ac roedd y ddwy sioe yn gwrthdaro eto eleni. Mae'n debyg mai Tatton wnawn ni ddewis y flwyddyn nesaf. Mae Llanelwedd yn golled ariannol, erbyn llogi'r fan a thalu'r cyflogau ac ati. Wedi dweud hynny, cefais dipyn o gyhoeddusrwydd i'm busnes eleni oherwydd i mi gyfrannu at bedair rhaglen deledu a dwy raglen radio. Cefais gyfle i ddosbarthu peth myrdd o'm catalogau. Rydw i'n grediniol nad oes llawer o Gymry'n ymwybodol bod gen i fusnes gwerthu hadau a phlanhigion o hyd ac roedd hwn yn gyfle i ledaenu'r neges. Gobeithio rŵan pan ddaw'r tymor newydd y bydd pethau'n altro o'n plaid ni ac y daw archebion o bob cwr o Gymru.

Roeddwn i awydd trio Chelsea am y tro olaf yn ystod 2013 am ei bod yn dathlu ei chanfed pen-blwydd. Ond oherwydd diffyg noddwr, bu'n rhaid i mi dynnu'n ôl. Mae yna ran ohonof hefyd yn dweud ei bod hi'n bryd i mi arafu bellach. Rydw i newydd basio fy saith deg mlwydd oed ac yn naturiol ddigon mae pethau'n mynd yn anos fel mae'r blynyddoedd yn gwibio heibio.

Rydw i'n hynod falch o'm llwyddiant a'r ffaith bod fy ngwaith efo'r llysiau wedi caniatáu i mi deithio'r byd. Pwy fuasai'n meddwl y buasai'r

Mae garddio yn y gwaed: llun o Nhad a finnau â'n cennin buddugol; yr efeilliaid yn cael blas ar bethau; Sharon fy merch; fy ngor-wyres, Kate Marie, yn dysgu am yr ardd yn ifanc; llond berfa o blant - yr wyrion, Owain, Richard a Bethan

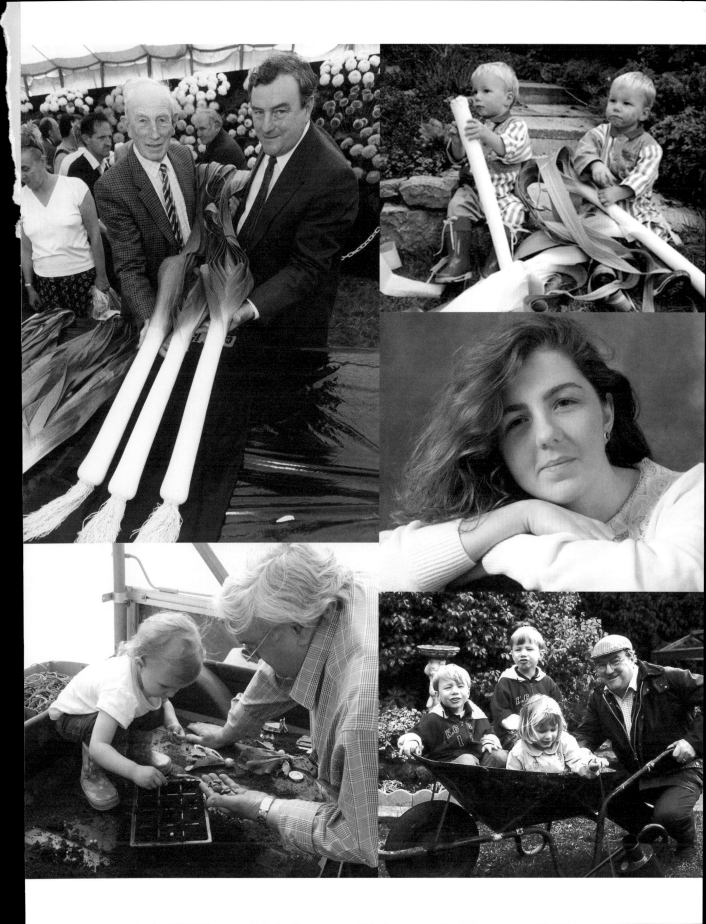

hadau bach a roddodd fy nhad i mi'n blentyn yn Llwynysgaw wedi mynd â fi dros y byd i gyd? O rywbeth mor syml â garddio, o hau'r hadau bach yn y cychwyn fe agorodd hynny'r drws i weddill y byd i mi, ac yn bwysicach na'r teithio, dwi wedi gwneud pentwr o ffrindiau ymhob cornel o'r byd.

Mae Alwyn a'r teulu i gyd yn hapus i mi wneud Chelsea eto neu i beidio â'i gwneud. Wna i ddim byd heb sêl eu bendith nhw. Fedra i ddim ei wneud o hebddyn nhw. Ond honna fasa'r olaf i mi. Rydw i wedi gwireddu mwy o fy mreuddwydion na wnes i feddwl y buaswn i erioed. Tasa'r Duw mawr yn mynd â fi oddi yma fory nesa, buaswn i'n berffaith hapus. Byddaf yn gofyn i mi fy hun yn aml sut ydw i wedi llwyddo i gyflawni'r hyn rydw i wedi ei wneud a llawer o'm llwyddiannau yn ystod y cyfnod roeddwn i'n gweithio. Er bod Nhad, a'i dad yntau, yn arddangos, wrth gwrs anghenraid oedd tyfu llysiau iddyn nhw, tyfu i fwyta roedden nhw'n anad dim. Roedd Nhad a finnau'n agos iawn, a fedra i ddim pwysleisio digon faint o help y bu i mi. Hyd yn oed ar ôl i mi briodi, pan oedd y plant yn fychan, deuai draw bob dydd Sul a'm hannog i fynd efo fo i'r ardd. Digon posib hebddo fo na fuaswn i wedi gwneud hanner yr hyn rydw i wedi ei wneud. Byddem yn teithio yn ôl o sioeau cefn gwlad yn trafod sut oedden ni'n mynd i wneud hyn a'r llall a sut oedden ni'n mynd i ddatblygu'r llysiau.

Dyna'r math o berthynas sydd gen i efo Alwyn rŵan. Mi fydd y ddau ohonon ni'n cael sgwrs yn aml yn trafod beth fedrwn ni wneud, trio hwn neu drio'r llall. Rydw i wedi bod yn hynod o ffodus o gael y teulu y tu cefn i mi yr holl ffordd. Mae'n debyg i mi fod yn hunanol wrth fynnu parhau â'r hobi yma sydd wedi troi'n ffordd o fyw. Mae pob dim wedi gorfod gweithio o'm cwmpas i mewn gwirionedd a chefais bob cefnogaeth gan fy nheulu. Nid pawb sy'n cael y cyfle i wireddu breuddwyd. Rydw i wedi cael hynny heb os. Fel y soniais eisoes, mae Owain, fy ŵyr, yn arddwr brwd. Daw i'n helpu o dro i dro. Mae o wedi dechrau gweithio efo cwmni tirlunio, ond y bwriad ydy iddo fo ddod yn ôl at ein busnes ni yn y pen draw. Digon posib mai Owain fydd yn parhau â'r busnes ar ôl ei dad. Hoffwn feddwl bod y busnes am barhau am fod y diddordeb mewn garddio wedi ei wreiddio'n ddwfn yn y cenedlaethau nesaf a'r dyfodol yn ddiogel. Amser a ddengys. Amynedd piau hi, fel gyda garddio am wn i.

Y mae amser i bopeth

Mae gen i lond bocs o ddyddiaduron yn y garej yn mynd yn ôl i tua 1970. Ers talwm byddwn yn dibynnu'n helaeth ar fy nyddiaduron wrth gynllunio ar gyfer arddangos mewn sioe. Erbyn heddiw, mae'r dyddiadau, y ffeithiau a'r wybodaeth am amseru hau a thywydd ar y cyfrifiadur neu ar Blackberry gen i. Unwaith yr wythnos byddaf yn cysylltu un â'r llall ac os byddaf wedi rhoi dyddiadau ar y cyfrifiadur, hau letys y dyddiad yma neu beth bynnag, unwaith y byddaf wedi cysylltu'r ddau, mae'r ddau'n siarad efo'i gilydd. Mae'n gopi cywir o amserau allweddol y flwyddyn. Pe bawn i'n colli fy ffôn, mae o gen i fel *back up* ar y cyfrifiadur. Neu pe bai rhywbeth yn digwydd i'r cyfrifiadur, mae gen i *back up* ar y ffôn.

Mae hyn yn wahanol iawn i gyfnod Nhad. Roedd Nhad yn anobeithiol am labelu pethau. Doedd yna neb gwell na fo am agor rhesi fel cansen o syth a'r rheiny'n dwt. Byddwn i wrth fy modd yn mynd i'w ardd a gweld tua dechrau mis Mai, resi drwodd, bob dim allan, a byddwn i'n gofyn iddo fo, 'Be di'r rhes yma, dwa?' 'Duw, arhosa di am funud bach rŵan, be o'dd honna?' Felly y byddai bob tro; doedd ganddo fo ddim label a'i ateb bob tro y byddwn yn ei ddwrdio am beidio labelu fyddai, 'O mi ffeindia be fyddan nhw pan ddown nhw allan, sti.'

Tyfu i fwyta roedd Nhad yn bennaf. Ond fedra i ddim siarsio digon wrth bobol pa mor bwysig ydy labelu a chadw dyddiadur achos os na ddaw pethau fel y dylen nhw, gellwch fynd yn ôl at y dyddiadur. Dyna sut byddwn i'n gwneud yn aml. Byddwn i'n cael yr hyn y byddwn i'n ei alw yn y dyddiadur yn 'post mortem' ar Chelsea. Ar ddiwedd y tymor byddwn i'n mynd drwy'r tai gwydr yn fy meddwl, bob mainc. Er enghraifft gyda ffenigl (*fennel*), efallai y byddwn yn nodi eu bod angen wythnos ychwanegol, neu eu bod yn rhy gynnar o bythefnos a bod angen eu hau'n hwyrach yn y tymor felly. Drwy wneud hynny byddwn yn dod i ryw fath o drefn. Pan ydach chi'n siarad am ddeugain a mwy o wahanol lysiau, mae'n andros o job cadw trac arnyn nhw i gyd. Dyddiadur ydy'r peth.

Erbyn heddiw mae'r cyfrifiadur yn gwneud y gwaith drosta i. Mae'r dyddiaduron yma'n llawn o ddyddiadau hau ac ati. Mae yna wybodaeth werthfawr iawn yn y dyddiaduron yna i rywun sydd eisiau dechrau garddio a buaswn i'n cynghori unrhyw arddwr i gadw dyddiadur i gofnodi dyddiadau hau a newidiadau yn y tywydd. Mae 'na bethau rhyfedd yn llechu yn y dyddiaduron yma. Mewn un dyddiadur, fe nodais, 'Nhad newydd ffonio fi 'wan. Yn y *nude*.' Noson boeth yn yr haf oedd hi ac

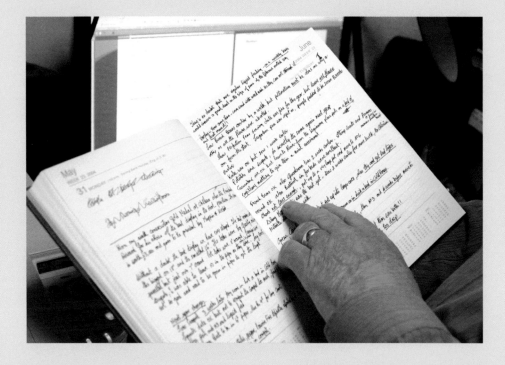

roedd hi'n chwilboeth mae'n amlwg a hynny'n effeithio ar y tyfu. Dyna'r ffordd roeddwn i'n cofio felly. Mae'r dyddiaduron yma wedi chwarae rhan allweddol wrth i mi ennill medalau aur yn Chelsea a mannau eraill. Heb wybodaeth, does gynnoch chi ddim byd. Mae'n rhaid cael ffeithiau. Does dim diben hau rywsut-rywsut gan obeithio y daw'r planhigion yn eu blaenau ar gyfer Chelsea. Mae'n rhaid gwybod faint o amser sydd ei angen i dyfu gwahanol blanhigion. Yn aml iawn tydy o ddim yn gweithio'n union fel y buasech wedi hoffi iddo wneud, ond os ydach chi wedi cynllunio'n drylwyr, ewch chi ddim yn bell ohoni. Mae posib twyllo dipyn bach ar y planhigion yma drwy ddod â nhw yn eu blaenau neu eu dal yn ôl, yn enwedig os ydyn nhw mewn potiau.

A finnau wedi fy magu yn y capel a'r eglwys, mae'r Pasg yn bwysig i mi. Dyma gyfnod y croeshoelio a'r atgyfodiad. Mae hwnnw'n gychwyn newydd mewn ffordd ac mae'n bwysig hefyd o safbwynt y garddio. Mae'n dymor newydd ac yn ddechrau'r gwanwyn. Cyfnod y Pasg, yn enwedig i Nhad oedd y gŵyl banc cyntaf i'r gwas ffarm. Dydd Gwener y Groglith fyddai'r diwrnod traddodiadol i blannu tatw newydd. Byddaf yn ceisio

Rhaid cadw dyddlyfr manwl os ydych chi am gael llwyddiant gyda'ch llysiau

anelu at y Pasg fel nod fy mod i wedi cyflawni hyn a hyn o orchwylion yr ardd. Mae llawer yn dibynnu'n union pa bryd mae'r Pasg, wrth reswm. Weithiau, byddaf yn drysu os ydy'r Pasg yn gynnar neu'n hwyr. Dyma lle daw'r dyddiaduron yn handi. Os ydy Pasg yn gynnar ym mis Mawrth mae yna dipyn o wahaniaeth mewn tymheredd a hinsawdd o ddiwedd Mawrth i ddiwedd Ebrill. Mae hwn yn gyfnod pwysig yn y tyfiant. Gallwch ddifetha rhywbeth a'i ladd, neu gallwch beidio plannu rhywbeth ac anghofio amdano hefyd.

Un peth nad oes gynnon ni fath o reolaeth drosto yw'r tywydd. O bob elfen o'r tywydd, y gwynt, mae'n debyg, fydd yn fy nigalonni fwyaf. Rydw i'n cofio fel y byddai fy nhad a finnau'n plannu nionod ers talwm. Roedden ni'n trio eu plannu allan yn yr ardd yr adeg honno, cyn i ni fynd yn fwy soffistigedig efo twneli 'poly' a ballu. Cofiaf un diwrnod poeth rhyw ddydd Llun Pasg, a Nhad a finnau'n eistedd yn yr ardd a Gwenda'n dod â phaned allan i ni, roedd hi mor gynnes â hynny. Deffro fore trannoeth a'r tywydd wedi newid yn gyfan gwbl; gwyntoedd a chorwynt mawr, nes bod y nionod a'r dail wedi chwyrlïo a malu. Dim ond un ddeilen oedd yn sticio i fyny ynghanol pob nionyn a'r rheiny'n blanhigion oedd wedi eu meithrin ers tua thri mis, wedi'u cychwyn o gwmpas y Dolig. Roedd y gwynt wedi difetha'r holl waith. Mae eisiau sylweddoli efo nionyn bob amser, os torrir y nionyn yn ei hanner fe welir plygiadau. Mae un ddeilen yn un plyg ar y nionyn a'r hyn rydan ni'n ceisio'i wneud fel tyfwyr er mwyn tyfu nionyn mawr ydy cael cymaint o ddail â phosib. Y mwyaf o ddail, y mwyaf ydy'r nionyn, neu dyna ydy'r theori. Ond gall gwynt falu a difetha'r gwaith i gyd.

Dydy tywydd poeth iawn ddim yn help chwaith. Yr eithafion ydy'r broblem. Gall gwres mawr ddifetha pethau. Byddaf yn chwerthin weithiau, pan fydd hi wedi gwneud wythnos sych a gweld pobl allan efo'u bwcedi dyfrio'n cerdded yn ôl ac ymlaen a dim ond newid lliw'r pridd i ryw frown fymryn tywyllach maen nhw. Mwrdwr 'dê! Mae gwneud hynny'n beryclach na rhoi dim dŵr o gwbl. Yr hyn sy'n digwydd wedyn, yn enwedig efo planhigion blynyddol, planhigion a blennir allan, ydy fod yr wyneb yn wlyb gan orfodi'r gwraidd i godi i chwilio am y lleithder yna. Wrth roi cyn lleied, mae'n sychu ac mae'r gwraidd yn dod i fyny i'r wyneb ac maen nhw'n cael eu llosgi ac mae'n difetha'r planhigyn. O ddyfrio'n drylwyr does dim angen gwneud bob dydd. Dyfrio ben bore neu ddyfrio gyda'r nos, dyna'r peth.

Rydw i'n cofio pan fyddwn i'n gosod fy arddangosfa ar gyfer Sioe Môn, honno fyddai fy Sioe Chelsea pan oeddwn i'n dechrau. Byddwn yno tua saith o'r gloch y bore'n gosod fy arddangosfa gan y byddai'r beirniaid yn dod o gwmpas tua naw o'r gloch. I baratoi ar gyfer y dydd Mawrth, byddwn yn codi'n fore ar ddydd Llun i godi llysiau. Rydw i'n cofio un tro, codi'n fore a sbio drwy'r ffenest a gweld ei bod hi'n gorwynt yn yr ardd a glaw yn taro'r ffenest. Roeddwn i'n gwybod bod rhaid i mi fynd allan. Doedd yna ddim byd amdani ond gwisgo fy *oilskins* a mynd i ganol y dymestl i godi'r llysiau. Ar un olwg, roedd y tywydd yn gymorth i gadw'r llysiau'n ffres a doedd yna ddim gormod o straen ar y llysiau wrth eu codi o'r pridd.

Dro arall, rydw i wedi bod yn chwys laddar, yn gweithio mewn siorts bach. Rydw i'n cofio paratoi i fynd i sioe fawr yn Ayr yn yr Alban a hithau wedi bod yn dywydd eithriadol o boeth. Roeddwn i wedi bod yn codi pannas a helogan heb lewys ar fy nghrys ac yn chwysu chwartiau yn y gwres.

Yng nghanol môr o dyfiant – gweithio yn y tŷ gwydr

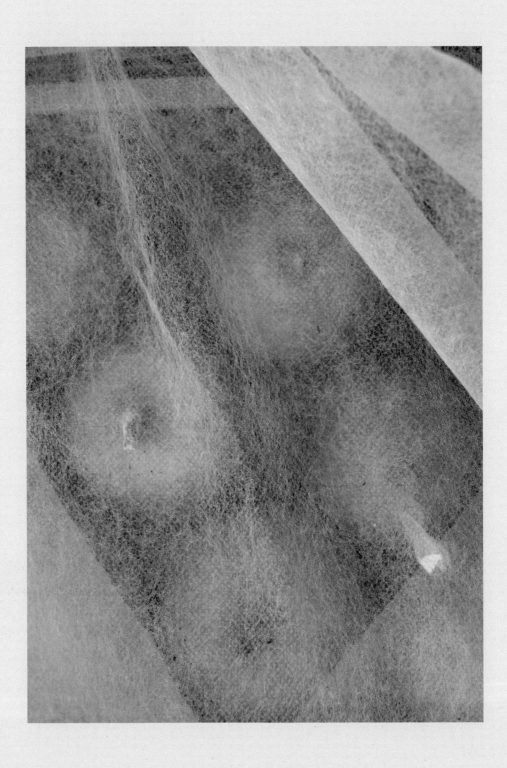

Wedi dod i'r tŷ a chael cawod yn barod i deithio i'r Alban, sylwais fod swigod poenus wedi codi ar fy mreichiau. Buaswn wedi gallu rhoi pin yn y swigod a dŵr yn tasgu ohonynt. Pan gyrhaeddais i'r Alban y diwrnod hwnnw, dyma ddangos fy mreichiau i Alistair Grey, tyfwr da dros ben o Perth yn yr Alban. Doedd gen i ddim syniad beth oedd wedi achosi'r swigod. Y cyfan wnaeth Alistair oedd agor botymau llewys ei grys a dangos ei freichiau, 'Snap! You've got celery or parsnip burn.' Doeddwn i erioed wedi clywed amdano fo. Cynghorodd fi i roi eli arno ac i gofio gwisgo crys a llewys bob tro y byddwn yn codi pannas neu helogan mewn tywydd poeth. 'Always keep your sleeves down.'

Yr hyn na wyddwn i'r adeg honno oedd bod pannas a helogan yn gallu achosi niwed drwg i'r croen, fel petasech chi'n dychmygu rhywun yn gosod sigarét boeth ar eich croen a swigen fawr yn codi wedyn oherwydd mae yna asid yn y dail. Os ydy hi'n boeth a chithau'n chwysu, gellir cael adwaith rhwng y croen a'r ddeilen. Mae'n bwysig gwisgo'n addas ar gyfer yr ardd.

Pan oedd y plant yn fychan a ninnau'n mynd am wyliau, roeddwn i'n ysu am gael dod adre'n ôl i gael mynd i'r ardd. Byddwn i'n teimlo'n euog weithiau am adael yr ardd ond yn falch bod Nhad yno i gymryd drosodd. Gwyddwn fod yr ardd mewn dwylo diogel, er bod gan Nhad duedd i orfwydo'r planhigion. Os oedd o'n dweud ar y paced bod angen un llond llwy, byddai fy nhad yn credu bod dwy yn well. Rydw i'n cofio Ifan Gilfford, ffrind i mi oedd yn arddwr brwd ac yn byw yn Llanfair-pwll yn dod yma efo fo ryw gyda'r nos, pan oeddwn i ffwrdd. Dod draw wnaethon nhw i sbio ar y nionod a gweld sut roedden nhw'n tyfu. Byddai'r ddau'n treulio oriau yn siarad a sbio. Wedyn byddai Nhad yn dweud, 'Ewadd, sa rhain yn medru gneud efo rhyw *feed* dwi'n siŵr, Ifan.' I ffwrdd â fo i'r cwt yn yr ardd a gafael mewn rhyw jar o rywbeth a lluchio llond llaw o'r stwff dros yr ardd. Doeddwn i ddim callach tan i mi ddod adre, ac ymhen rhyw dair wythnos, gweld bod y nionod wedi dechrau rhedeg i gyd i had. Gormod o bwdin dagith gi.

Adeg yr haf mae'r boen yn dod o ochr tyfu ar gyfer sioe. Mae tyfu ar gyfer y gegin yn broblem ar hyd yr adeg oherwydd malwod a phob math o bethau eraill. Mae hynny'n wir wrth baratoi ar gyfer sioe hefyd. Dyna ydy'r broblem fwyaf yn yr haf, sef cyfnod mis Gorffennaf, mis Awst. Mae'r gwaith wedi cael ei wneud eisoes, y da a'r drwg. Gall llawer ddibynnu ar faint o ymdrech sydd wedi ei roi wrth baratoi. Fel y dywedais eisoes, rhaid cael y sylfaen, y pridd yn iawn efo'r paratoi yn yr ardd. Rhaid hau yn yr amser cywir hefyd, teneuo yn yr amser cywir, potio ymlaen yn yr amser cywir – mae yna amser i bob dim. Rhaid wrth amserlen iawn er mwyn cael y maen i'r wal. O wneud hynny'n iawn, mae gobaith wedyn am hoe fach tua mis Gorffennaf. Dyma'r adeg i gerdded o gwmpas yr ardd a'r tŷ gwydr i weld sut mae pethau'n datblygu a beth sydd angen ei glymu. Mae pys, er enghraifft, ar gyfer y sioe yn cael eu tyfu ar system a elwir yn *cordon grown*. Chewch chi byth bys da ar fwrdd sioe wrth adael iddyn nhw dyfu'n naturiol, fel yn erbyn weiran neu rywbeth tebyg. Rhaid iddyn nhw gael eu tyfu'n *cordon grown* fel y tyfir pys pêr. Rhaid gadael i'r tyfiant ddod i fyny ond tynnu pob un blaguryn ar ochr y coesyn. Dylid dal ati i glymu ac wedyn ar ôl pob deilen mae eisiau clymu eto achos mae coesyn y bysan fel peipen o denau. Fe dorrith yn hawdd neu mi blygith, ac fel mae'n tyfu a datblygu mae'r pen yn mynd yn fwy ac yn drymach. Ar ôl rhyw dair troedfedd o dwf mae'n dechrau taflu pys. Y rheiny sydd angen eu gwarchod. Bydd angen clymu'r planhigyn bron iawn bob yn ail ddiwrnod iddyn nhw dyfu'n dda. Rhaid eu harchwilio gan sicrhau nad oes yna afiechydon.

Roeddwn i'n trio cael hadau nionod allan o bennau nionod un haf yn ddiweddar ac roedd y tywydd wedi bod yn annaturiol o oer. Er bod yna flodau arnyn nhw, doedd yna ddim gwenyn o gwmpas; yn wir doedd yna ddim llawer o bryfetach o gwmpas i beillio'r blodau. Weithiau gall y tywydd amrywio'n fawr o un diwrnod i'r llall ac o'r dydd i'r nos. Dydy gormod o wahaniaeth tymheredd rhwng y dydd a'r nos ddim yn beth da i blanhigion. Y peth diwethaf mae planhigyn ei angen ydy cychwyn a stop a chychwyn a stop. Mae planhigion eisiau tyfu'n llyfn o'r dechrau reit i'r diwedd.

Dydy tywydd cyfnewidiol ein gwlad ddim yn fendithiol o gwbl. Ond os ydych chi wedi cadw dyddiadur i gofnodi'r tywydd dros y blynyddoedd, yna fe welwch sut mae paratoi a goresgyn rhai problemau a ddaw yn sgil tywydd anffafriol.

Cadwch ddyddiadur! Nid er mwyn edrych yn ôl, ond er mwyn edrych ymlaen. Medrwn ddysgu o'n gorffennol a pharatoi at y dyfodol.

DIOLCHIADAU

Rhaid imi ddiolch i ddechrau i Nhad a Mam: i Nhad yn enwedig am yr oriau di-ri o help a'r meithrin a gefais ganddo wrth imi ddechrau ymdrin â garddio ac i Mam am fagwraeth annwyl a chariadus. Hebddyn nhw, fyddwn i ddim wedi gwneud be wnes i na chyrraedd lle rydw i.

Yn naturiol, mae fy niolch yn enfawr i Gwenda, fy ngwraig, am fod yn gefn imi ar hyd y daith, o gychwyn mewn sioeau bychan lleol i gyrraedd uchelfannau Chelsea. Heblaw am Gwenda, does dim dwywaith na fuaswn wedi ennill yr holl fedalau aur yn Chelsea, hi fel arfer fydd â'r gair ola am fod ganddi lygad dda ac mae'n gallu creu arddangosfa ddiguro.

Diolch hefyd i Alwyn, fy mab, a'i wraig Alina am gario mlaen hefo'r garddio tra oeddwn i'n amal ar ryw berwyl arall yn crwydro yma ac acw ar hyd a lled y wlad.

Rydw i'n ddiolchgar i Wasg Gomer am y cyfle arbennig hwn, i Elinor Wyn Reynolds am bob gair o gyngor ac am ei harweiniad hynod broffesiynol ynglŷn â phob agwedd o'r llyfr, a hynny bob amser efo gwên. Diolch hefyd i Mari Emlyn am sgwennu efo fi; dwi'n hynod o falch mai Mari fu wrthi. Llwyddodd Mari i gyfleu fy nghymeriad ar y papur i'r dim ac mi gafodd y ddau ohonom lawer awr ddifyr yng nghwmni'n gilydd. Os am lyfr garddio da, rhaid cael lluniau da hefyd, a hoffwn ddiolch i Dewi Glyn Jones am ffotograffau sy'n mynegi llawer iawn mwy nag sydd i'w weld ar yr wyneb – aeth tipyn o feddwl a chnoi cil i mewn i bob un ohonyn nhw. Mae'n dda gen i ddweud bod Dewi erbyn hyn wedi newid y camera am y fforch a'r rhaw ambell dro ac yn mwynhau'r ymlacio a'r difyrrwch sydd i'w gael mewn garddio. I gwblhau'r tîm, roedd angen person go arbenning i roi'r gyfrol at ei gilydd, ac mae fy niolch yn fawr i Rebecca Ingleby Davies sydd wedi gwneud gwaith campus o osod y lluniau a'r testun ochr yn ochr.

NEATH PORT TALBOT LIBRARY
AND INFORMATION SERVICES

1		25		49		73	
2		26		50		74	
3		27		51		75	
4		28		52		76	
5		29		53		77	
6		30		54		78	
7		31		55		79	
8		32		56		80	
9		33		57		81	
10		34		58		82	
11		35		59		83	
12		36		60		84	
13		37		61		85	
14		38		62		86	
15		39		63		87	
16		40		64		88	
17		41		65		89	
18		42		66		90	
19		43		67		91	
20		44		68		92	
21		45		69		COMMUNITY SERVICES	
22		46		70			
23		47		71		NPT/111	
24		48		72			